4

QUINTA EDIÇÃO
2023

Nehemias
Domingos de
Melo

LIÇÕES
DE DIREITO
CIVIL

Prefácio
Dr. **Carlos
Alberto
Garbi**

Direito das **Coisas**

1ª. Edição: 2014, Editora Atlas
2ª. Edição: 2015, Editora Rumo Legal
3ª. Edição: 2016, Editora Rumo Legal
4ª. Edição: 2018
5ª. Edição: 2023, Editora Foco.

Dados Internacionais de Catalogação na Publicação (CIP) de acordo com ISBD

M528l   Melo, Nehemias Domingos de
        Lições de direito civil: direito das coisas / Nehemias Domingos de Melo. - 5. ed. - Indaiatuba, SP : Editora Foco, 2023.

        296 p. ; 16cm x 23cm. - (v. 4)

        Inclui bibliografia e índice.

        ISBN: 978-65-5515-679-9

        1. Direito. 2. Direito civil. 3. Código de Processo Civil. I. Título.

2022-3626   CDD 347   CDU 347

Elaborado por Odilio Hilario Moreira Junior - CRB-8/9949
Índices para Catálogo Sistemático:
1. Direito civil 347
2. Direito civil 347

PREFÁCIO

Ao longo da minha carreira na Magistratura de São Paulo procurei dedicar uma parte do meu tempo também ao magistério. Há muitos anos leciono Direito Civil nas FMU – Faculdades Metropolitanas Unidas e a convivência com os professores me trouxe a agradável surpresa de conhecer o Prof. Nehemias Domingos de Melo. A afinidade de pensamento que temos sobre o ensino do direito nos aproximou e há alguns anos cultivamos uma amizade que muito me distingue e enriquece a minha experiência.

O Prof. Nehemias Domingos de Melo é uma daquelas pessoas cuja presença é facilmente notada pelos predicados da sua personalidade. Ao lado da sua cultura e simpatia, o Prof. Nehemias se destaca pela inteligência e a rica experiência que colheu na vida e no magistério. Atua com brilho na advocacia e desenvolve com verdadeira paixão a carreira de professor e escritor, resultado da sua máxima dedicação à causa do ensino do direito.

Foi motivado pelo interesse em oferecer aos alunos da graduação uma ferramenta prática e ajustada às necessidades atuais do ensino jurídico que levou o Prof. Nehemias a se lançar na difícil empreitada de escrever as *Lições de Direito Civil*, agora no quarto volume, dedicado ao Direito das Coisas. É mais uma obra que vem somar à bibliografia do autor versada na área da responsabilidade civil do médico, dano moral, direito do consumidor entre outros temas.

Não foi seu objetivo com as *Lições de Direito Civil* escrever obra doutrinária profunda e densa. O autor tem outros livros publicados nos quais enfrenta com profundidade temas complexos. Imbuído de ideias novas, Nehemias escreveu as *Lições* como se fora uma reprodução fiel das aulas de Direito Civil que leciona com excelente didática, de forma direta e objetiva. Nas suas páginas o aluno não se perde em notas de rodapé ou citações dos doutrinadores, salvo quando absolutamente necessárias. Encontra o aluno desde logo, de forma objetiva e segura, o que precisa saber para desenvolver o conhecimento do Direito Civil e acompanhar o programa da graduação. Acrescenta o autor ao texto lembretes e advertências para as questões mais importantes e para aquelas que costumam oferecer dificuldades. A leitura das suas *Lições* também é recomendada aos profissionais formados, que poderão rememorar rapidamente os conceitos importantes do Direito Civil. Certamente os professores de Direito Civil poderão contar com as *Lições* do Prof. Nehemias como material de apoio aos seus alunos.

Nas *Lições de Direito Civil* não descuidou o autor de tema dos mais intrincados, que é a posse. De forma simples o autor transita pelas diferenças entre as famosas teorias da posse e orienta o aluno a partir de conceitos e definições que expõe com clareza. Cuida igualmente de todo o programa dos Direitos das Coisas.

Com arte e amplo domínio da matéria, o autor bem se desincumbiu da tarefa de oferecer obra que poderá conduzir o estudante com segurança pelos caminhos do Direito das Coisas.

Se alguma divergência pode haver com a orientação que adotou o autor sobre os diversos temas examinados, ela não altera o valor do trabalho que se coloca à disposição do aluno e dos meios acadêmicos, porque direito não é ciência exata.

Não temos dúvida em recomendar a obra do Prof. Nehemias Domingos de Melo ao público leitor, especialmente aos alunos da graduação, convencidos de que ela representa valioso apoio ao estudo do Direito das Coisas. Cumprimentamos o autor e a editora pela iniciativa e originalidade da obra lançada, que ocupará espaço próprio na bibliografia jurídica.

Carlos Alberto Garbi

Consultor e advogado. Mestre e Doutor em Direito Civil pela PUC-SP. Pós--Doutor pela Universidade de Coimbra em ciências jurídico-empresariais. Professor e Chefe do Departamento de Direito Privado e Social das FMU/SP. Desembargador aposentado do Tribunal de Justiça de São Paulo. Depois de 31 anos de magistratura, como Juiz de carreira, e mais de 41 anos de serviço, se aposentou no cargo de Desembargador da 10ª Câmara de Direito Privado e da 2ª Câmara Reservada de Direito Empresarial, para se dedicar à consultoria e à advocacia. Mantém intensa atividade acadêmica, com a publicação de livros e artigos científicos e a participação em conferências e congressos. É Professor também da EPM – Escola Paulista da Magistratura e Professor convidado da FAAP – Fundação Armando Alvares Penteado e da EPD – Escola Paulista de Direito. Membro da Ordem dos Advogados do Brasil – SP.

OBRAS DO AUTOR

I – LIVROS

1. Lições de direito civil – Teoria Geral – Das pessoas e dos bens, 5ª. ed. Indaiatuba: Foco, 2023, v. 1.

2. Lições de direito civil – Obrigações e responsabilidade civil, 5ª. ed. Indaiatuba: Foco, 2023, v. 2.

3. Lições de direito civil – Contrato e Atos Unilaterais, 5ª. ed. Indaiatuba; Foco, 2023, v. 3.

4. Lições de direito civil – Família e sucessões, 5ª ed. Indaiatuba: Foco, 2023, v. 5.

5. Lições de processo civil – Teoria geral do processo e procedimento comum, 3ª. ed. Indaiatuba: Foco, 2022, v. 1.

6. Lições de processo civil – Processo de execução e procedimentos especiais, 3ª. ed. Indaiatuba: Foco, 2022, v. 2.

7. Lições de processo civil – Dos processos nos tribunais e dos recursos, 3ª. ed. Indaiatuba: Foco, 2022, v. 3.

8. Manual de prática jurídica civil para graduação e exame da OAB. 5ª. ed. Indaiatuba: Foco, 2022.

9. Novo CPC anotado e comentado, 3ª ed. Indaiatuba: Foco, 2023.

10. Responsabilidade civil por erro médico: doutrina e jurisprudência, 4ª. ed. Leme: Mizuno (prelo).

11. Como advogar no cível com o Novo CPC – Manual de prática jurídica, 4ª. ed. Araçariguama: Rumo Legal, 2018.

12. Novo CPC Comparado – 2015 X 1973. Araçariguama: Rumo Legal, 2016 (esgotado).

13. Dano moral trabalhista. 3ª. ed. São Paulo: Atlas, 2015 (esgotado).

14. Da culpa e do risco como fundamentos da responsabilidade civil. 2ª. ed. São Paulo: Atlas, 2012 (esgotado).

15. Dano moral nas relações de consumo. 2ª. ed. São Paulo: Saraiva, 2012.

16. Dano moral – problemática: do cabimento à fixação do quantum, 2ª. ed. São Paulo: Atlas, 2011 (esgotado).

17. Da defesa do consumidor em juízo. São Paulo: Atlas, 2010 (esgotado).

II – CAPÍTULOS DE LIVROS EM OBRAS COLETIVAS

1. Breves considerações a respeito das tutelas provisórias (em coautoria com Marcia Cardoso Simões). In: DEL SORDO NETO, Stefano; DITÃO, Ygor Pierry Piemonte (coord.). Processo Civil Constitucionalizado. Curitiba Instituto Memória Editora, 2020.

2. O direito de morrer com dignidade. In: GODINHO, Adriano Marteleto; LEITE, Salomão Jorge e DADATO, Luciana (coord.). Tratado brasileiro sobre o direito fundamental à morte digna. São Paulo: Almedina, 2017.

3. Dano moral pela inclusão indevida na Serasa (indústria do dano moral ou falha na prestação dos serviços?). In: STOCO, Rui (Org.). Dano moral nas relações de consumo. São Paulo: Revistas dos Tribunais, 2015.

4. Uma reflexão sobre a forma de indicação dos membros do Supremo Tribunal Federal brasileiro. In: ARAGÃO, Paulo; ROMANO, Letícia Danielle; TAYAH, José Marco (Coord.). Reflexiones sobre derecho latinoamericano. Buenos Aires: Editorial Latino Americano, 2015, v. 20.

5. O princípio da dignidade humana como fonte jurídico-positiva para os direitos fundamentais. In: BALESTERO, Gabriela Soares; BEGALLI, Ana Silvia Marcatto (Coord.). Estudos de direito latino americano. Brasilia: Kiron, 2014, v. 2.

6. Fundamentos da reparação por dano moral trabalhista no Brasil e uma nova teoria para sua quantificação. In: ARAGÃO, Paulo; ROMANO, Letícia Danielle; TAYAH, José Marco (Coord.). Reflexiones sobre derecho latinoamericano. Buenos Aires: Editorial Latino Americano, 2014, v. 13.

7. Comentários aos artigos 103 e 104 do CDC e à Lei Estadual dos Combustíveis. In: MACHADO, Costa; FRONTINI, Paulo Salvador (Coord.). Código de Defesa do Consumidor interpretado. São Paulo: Manole, 2013.

8. La familia ensamblada: una analisis a la luz del derecho argentino y brasileño. In: BALESTERO, Gabriela Soares; BEGALLI, Ana Silvia Marcatto (Coord.). Estudos de direito latino americano. São Paulo: Lexia, 2013.

9. Da dificuldade de prova nas ações derivadas de erro médico. In: AZEVEDO, Álvaro Villaça; LIGIEIRA, Wilson Ricardo (Coord.). Direitos do paciente. São Paulo: Saraiva, 2012.

10. O princípio da dignidade humana como fonte jurídico-positiva para os direitos fundamentais. In: ARAGÃO, Paulo; ROMANO, Letícia Danielle; TAYAH, José Marco (Coord.). Reflexiones sobre derecho latinoamericano. Rio de Janeiro: Livre Expressão, 2012, v. 8.

11. Reflexões sobre a inversão do ônus da prova. In: MORATO, Antonio Carlos; NERI, Paulo de Tarso (Org.). 20 anos do Código de Defesa do Consumidor: estudos em homenagem ao professor José Geraldo Brito Filomeno. São Paulo: Atlas, 2010.

III – ARTIGOS PUBLICADOS (ALGUNS TÍTULOS)

1. Da Gratuidade da Justiça no Novo CPC e o Papel do Judiciário. Revista Síntese de Direito Civil e Processual Civil. São Paulo: Síntese, n° 97, set./ out. 2015. Publicado também na Revista Lex Magister, Edição n° 2.484, 19 Outubro 2015.

2. Análise crítica da forma de indicação dos membros do Supremo Tribunal Federal. Revista Jus Navigandi, Teresina, ano 20, n. 4341, 21 maio 2015. Disponível em: <http://jus.com.br/artigos/39290>.

3. Fundamentos da reparação por dano moral trabalhista e uma nova teoria para sua quantificação. Revista Brasileira de Direitos Humanos. Lex-Magister, U. S. abr./jun. 2013.

4. A familia ensamblada: uma análise à luz do direito argentino e brasileiro. Revista Síntese de Direito de Família, v. 78, jun./jul. 2013. Publicado também na Revista Jurídica Lex, v. 72, mar./abr. 2013.

5. Ulysses Guimarães: uma vida dedicada à construção da democracia brasileira. Publicado no site da Revista Lex-Magister em 19-12-2012. Disponível em: <http://www.editoramagister.com/doutrina_24064820>.

6. Dano moral: por uma teoria renovada para quantificação do valor indenizatório (teoria da exemplaridade). Revista Magister de Direito Empresarial, Concorrencial e do Consumidor, v. 44, abr./mai. 2012. Publicado também na Revista Síntese de Direito Civil e Processual Civil. São Paulo: Síntese, n° 79, set./out. 2012.

7. Responsabilidade civil nas relações de consumo. Revista Magister de Direito Empresarial, Concorrencial e do Consumidor. Porto Alegre: Magister, n° 34, ago./set. 2010. Publicado também na Revista Síntese de Direito Civil e Processual Civil, n° 68, nov./dez. 2010 e na Revista Lex do Direito Brasileiro, n° 46, jul./ago. 2010.

8. Nova execução por títulos judiciais: liquidação e cumprimento de sentença (Lei no 11.232/05). Revista Magister de Direito Processual Civil, Porto Alegre: Magister, n° 24, maio/jun. 2008. Publicado também na Revista Síntese de Direito Civil e Processual Civil, n° 58, mar./abr. 2009.

9. Erro médico e dano moral: como o médico poderá se prevenir? Revista Magister de Direito Empresarial, Concorrencial e do Consumidor. Porto Alegre: Magister, n° 18, dez./jan. 2008.

10. Excludentes de responsabilidade em face do Código de Defesa do Consumidor. Revista Magister de Direito Empresarial, Concorrencial e do Consumidor. Porto Alegre: Magister, n° 23, out./nov. 2008.

11. O princípio da dignidade humana e a interpretação dos direitos humanos. São Paulo: Repertório de Jurisprudência IOB n° 07/2009.

12. Responsabilidade dos bancos pelos emitentes de cheques sem fundos. Juris Plenum, Caxias do Sul: Plenum, n° 88, maio 2006. CD-ROM.

13. Dano moral pela inclusão indevida na Serasa (indústria do dano moral ou falha na prestação dos serviços?). Revista de Direito Bancário e do Mercado de Capitais, n° 28. São Paulo: Revista dos Tribunais, abr./jun.2005. Publicado também na Revista do Factoring, São Paulo: Klarear, n° 13, jul./ago./set. 2005 e na Revista Magister de Direito Empresarial, Concorrencial e do Consumidor. Porto Alegre: Magister, n° 12 dez./jan. 2007.

14. Da ilegalidade da cobrança da assinatura mensal dos telefones. Juris Plenum. Especial sobre tarifa básica de telefonia. Caxias do Sul: Plenum, n° 82. maio 2005. CD-ROM.

15. Abandono moral: fundamentos da responsabilidade civil. Revista Síntese de Direito Civil e Processual Civil, n° 34. São Paulo: Síntese/IOB, mar./abr. 2005. Incluído também no Repertório de Jurisprudência IOB n° 07/2005 e republicado na Revista IOB de Direito de Família, n° 46, fev./ mar. 2008.

16. Por uma nova teoria da reparação por danos morais. Revista do Instituto dos Advogados de São Paulo, n° 15. São Paulo: Revista dos Tribunais, jan./jun. 2005. Publicado também na Revista Síntese de Direito Civil e Processual Civil, n° 33, jan./fev. 2005.

17. Responsabilidade civil por abuso de direito. Juris Síntese, São Paulo: Síntese/IOB, n° 51, jan./fev. 2005. CD-ROM.

18. União estável: conceito, alimentos e dissolução. Revista Jurídica Consulex, n° 196, Brasília: Consulex, mar. 2005. Publicado também na Revista IOB de Direito de família n° 51, dez./jan. 2009.

19. Dano moral coletivo nas relações de consumo. Juris Síntese, Porto Alegre: Síntese, n° 49, set./out. 2004. CD-ROM.

20. Da justiça gratuita como instrumento da democratização do acesso ao judiciário. Juris Síntese, Porto Alegre, n° 48, Síntese, jul./ago. 2004. CD-ROM.

21. Do conceito ampliado de consumidor. Revista Síntese de Direito Civil e Processual Civil. São Paulo: Síntese/IOB, n° 30, jul./ago. 2004.

OBRAS DO AUTOR **XV**

ABREVIATURAS

AC – Apelação Cível

ACP – Ação Civil Pública

ADCT – Ato das Disposições Constitucionais Transitórias

ADIn – Ação Direta de Inconstitucionalidade

Art. – Artigo

BGB – Burgerliches Gesetzbuch (Código Civil alemão)

CBA – Código Brasileiro de Aeronáutica

CC – Código Civil (Lei nº 10.406/02)

CCom – Código Comercial (Lei nº 556/1850)

CDC – Código de Defesa do Consumidor (Lei nº 8.078/90)

CF – Constituição Federal

CLT – Consolidação das Leis do Trabalho (Dec.-Lei nº 5.452/43)

CP – Código Penal (Dec.-Lei nº 2.848/40)

CPC – Código de Processo Civil (Lei nº 10.105/15)

CPP – Código de Processo Penal (Dec.-Lei nº 3.689/41)

CRI – Cartório de Registro de Imóveis

CRTD – Cartório de Registro de Títulos e Documentos

CTB – Código de Trânsito Brasileiro (Lei nº 9.503/97)

CTN – Código Tributário Nacional (Lei nº 5.172/66)

D – Decreto

Dec.-Lei – Decreto-Lei

Des. – Desembargador

DJU – Diário Oficial da Justiça da União

DOE – Diário Oficial do Estado (abreviatura + sigla do Estado)

DOU – Diário Oficial da União

EC – Emenda Constitucional

ECA – Estatuto da Criança e do Adolescente (Lei nº 8.069/90)

EOAB – Estatuto da Ordem dos Advogados do Brasil (Lei nº 8.906/94)

IPTU – Imposto sobre a Propriedade Predial e Territorial Urbana

IPVA – Imposto sobre a Propriedade de Veículos Automotores

IR – Imposto sobre a Renda e Proventos de Qualquer Natureza

IRPJ – Imposto de Renda de Pessoa Jurídica

ISS – Imposto Sobre Serviços

ITBI – Imposto de Transmissão de Bens Imóveis

j. – julgado em (seguido de data)

JEC – Juizado Especial Cível (Lei nº 9.099/95)

JEF – Juizado Especial Federal (Lei nº 10.259/01)

LA – Lei de Alimentos (Lei nº 5.478/68)

LACP – Lei da Ação Civil Pública (Lei nº 7.347/85)

LAF – Lei das Alienações Fiduciárias (Dec.-lei nº 911/69)

LAM – Lei de Arrendamento Mercantil (Lei nº 6.099/74)

LAP – Lei da Ação Popular (Lei nº 4.717/65)

LArb – Lei da Arbitragem (Lei nº 9.307/96)

LC – Lei Complementar

LCh – Lei do Cheque (Lei nº 7.357/85)

LD – Lei de Duplicatas (Lei nº 5.474/68)

LDA – Lei de Direitos Autorais (Lei nº 9.610/98)

LDC – Lei de Defesa da Concorrência (Lei nº 8.158/91)

LDi – Lei do Divórcio (Lei nº 6.515/77)

LDP – Lei da Defensoria Pública (LC nº 80/94)

LEF – Lei de Execução Fiscal (Lei nº 6.830/80)

LEP – Lei de Economia Popular (Lei nº 1.521/51)

LI – Lei do Inquilinato (Lei nº 8.245/91)

LINDB – Lei de Introdução às Normas do Direito Brasileiro (Dec.-Lei nº 4.657/42)

LMS – Lei do Mandado de Segurança (Lei nº 1.533/51)

LPI – Lei de Propriedade Industrial (Lei nº 9.279/96)

LRC – Lei do Representante Comercial Autônomo (Lei nº 4.886/65)

LRF – Lei de Recuperação e Falência (Lei nº 11.101/05)

LRP – Lei de Registros Públicos (Lei nº 6.015/73)

LSA – Lei das Sociedades Anônimas (Lei nº 6.404/76)

LU – Lei Uniforme de Genebra (D nº 57.663/66)

Min. – Ministro

MP – Ministério Público

MS – Mandado de Segurança

NR – Nota de rodapé

ONU – Organização das Nações Unidas

Rec. – Recurso

rel. – Relator ou Relatora

REsp – Recurso Especial

ss. – Seguintes

STF – Supremo Tribunal Federal

STJ – Superior Tribunal de Justiça

Súm. – Súmula

TJ – Tribunal de Justiça

TRF – Tribunal Regional Federal

TRT – Tribunal Regional do Trabalho

TST – Tribunal Superior do Trabalho

v.u. – votação unânime

SUMÁRIO

DEDICATÓRIA.. V

AGRADECIMENTOS.. VII

NOTA DO AUTOR IX

PREFÁCIO XI

OBRAS DO AUTOR.. XIII

    I – Livros.. XIII

    II – Capítulos de livros em obras coletivas................................ XIII

    III – Artigos publicados (alguns títulos) XIV

ABREVIATURAS... XVII

PARTE I
INTRODUÇÃO AO ESTUDO DOS DIREITOS DAS COISAS

LIÇÃO 1 – DIREITO DAS COISAS E DIREITO REAL: GENERALIDADES.......... 3

    1. Conceitos básicos 3

    2. Princípios específicos dos direitos reais 6

    3. Diferenças entre direito real e direito pessoal........................ 7

    4. Principais características dos direitos reais.............................. 9

LIÇÃO 2 – CLASSIFICAÇÃO DOS DIREITOS REAIS 11

    1. Direitos reais sobre coisa própria (propriedade)..................... 11

    2. Direitos reais sobre coisa alheia... 11

        2.1 Direitos reais de fruição 12

        2.2 Direitos reais de garantia.. 13

        2.3 Direito real de aquisição... 14

| 2.4 | Direitos reais sobre bens públicos | 14 |
| 3. | Registro histórico | 15 |

PARTE II
DA POSSE E DOS DIREITOS DO POSSUIDOR

LIÇÃO 3 – POSSE E COMPOSSE: CONCEITOS, ESPÉCIES E CLASSIFICAÇÃO. ... 19

I – POSSE	19
1. Conceito de posse	19
2. Natureza jurídica da posse	19
3. Classificação da posse	21
4. Desapropriação privada	23
5. Posse pro labore	23
6. A polêmica entre as teorias de Savigny e de Ihering	25
7. Fâmulo da posse	26
II – COMPOSSE	26
8. Conceito de composse	26
9. Efeitos da composse	27
10. Direito de ação	27
11. Cessa a composse	27

LIÇÃO 4 – AQUISIÇÃO E PERDA DA POSSE ... 29

1. Da aquisição da posse	29
2. Classificação da posse	29
2.1 Originária (unilateral)	30
2.2 Derivada (ou bilateral)	30
3. Quanto aos modos de aquisição	31
4. Aqueles que podem adquirir a posse	32
5. Perda da posse	33

LIÇÃO 5 – DA DEFESA DA POSSE E DOS OUTROS EFEITOS DA POSSE ... 35

| I – DA DEFESA DA POSSE | 35 |
| 1. Fundamentos da proteção possessória | 35 |

2.	Legítima defesa da posse e o desforço imediato	36
3.	Reação imediata	36
4.	Proporcionalidade da reação	37
5.	Esbulho	37
6.	Turbação	38
7.	Ameaça contra a posse	39
8.	Das ações possessórias	39
9.	Da liminar nas ações possessórias	41
	9.1 Liminar contra pessoa jurídica de direito público	41
	9.2 Recurso contra a concessão ou denegação da liminar	41
10.	Da fungibilidade das ações possessórias	42
11.	Resposta do réu	42
12.	Outras ações em defesa da posse	43
13.	Generalidade sobre a proteção possessória	44

II – EFEITOS QUE DECORREM DA POSSE 44

14.	Principal efeito decorrente da posse	44
15.	Se duas ou mais pessoas se dizem possuidoras	45
16.	Possuidor de boa-fé	45
17.	Possuidor de má-fé	46

PARTE III
DIREITOS REAIS SOBRE COISA PRÓPRIA

LIÇÃO 6 – DA PROPRIEDADE EM GERAL: CONCEITO E DEMAIS GENERA-
LIDADES 51

1.	Conceito de propriedade	51
2.	Histórico do direito de propriedade	52
3.	Fundamentos do direito de propriedade	53
4.	Garantia ao direito de propriedade	54
5.	Elementos constitutivos	55
6.	Ações em defesa da propriedade	56
7.	Principais características do direito de propriedade	57

LIÇÃO 7 – RESTRIÇÕES AO DIREITO DE PROPRIEDADE		59
1.	Resenha histórica	59
2.	Histórico no Brasil	60
3.	Algumas restrições ao direito de propriedade	61
	3.1 Restrições constitucionais	61
	3.2 Restrições administrativas	64
	3.3 Limitações ambientais	65
	3.4 Restrições no Código Civil	66
	3.5 Restrições voluntárias	68
LIÇÃO 8 – FORMAS DE AQUISIÇÃO DA PROPRIEDADE IMÓVEL		71
I – CONDIÇÕES GERAIS DE AQUISIÇÃO		71
1.	Pressupostos para aquisição	71
2.	Aquisição quanto à origem	71
3.	Quanto à forma de transmissão	72
4.	Quanto à onerosidade	73
II – FORMAS DE AQUISIÇÃO DA PROPRIEDADE IMÓVEL		73
5.	Aquisição da propriedade imóvel	73
6.	Usucapião	74
	6.1 Usucapião especial ou constitucional	74
	6.2 Usucapião extraordinária	75
	6.3 Usucapião ordinária	76
	6.4 Usucapião familiar ou conjugal	77
	6.5 Usucapião coletiva urbana	77
	6.6 Usucapião administrativa	78
	6.7 Usucapião de imóveis públicos	78
	6.8 Usucapião judicial	79
	6.9 Usucapião extrajudicial	79
7.	Aquisição pela transcrição no CRI	80
	7.1 Importância do registro de imóveis	81
	7.2 Princípios do Direito Registral	82

8.	Aquisição pela acessão	86
9.	Aquisição por direito hereditário	87

LIÇÃO 9 – FORMAS DE AQUISIÇÃO DA PROPRIEDADE MÓVEL ... 89

I – NOTAS INTRODUTÓRIAS ... 89

1.	Bens móveis	89

II – USUCAPIÃO ... 90

2.	Conceito de usucapião		90
	2.1	Aplicação da usucapião aos bens móveis	90
	2.2	Tipos de usucapião	90
	2.3	Exemplos práticos	91
	2.4	Soma das posses	91

III – OCUPAÇÃO ... 92

3.	Conceito de ocupação		92
	3.1	Forma de aquisição originária	92
	3.2	Os tipos de ocupação	92

IV – ACHADO DE TESOURO ... 93

4.	Conceito de achado de tesouro		93
	4.1	Repartição do tesouro	93
	4.2	Utilidade do instituto	93

V – TRADIÇÃO ... 94

5.	Conceito de tradição		94
	5.1	Esclareça-se sobre o contrato	94
	5.2	Tipos de tradição	94
	5.3	Traditio a non domino	95

VI – ESPECIFICAÇÃO ... 96

6.	Conceito de especificação		96
	6.1	A quem fica pertencendo a criação	97

VII – CONFUSÃO – COMISTÃO – ADJUNÇÃO ... 98

7.	Conceito único para confusão, comistão e adjunção		98
	7.1	As três espécies	98
	7.2	Regime jurídico de solução	99

LIÇÃO 10 – PERDA DA PROPRIEDADE.. 101

    1.   Noções introdutórias... 101

    2.   Hipótese de perda da propriedade 102

    3.   Bens imóveis vagos... 104

LIÇÃO 11 – DIREITOS DE VIZINHANÇA E DE CONSTRUIR............................ 105

    1.   O direito de vizinhança.. 105

    2.   Obrigações decorrentes do direito de vizinhança.................................. 106

    3.   Características do direito de vizinhança 107

    4.   Uso anormal da propriedade 108

        4.1   Critérios para identificar o uso anormal...................................... 109

        4.2   Ação à disposição do vizinho prejudicado 110

    5.   Árvores limítrofes.. 111

    6.   Passagem forçada.. 111

    7.   Passagem de cabos e tubulações 112

    8.   Destinos das águas.. 113

    9.   Limites entre prédios e direito de tapagem 115

    10. Direito de construir... 116

        10.1 A tutela da intimidade.. 117

        10.2 As proibições quanto a beirais, paredes divisórias 117

        10.3 Condomínio de parede-meia 118

        10.4 Proibição de encostar coisa na parede divisória 119

        10.5 Obrigação de fazer obras acautelatórias....................................... 120

        10.6 Uso da propriedade vizinha... 120

LIÇÃO 12 – DO CONDOMÍNIO... 123

I – DO CONDOMÍNIO TRADICIONAL... 123

    1.   Conceito e características do condomínio em geral................................ 123

    2.   Espécies de condomínio 124

        2.1   Quanto à origem 124

        2.2   Quanto ao objeto... 125

        2.3   Quanto à divisibilidade 126

2.4	Quanto à forma	127
3.	Direitos dos condôminos	127
4.	Deveres dos condôminos	128
5.	Sobre as dívidas do condomínio	129
6.	Da administração do condomínio	130
7.	Extinção do condomínio	130

II – CONDOMÍNIO EDILÍCIO 131

8.	Conceito de condomínio edilício	131
9.	Características do condomínio edilício	132
10.	Instituição	133
11.	Convenção	133
12.	Extinção do condomínio edilício	134
13.	Novidades da Lei nº 13.465/17	135
	13.1 O condomínio de lotes	135
	13.2 O condomínio urbano simples	135
14.	Do condomínio em multipropriedade	136

LIÇÃO 13 – DA PROPRIEDADE RESOLÚVEL E DA PROPRIEDADE FIDUCIÁRIA 137

I – DA PROPRIEDADE RESOLÚVEL 137

1.	Propriedade resolúvel	137
2.	Resolução pelo implemento da condição ou advento do termo	137
3.	Resolução por causa superveniente	140

II – DA PROPRIEDADE FIDUCIÁRIA 140

4.	Conceito de propriedade fiduciária	140
5.	É uma propriedade resolúvel	141
6.	Características	141

PARTE IV
DIREITOS REAIS SOBRE COISA ALHEIA

LIÇÃO 14 – DIREITO DE LAJE 147

1.	Um novo direito real – Laje	147

2. Conceito e características do novo instituto 148

3. Diferenças com outros institutos similares 148

    3.1   Diferença com condomínio 149

    3.2   Diferença com a superfície 149

4. Do registro imobiliário 149

5. Usucapião 149

6. O texto do código civil que trata do tema 150

LIÇÃO 15 – DIREITO DE SUPERFÍCIE 153

1. Breve histórico do instituto 153

2. Conceito 154

3. Denominação das partes 155

4. Características 155

5. Modos de constituição 156

6. Transferência 157

7. Propriedade resolúvel 157

8. Formas de extinção 158

9. Averbação junto ao CRI 159

10. Outros institutos similares 160

11. Importância da superfície 160

LIÇÃO 16 – DAS SERVIDÕES 163

1. Conceito 163

2. Natureza jurídica 163

3. Modos de constituição 164

4. Espécies de servidões 165

5. Características 166

6. Classificação das servidões 167

    6.1   Quanto à natureza dos prédios 167

    6.2   Quanto à situação de uso 168

    6.3   Quanto à visibilidade 168

6.4	Quanto ao modo de exercício	169
7.	Usucapião	169
8.	Do exercício das servidões	170
9.	Ações relativas às servidões	170
10.	Remoção das servidões	171
11.	Extinção	171
12.	Servidões administrativas	174

LIÇÃO 17 – DO USUFRUTO, DO USO E DA HABITAÇÃO 175

I – DO USUFRUTO		**175**
1.	Conceito do usufruto	175
2.	Características	176
3.	Usufruto sobre títulos de crédito	177
4.	Usufruto especial	178
5.	Usufruto simultâneo ou conjuntivo	178
6.	Usufruto por sub-rogação	178
7.	Promessa de usufruto	179
8.	Classificação	179
	8.1 Quanto à origem ou modo de Constituição	180
	8.2 Quanto à duração	180
	8.3 Quanto ao objeto	181
	8.4 Quanto à sua extensão	181
	8.5 Quanto às restrições	182
9.	Direitos do usufrutuário	182
10.	Deveres do usufrutuário	183
11.	Extinção do usufruto	184
12.	Usufruto por usucapião	187
II – DO USO		**187**
13.	Conceito de uso	187
14.	Quanto aos frutos	188
15.	Conceito de família para efeitos de uso	188

16. Características	188
17. Modos de constituição	189
18. Direitos do usuário	189
19. Deveres do usuário	189
20. Extinção do uso	189
III – DA HABITAÇÃO	190
21. Conceito de habitação	190
22. Cessão coletiva (coabitação)	190
23. Características	190
24. Direitos do habitador	191
25. Deveres do habitador	191
26. Formas de extinção	191
27. Direito de habitação legal	192

LIÇÃO 18 – DO DIREITO DO PROMITENTE COMPRADOR 193

1. Conceito	193
2. Requisitos	193
3. Efeitos jurídicos	194
4. Transmissibilidade	195
5. Extinção	195
6. Anotações sobre a ação de adjudicação compulsória	196

LIÇÃO 19 – DA CONCESSÃO DE USO ESPECIAL PARA FINS DE MORADIA E DA CONCESSÃO DE DIREITO REAL DE USO 199

I – DA CONCESSÃO DE USO ESPECIAL PARA FINS DE MORADIA	199
1. Breve análise histórica	199
2. Natureza jurídica da concessão de uso especial para fins de moradia	200
3. Formas de extinção	200
II – DA CONCESSÃO DE DIREITO REAL DE USO	201
4. Histórico do direito real de uso	201
5. Natureza jurídica	201
6. Direito resolúvel	202
7. Transmissibilidade	202

PARTE V
DOS DIREITOS REAIS DE GARANTIA

LIÇÃO 20 – INTRODUÇÃO AOS DIREITOS REAIS DE GARANTIA 205

   1. Crédito e garantia 205

   2. Conceito de direito real de garantia 206

   3. Direito de preferência 206

   4. Natureza jurídica 207

   5. Validade contra terceiros 207

   6. Capacidade para constituir ônus real 207

   7. Antecipação de vencimento da dívida garantida 208

   8. Indivisibilidade do direito de garantia 209

   9. Pacto comissório 209

  10. Crédito quirografário 210

LIÇÃO 21 – DAS VÁRIAS FORMAS DE PENHOR 211

  I – DAS VÁRIAS ESPÉCIES DE PENHOR 211

   1. Notas introdutórias 211

  II – PENHOR COMUM OU TRADICIONAL 212

   2. Conceito de penhor comum ou tradicional 212

   3. Elementos e características 212

   4. Penhor solidário 214

   5. Coisas fungíveis 214

   6. Direitos do credor pignoratício 214

   7. Obrigações do credor pignoratício 216

  III – PENHOR RURAL 217

   8. Conceito de penhor rural 217

   9. Características 217

  10. Cédula rural pignoratícia (CRP) 218

  11. Tipos de penhor rural 219

  12. Obrigações do devedor 220

  13. Diferenças com o penhor tradicional 220

IV – PENHOR INDUSTRIAL E MERCANTIL 221

14. Conceito de penhor industrial e mercantil 221

15. Penhor de mercadorias em armazéns 221

16. Características 222

17. Diferenças com o penhor tradicional 222

18. Obrigações do devedor 223

V – PENHOR DE DIREITOS E DE TÍTULOS DE CRÉDITO 223

19. Conceito de penhor de direitos e de títulos de crédito 223

20. Sobre o penhor de direitos 223

21. Sobre o penhor de títulos 225

VI – PENHOR DE VEÍCULOS 226

22. Conceito de penhor de veículos 226

23. Principais características 226

VII – PENHOR LEGAL 227

24. Conceito de penhor legal 227

25. Quais são os credores que a lei prevê? 227

26. Formas de constituição 228

VIII – EXTINÇÃO DO PENHOR 229

27. Extinção do penhor 229

LIÇÃO 22 – DA HIPOTECA 231

1. Conceito 231

2. Características 232

3. Requisitos objetivos 233

4. Requisito subjetivo 235

5. Requisitos formais 236

6. Tipos de hipoteca 237

7. Pluralidade de hipotecas 239

8. Venda do imóvel hipotecado 239

9. Efeitos jurídicos da hipoteca 241

10. Direito de remição 242

11.	Desmembramento do imóvel hipotecado	242
12.	Cédula hipotecária	243
13.	Extinção da hipoteca	244
14.	Outras formas de extinção da hipoteca	246

LIÇÃO 23 – DA ANTICRESE E DA ENFITEUSE 249

    I – ANTICRESE 249

1.	Conceito de anticrese	249
2.	Características	250
3.	Efeitos decorrentes da anticrese	251
4.	Direitos e obrigações do credor	252
5.	Obrigações e direitos do devedor	252
6.	Remição	252
7.	Extinção	253

    II – ENFITEUSE 253

8.	Conceito de enfiteuse	253
9.	Extinção	254

BIBLIOGRAFIA CONSULTADA E RECOMENDADA 255

PARTE I
INTRODUÇÃO AO ESTUDO DOS DIREITOS DAS COISAS

Lição 1
DIREITO DAS COISAS E DIREITO REAL: GENERALIDADES

> **Sumário:** 1. Conceitos básicos – 2. Princípios específicos dos direitos reais – 3. Diferenças entre direito real e direito pessoal – 4. Principais características dos direitos reais.

1.   CONCEITOS BÁSICOS

Para iniciar os estudos sobre os direitos das coisas, entendemos ser de fundamental importância fixar alguns conceitos que consideramos básicos, porém importantes para um bom entendimento sobre o conjunto da matéria.

Por primeiro, releva comentar que as expressões *direito das coisas e direitos reais* são usadas comumente como sinônimas. Aliás, no antigo Direito Romano denominava-se "direito das coisas". Depois Savigny teria cunhado a expressão "direitos reais", que vem sendo aceita pela doutrina e adotada por alguns Códigos.

Também diverge a doutrina no que diz respeito à posse, tendo em vista que alguns autores a consideram como "um fato", outros como "um direito". Existem ainda aqueles que, como Caio Mário, defendem que a posse é um direito real provisório, para distingui-la da propriedade que seria um direito real definitivo.[1]

A partir dessas premissas e respeitadas as divergências naturais, vejamos alguns conceitos:

a) **Direito das coisas:**

É o conjunto de normas que regulam as relações jurídicas no que diz respeito aos bens materiais e imateriais que tenham valor econômico, sejam corpóreos ou incorpóreos, suscetíveis de apropriação pelo ser

---

1.   Caio Mário da Silva Pereira. *Instituições*, p. 27-28.

humano, normatizando as formas de aquisição, exercício, conservação, perda e utilização dos mesmos.

Atenção: na sistemática adotada pelo nosso Código Civil o direito das coisas, além de englobar os direitos reais, engloba também a posse enquanto instituto jurídico que, embora inerente à propriedade, não é considerado direito real (a posse antecede a propriedade).

b) **Direito real:**

É o vínculo que se forma entre a pessoa e a coisa, que prevalece contra todos, conferindo ao seu titular a prerrogativa de sequela e o direito de ação real e, por ser exclusivo, tem seu número limitado na própria lei (ver CC, art. 1.225 – NR-7), naquilo que é chamado de ***numerus clausus.*** Assim, uma vez estabelecido um direito real em favor de alguém sobre determinada coisa, tal direito se liga ao objeto e adere a ele de maneira integral e completa, tal qual uma mancha misturada à sua cor, dela não se desprendendo. É oponível a todos, isto é, **vale *erga omnes***, sendo a prerrogativa que tem o titular de reivindicar a coisa de quem quer que a injustamente detenha, naquilo que se denomina de **poder de sequela.**[2]

c) **Coisa:**

É tudo que pode ser encontrado na natureza, exceto o ser humano. Assim, a água do mar é coisa; o ar é coisa; um animal é coisa; as árvores são coisas etc. As coisas existem para satisfazerem as necessidades do ser humano, algumas raras (ouro, brilhante etc.) despertam a cobiça e fazem as pessoas brigarem para possuí-las; outras, encontradas em abundância na natureza (ar, água do mar etc.), acabam por não despertarem interesse na sua apropriação.

Anotem para não esquecer: exceto o ser humano, todo o resto existente no universo é coisa.

d) **Bens:**

São aquelas coisas que, por serem úteis e terem algum valor (econômico ou moral), despertam o interesse do ser humano (por sua utilidade ou raridade) que, delas se apropriando, faz surgir o vínculo jurídico que é o domínio (propriedade). Quer dizer, são coisas de que os seres humanos tendem a se apropriar com a finalidade de garantir a sua subsistência (alimentos, por exemplo) ou a realização do seu trabalho (lenha para o fogo, por exemplo), ou ainda como coisas de prazer e deleite pessoal (o

---

2. Ver Silvio Rodrigues. *Direito civil,* p. 5.

animal selvagem que vira de estimação). Em resumo: **bens são coisas que têm utilidade e valor econômico ou moral.**

e) **Patrimônio:**

É o conjunto de bens, direitos e obrigações que uma pessoa possua, englobando tanto os bens materiais (corpóreos) quanto os imateriais (incorpóreos). O **patrimônio líquido** é formado pela soma dos bens e direitos descontando-se as obrigações, cujo resultado final pode ser **positivo** (mais créditos que débitos) **ou negativo** (mais débitos que créditos).

f) **Tradição:**

É a entrega da coisa ao adquirente com a intenção de lhe transferir a propriedade (lembrando: o contrato não transfere a propriedade). Essa entrega pode ser **física ou real**, como no caso das coisas móveis em geral; **simbólica**, quando a entrega não é real, mas o ato é equivalente, como a entrega das chaves de um carro ou quando a coisa é colocada à disposição do adquirente, ainda que em local distinto *(traditio longa manu)*; **ficta ou presumida**, aquela decorrente de previsão legal como no caso do constituto possessório (o *tradens* continua na posse da coisa, não mais em seu nome, porém em nome e por conta do adquirente); a do *traditio brevi manu* (em que o arrendatário, pela aquisição, torna-se dono); e tradição feita por terceiro (venda do prédio alugado). Ver art. 1.267[3] do Código Civil.

Atenção: de regra, a tradição feita por quem não seja proprietário não aliena a propriedade. É a chamada tradição a "non domino", ou seja, tradição por quem não seja dono.

Exceção: se a coisa for adquirida em leilão ou estabelecimento comercial; e for transferida em circunstâncias tais que o alienante se afigura como dono, tanto perante ao adquirente de boa-fé quanto a qualquer pessoa (CC, art. 1.268, *caput*).[4]

---

3. CC, Art. 1.267. A propriedade das coisas não se transfere pelos negócios jurídicos antes da tradição. Parágrafo único. Subentende-se a tradição quando o transmitente continua a possuir pelo constituto possessório; quando cede ao adquirente o direito à restituição da coisa, que se encontra em poder de terceiro; ou quando o adquirente já está na posse da coisa, por ocasião do negócio jurídico.

4. CC, Art. 1.268. Feita por quem não seja proprietário, a tradição não aliena a propriedade, exceto se a coisa, oferecida ao público, em leilão ou estabelecimento comercial, for transferida em circunstâncias tais que, ao adquirente de boa-fé, como a qualquer pessoa, o alienante se afigurar dono.
   § 1º Se o adquirente estiver de boa-fé e o alienante adquirir depois a propriedade, considera-se realizada a transferência desde o momento em que ocorreu a tradição.
   § 2º Não transfere a propriedade a tradição, quando tiver por título um negócio jurídico nulo.

2. PRINCÍPIOS ESPECÍFICOS DOS DIREITOS REAIS

Já alertamos em outras passagens destas nossas *Lições de direito civil* que, além dos princípios gerais de direito, cada ramo do Direito Civil tem seus próprios princípios.

No caso dos direitos reais, os princípios específicos são:

a) **Princípio da coisificação:**

O direito real é o sub-ramo do Direito Civil que trata dos direitos que recaem sobre as coisas e não sobre as pessoas.

Atenção: cumpre esclarecer que as coisas não têm direitos, logo quando falamos em direito das coisas estamos tratando do ramo do Direito que vai regular a relação das pessoas com as suas coisas.

b) **Princípio da especialidade ou da determinação:**

O objeto dos direitos reais deve ser sempre uma coisa certa e determinada. Quer dizer, deve dizer respeito a um bem específico, desde logo determinado.

c) **Princípio da totalidade:**

O direito real deve recair sobre uma coisa na sua totalidade e não sobre parte dela.

d) **Princípio da elasticidade:**

Entendido no sentido de que o proprietário tem o direito de extrair da coisa todas as utilidades que ela possa lhe proporcionar.

e) **Princípio da transmissibilidade:**

Como regra geral, os direitos reais são transmissíveis por ato *inter vivos* ou *causa mortis*. Excetuam-se dessa regra o usufruto, o uso e a habitação.

f) **Princípio da preferência:**

Os direitos reais preferem ao direito pessoal. Por exemplo, o credor pignoratício ou hipotecário (crédito garantido por penhor ou hipoteca) tem preferência de recebimento de seus créditos com relação ao credor quirografário (aquele que não tem nenhuma garantia).

g) **Princípio da publicidade:**

Especialmente para os direitos de propriedade que recaem sobre imóveis, cuja criação do direito real dependerá sempre de seu registro perante o cartório competente, com a finalidade de dar ciência a todos de sua existência.

h) Princípio da tradição:

Segundo o nosso ordenamento jurídico, o contrato por si só não transmite a propriedade, sendo necessária a tradição, quer dizer, a efetiva entrega da coisa ao adquirente (ver CC, art. 1.267 – NR3).

i) Princípio da taxatividade ou da tipicidade:

Os direitos reais são somente aqueles taxativamente previstos em lei e, atualmente, são somente aqueles que constam no art. 1.225 do Código Civil.[5]

j) Princípio da legalidade:

Os direitos reais somente podem ser criados por lei; jamais pela vontade livre das partes.

3. DIFERENÇAS ENTRE DIREITO REAL E DIREITO PESSOAL

Embora não haja critérios definidos quanto às diferenças entre os direitos reais (das coisas) e os direitos pessoais (obrigacionais), os autores destacam alguns pontos distintivos entre eles, dentre os quais destacamos os seguintes:

a) Em relação ao sujeito:

No direito real só existe um sujeito, o titular do direito, como, por exemplo, o proprietário, o usufrutuário, o condômino etc.; já no pessoal deverão sempre existir pelo menos dois sujeitos, um ativo (credor) e outro passivo (devedor).

b) Quanto à ação:

No direito real o detentor do direito tem ação contra qualquer um que injustamente detenha a coisa, até mesmo contra o Estado (**sujeito passivo**

---

5. CC, Art. 1.225. São direitos reais:

I – a propriedade;

II – a superfície;

III – as servidões;

IV – o usufruto;

V – o uso;

VI – a habitação;

VII – o direito do promitente comprador do imóvel;

VIII – o penhor;

IX – a hipoteca;

X – a anticrese.

XI – a concessão de uso especial para fins de moradia; (Incluído pela Lei nº 11.481/07)

XII – a concessão de direito real de uso; e (Redação dada pela Lei nº 13.465, de 2017)

XIII – a laje. (Incluído pela Lei nº 13.465, de 2017)

é indeterminado = qualquer um), isto é o que se chama de direito de sequela; enquanto que **no direito pessoal** a ação será dirigida contra a pessoa que figure no polo (ativo ou passivo) da relação jurídica obrigacional (**sujeito passivo é certo e determinado** = somente contra quem figure num dos lados da relação jurídica contratada).

Exemplo: vamos supor que Jojolino deva a Juka o valor de R$ 10.000,00; se ele não pagar, Juka só tem ação contra Jojolino porque o direito é pessoal e dirigido, nesse caso, contra a figura do devedor (direito pessoal). De outro lado, Jojolino é proprietário de uma casa no Jardim Robru e, de maneira permanente, ele poderá manejar uma ação para retomada do imóvel, caso este seja invadido em qualquer tempo e por quem quer que seja (**direito real é oponível *erga omnes***).

c) **Quanto ao objeto:**

No direito real será sempre uma coisa determinada, enquanto que no direito pessoal visa sempre o cumprimento de uma prestação genérica pelo devedor, bastando seja determinável.

d) **Quanto aos limites:**

O direito real não pode ser criado pela livre convenção das partes, estando limitado pela norma jurídica em *numerus clausus* (ver CC, art. 1.225 – NR5); enquanto que o direito pessoal é ilimitado, podendo ser criado livremente pelas partes em face da autonomia da vontade, bastando apenas o respeito à lei e que não contrarie a moral e os bons costumes (CC, art. 425).[6]

e) **Quanto ao uso e ao gozo:**

No direito real a relação de uso e gozo, entre o titular e a coisa, é permanente e direta; enquanto que no direito pessoal depende sempre de um intermediário e o gozo é limitado em face de a obrigação ser transitória.

f) **Quanto à extinção:**

No direito real a coisa conserva-se até que seja apropriado por outro titular (tende à perpetuidade); enquanto que o direito pessoal se extingue pelo cumprimento da obrigação ou mesmo pela inércia do titular (transitoriedade).

---

6. CC, Art. 425. É lícito às partes estipular contratos atípicos, observadas as normas gerais fixadas neste Código.

g) **Quanto à usucapião:**

Somente os direitos reais podem ser adquiridos por usucapião, inexistindo essa possibilidade quando se tratar de direitos pessoais.

h) **Quanto à posse:**

A posse no direito real é a exteriorização do domínio enquanto que no direito pessoal não há a necessidade da posse para legitimar o titular do direito.

i) **Quanto à preferência:**

No direito real o credor pignoratício ou hipotecário tem preferência sobre todos os demais outros credores, enquanto que no direito pessoal não há preferência de credores predeterminada.

4. PRINCIPAIS CARACTERÍSTICAS DOS DIREITOS REAIS

Tendo como base as diferenças anteriormente apontadas, podemos destacar as seguintes características dos direitos reais:

a) **Quanto à criação:**

Somente podem ser criados por lei e, atualmente, são somente aqueles que estão previstos no art. 1.225 do Código Civil em *numerus clausus*. nada obsta que leis especiais criem direitos reais, porém o que importa é deixar claro que **direitos reais só podem ser criados por lei.**

b) **Quanto à oponibilidade:**

São oponíveis a todos, pessoa física ou jurídica, particular ou estatal, naquilo que se denomina de *erga omnes*.

c) **Poder de sequela:**

É a faculdade conferida ao titular de perseguir a coisa onde quer que ela se encontre e retomá-la das mãos de quem quer que injustamente a detenha. isso pode ser exercido através da ação real – a ação reivindicatória.

d) **Legítima defesa:**

Para defesa do direito real de propriedade, o titular está autorizado por lei a usar da força pessoal para retomar a coisa, utilizando para tanto da **"legítima defesa da posse"** (CC, art. 1.210, § 1º).[7]

---

7. CC, Art. 1.210. Omissis...

§ 1º O possuidor turbado, ou esbulhado, poderá manter-se ou restituir-se por sua própria força, contanto que o faça logo; os atos de defesa, ou de desforço, não podem ir além do indispensável à manutenção ou restituição da posse.

Para isso pode até contar com a ajuda de outras pessoas, desde que o faça tão logo fique sabendo da violação.

e) **Ação real:**

A ação pode ser endereçada contra qualquer pessoa que injustamente detenha o objeto. É a chamada ação reivindicatória, enquanto prerrogativa concedida ao titular do direito real, para a defesa do seu direito de titular do domínio.

f) **Exclusividade:**

No sentido de que somente um direito real pode existir recaindo sobre a coisa. Quer dizer, não se pode conceber dois direitos reais, de igual conteúdo, sobre a mesma coisa. Para isso o registro é de fundamental importância porque, realizado um registro, ele impedirá que se faça outro ato registral igual.

Atenção: não confunda o fato de sobre um mesmo bem recaírem dois direitos reais como, no caso de imóvel, incidir o direito de propriedade para alguém (nu-proprietário), e o usufruto para outra pessoa (usufrutuário), porque, nesse caso, são dois direitos reais diferentes (propriedade + usufruto).

Exceção: uma situação que pode ser excepcionada é o fato de poderem ser instituídas duas ou mais hipotecas sobre um mesmo bem imóvel, em favor do mesmo credor da primeira hipoteca ou mesmo de outro (CC, art. 1.476).[8]

g) **Quanto à Constituição:**

Somente se constitui através do registro junto ao Cartório de Registro de Imóveis (CC, art. 1.227)[9] ou ao Cartório de Títulos e Documentos (CC, art. 1.462),[10] conforme seja o direito real em questão. Com o registro, procede-se à publicidade do fato, impedindo a alegação de ignorância.

Por exemplo: o adquirente de um imóvel não será considerado proprietário enquanto não levar a escritura de aquisição a registro perante o cartório competente. Nesse meio-tempo ele será, no máximo, o possuidor, porque é o vendedor quem ainda estará constando no registro de imóvel como titular.

---

8. CC, Art. 1.476. O dono do imóvel hipotecado pode constituir outra hipoteca sobre ele, mediante novo título, em favor do mesmo ou de outro credor.

9. CC, Art. 1.227. Os direitos reais sobre imóveis constituídos, ou transmitidos por atos entre vivos, só se adquirem com o registro no Cartório de Registro de Imóveis dos referidos títulos (arts. 1.245 a 1.247), salvo os casos expressos neste Código.

10. CC, Art. 1.462. Constitui-se o penhor, a que se refere o artigo antecedente, mediante instrumento público ou particular, registrado no Cartório de Títulos e Documentos do domicílio do devedor, e anotado no certificado de propriedade.

Lição 2
CLASSIFICAÇÃO DOS DIREITOS REAIS

Sumário: 1. Direitos reais sobre coisa própria (propriedade) – 2. Direitos reais sobre coisa alheia; 2.1 Direitos reais de fruição; 2.2 Direitos reais de garantia; 2.3 Direito real de aquisição; 2.4 Direitos reais sobre bens públicos – 3. Registro histórico.

1. DIREITOS REAIS SOBRE COISA PRÓPRIA (PROPRIEDADE)

O domínio (*animus dominus*) é o mais completo dos direitos subjetivos, pois vincula-se legalmente à coisa e a submete ao poder absoluto do proprietário.

Nesse contexto, a propriedade é a espinha dorsal do direito privado. É um direito real que recai sobre a própria coisa, permitindo que seu titular possa **usar, gozar, dispor e reivindicá-la** de quem quer que seja (CC, art. 1228).[1]

O direito da propriedade pode recair em **coisas corpóreas** (bens móveis ou imóveis) **ou mesmo incorpóreas** (propriedade intelectual, direitos de autor), bem como pode ser individual ou coletivo (condomínio em geral e edilício).

2. DIREITOS REAIS SOBRE COISA ALHEIA

Com exceção do direito de propriedade, todos os demais direitos reais previstos no art. 1.225[2] do Código Civil são direitos reais sobre coisa alheia pondo em

---

1. CC, Art. 1.228. O proprietário tem a faculdade de usar, gozar e dispor da coisa, e o direito de reavê-la do poder de quem quer que injustamente a possua ou detenha.
   (Omissis)...
2. Art. 1.225. São direitos reais:
   I – a propriedade;
   II – a superfície;
   III – as servidões;
   IV – o usufruto;
   V – o uso;
   VI – a habitação;

evidência a possibilidade de uma espécie de desmembramento da propriedade, permitindo a incidência de mais de um direito real (de conteúdo diferente) sobre a mesma coisa.

Por exemplo, o direito do credor hipotecário incide sobre a propriedade imóvel limitando o direito do proprietário que continuará tendo o uso e o gozo, mas, a rigor, não poderá dispor livremente da propriedade, sendo essa uma limitação.

Assim, podemos identificar várias espécies de direitos reais sobre coisa alheia, conforme seja a destinação do bem. Vejamos:

2.1 Direitos reais de fruição

São direitos reais de uso e gozo, isto é, podem ser instituídos pelo titular do domínio em favor de **alguém que poderá usar e fruir do bem alheio**, e são das seguintes espécies:

a) **Laje:**

É um direito real de uso, gozo e disposição que pode ser instituído mediante contrato, pelo proprietário de uma construção-base que poderá ceder a superfície superior ou inferior de sua construção a fim de que o titular da laje mantenha unidade distinta daquela originalmente construída sobre o solo (ver art. 1.510-A, *caput*).

b) **Superfície:**

É o direito real pelo qual o proprietário de um imóvel (titular do domínio) cede a outrem (superficiário), por tempo determinado, o direito de construir ou plantar cuja concessão deve ser realizada por escritura pública com registro no Cartório de Registro de Imóveis, podendo ser gratuito ou oneroso, por *ato inter vivos* ou *causa mortis* (ver CC, arts. 1.369 a 1.377).

c) **Servidões:**

É o direito real constituído em favor de um terreno (dominante), sobre outro terreno (o serviente), pertencente a donos diversos (pode ser de

---

VII – o direito do promitente comprador do imóvel;

VIII – o penhor;

IX – a hipoteca;

X – a anticrese.

XI – a concessão de uso especial para fins de moradia; (Incluído pela Lei nº 11.481, de 2007)

XII – a concessão de direito real de uso; e (Redação dada pela Lei nº 13.465, de 2017)

XIII – a laje. (Incluído pela Lei nº 13.465, de 2017)

passagem, de iluminação, de aqueduto, de ventilação etc.). A servidão pode ser constituída por usucapião (ver CC, arts. 1.378 a 1.379).

d) Usufruto, uso e habitação:

É o direito real, instituído a favor de uma pessoa, por um determinado lapso de tempo (pode ser vitalício), que autoriza a retirar da coisa alheia os frutos ou as utilidades que ela produz. O usufrutuário usa a coisa e, findo o tempo (ou sobrevindo a morte), o bem retornará ao cessionário. Embora haja diferenças entre usufruto, uso e habitação, isto nós veremos no momento oportuno, nas próximas lições (ver CC, arts. 1.390 a 1.416).

2.2 Direitos reais de garantia

Estes são instituídos pelo titular do domínio como garantia de um débito assumido, cuja **finalidade maior é garantir** e aumentar as possibilidades de sucesso no **recebimento do crédito** pelo credor.

Embora a coisa dada em garantia não possa ser utilizada pelo titular do direito de garantia, ele poderá exercer o direito de preferência no recebimento de seu crédito na eventualidade de praceamento do bem para pagamento de outras dívidas. Pode também o credor, nesse caso, exercer o poder de sequela na eventualidade de ser transferido o bem para outrem sem que seja antes satisfeito o seu crédito. São eles:

a) Penhor:

É o direito real que recai sobre determinada coisa móvel e constitui-se, via de regra, pela tradição do bem, que ficará na posse do **credor pignoratício** como garantia do débito, até que o mesmo seja saldado (ver CC, arts. 1.431 a 1.472).

b) Hipoteca:

É um direito real que recai sobre um bem imóvel (ou sobre aqueles que a lei assim autorizar), pertencente ao devedor ou a terceiro e que, embora permaneça na posse do devedor, assegura-se ao **credor hipotecário** a preferência no recebimento de seu crédito (ver CC, arts. 1.473 a 1.505).

c) Anticrese:

É um contrato pelo qual o credor fica autorizado a receber os frutos decorrentes de um imóvel, até que o resgate perfaça o total da dívida. É o direito real de perceber os frutos da propriedade alheia, em desconto da dívida (ver CC, arts. 1.506 a 1.510).

2.3 Direito real de aquisição

Esse é um direito real que garante ao compromissário adquirente poder exigir, depois de cumprida a sua parte, a transferência da coisa para seu patrimônio.

a) Direito do promitente comprador de imóvel:

Também chamado de direito real de aquisição, é um direito real sobre coisa alheia decorrente da promessa bilateral de venda e compra, irretratável e irrevogável, através do qual as partes ajustam em celebrar, em momento oportuno, o contrato definitivo de compra e venda (ver CC, arts. 1.417 e 1.418). Quer dizer, o compromissário comprador se obriga a pagar o preço e cumprir todas as condições estipuladas na avença, adquirindo, em consequência poderá reclamar a outorga da escritura definitiva, ou havendo negativa, propor a ação de adjudicação compulsória.

b) Da propriedade resolúvel e da propriedade fiduciária:

São formas de aquisição da propriedade móvel ou imóvel condicionada a uma cláusula resolutiva ou ao advento de um termo. Em ambos os casos o adquirente tem a posse da coisa, podendo dela fazer uso e extrair suas utilidades, porém dela não pode livremente dispor, enquanto pendente a condição ou o termo (ver Lição 13).

2.4 Direitos reais sobre bens públicos

Talvez este título não seja juridicamente o mais adequado, mas do ponto de vista prático é o que nos parece mais apropriado, tendo em vista que o legislador incluiu duas novas categorias de direitos reais que, neste caso, recaem sobre bens públicos (ver CC, art. 1.225, XI e XII).

São instrumentos postos à disposição do administrador público para viabilizar a utilização dos bens públicos por particulares, para fins específicos de urbanização, industrialização, edificação, cultivo da terra, ou outra utilização de interesse social, e se dividem em:

a) Concessão de uso para fins de moradia:

É um típico contrato administrativo através do qual a Administração Pública transfere ao particular a utilização privativa de um bem público para moradia. A concessão de uso especial para fins de moradia é um direito do possuidor de obter regularização fundiária do imóvel invadido, desde que em áreas públicas urbanas (municipal, estadual ou federal) e com o preenchimento de determinados requisitos (ver CC, art. 1.225, XI).

b) Concessão de direito real de uso:

É similar à concessão de uso para fins de moradia, porém mais amplo, pois permite a utilização para outros fins que não o residencial, tais como o comércio, a indústria ou mesmo o cultivo (ver CC, art. 1.225, XII).

A bem da verdade estes dois institutos constituem alternativas de regularização fundiária, já que existe a impossibilidade de adquirir áreas públicas por meio da usucapião.

É importante consignar que, o imóvel reverterá à Administração concedente se o concessionário ou seus sucessores não lhe derem o uso prometido ou o desviarem de sua finalidade contratual.

3. REGISTRO HISTÓRICO

Anote-se como um registro histórico que no Código Civil de 1916 existia outra figura de direito real, chamado de **Enfiteuse**, que era um tipo de arrendamento perpétuo, realizado por ato *inter vivos* ou por disposição testamentária.

No atual Código Civil esse direito real desapareceu (art. 2.038),[3] tendo sido substituído por algo parecido, qual seja, o direito de superfície.

Na **enfiteuse**, o enfiteuta adquire todos os direitos sobre a coisa, exceto o domínio, assim ele pode usar, gozar e reivindicar, bem como alienar seus direitos a outrem. Ao senhorio sobrava, única e exclusivamente, o foro (aluguel devido pelo enfiteuta) ou o laudêmio (valor devido pelo foreiro quando da transferência do domínio útil).

O senhorio tinha sempre preferência quando o enfiteuta pretendesse vender seus direitos (ver arts. 678 a 694 do revogado Código Civil de 1916 – Lei nº 3.071/16).

---

3. CC, Art. 2.038. Fica proibida a Constituição de enfiteuses e subenfiteuses, subordinando-se as existentes, até sua extinção, às disposições do Código Civil anterior, Lei nº 3.071, de 1o de janeiro de 1916, e leis posteriores.

    § 1º Nos aforamentos a que se refere este artigo é defeso:

    I – cobrar laudêmio ou prestação análoga nas transmissões de bem aforado, sobre o valor das construções ou plantações;

    II – constituir subenfiteuse.

    § 2º A enfiteuse dos terrenos de marinha e acrescidos regula-se por lei especial.

PARTE II
DA POSSE E DOS DIREITOS DO POSSUIDOR

Lição 3
POSSE E COMPOSSE: CONCEITOS, ESPÉCIES E CLASSIFICAÇÃO

Sumário: I – Posse – 1. Conceito de posse – 2. Natureza jurídica da posse – 3. Classificação da posse – 4. Desapropriação privada – 5. Posse pro labore – 6. A polêmica
entre as teorias de Savigny e de Ihering – 7. Fâmulo da posse – II – Composse – 8.
Conceito de composse – 9. Efeitos da composse – 10. Direito de ação – 11. Cessa
a composse.

I – POSSE

1. CONCEITO DE POSSE

A posse é uma situação de fato em que a pessoa, independentemente de ser
o proprietário, exerce sobre a coisa poderes ostensivos de dono, conservando-a
e defendendo-a como se sua fosse.

2. NATUREZA JURÍDICA DA POSSE

Os autores divergem sobre a natureza jurídica da posse. Para alguns a posse
é um fato. Para outros é um direito. E ainda há aqueles que defendem que a posse
é, a um só tempo, fato e direito.

Vejamos o posicionamento de algumas autoridades no assunto.

a) **Para Clóvis Beviláqua:**

A posse é um interesse que a lei protege, portanto é um direito. Não é
um direito real porque não está assim definido no Código Civil, mas é
um direito especial.[1]

---

1. Direito das coisas, v. 1, p. 39.

b) Para Caio Mario da Silva Pereira:

É direito real, pois tem todas suas características (oponibilidade *erga omnes*, indeterminação do sujeito passivo, incidência em objeto determinado etc.). O autor chama a posse de direito "real provisório" para diferenciar do direito real de propriedade.[2]

c) Para Washington de Barros Monteiro:

Esse autor sintetiza as visões dos dois grandes estudiosos da posse, asseverando que "Savigny sustenta que ela [a posse] é um fato, e que sua existência independe de todas as regras de direito. Mas, apesar de consistir em um fato, produz consequências jurídicas. Será, portanto, simultaneamente, fato e direito, incluindo-se, pela sua natureza, entre os direitos pessoais". Por sua vez, esclarece ainda o autor que "Ihering, por seu turno, sustenta que a posse é um direito, vale dizer, um interesse juridicamente protegido. Ela constitui condição econômica da utilização da propriedade e por isso o direito a protege. É relação jurídica, tendo por causa determinante um fato. Sua verdadeira conceituação é a de instituição jurídica tendente à proteção do direito de propriedade". Para Ihering, portanto, o lugar da posse é no direito das coisas, entre os direitos reais.[3]

d) Segundo nosso entendimento:

A posse é um estado de fato que o Estado protege, garantindo direitos ao possuidor de defendê-la através das ações possessórias. Tem todos os atributos de direitos reais tendo em vista que o seu exercício é direto, sem intermediário; a oponibilidade é *erga omnes;* o sujeito passivo é indeterminado; e só não pode ser considerado direito real apenas e tão somente porque não está incluído no rol expressamente previsto no art. 1.225[4] do Código Civil.

---

2. Instituições, v. 4, p. 27.
3. Curso de direito civil, v. 3, p. 21-22.
4. Art. 1.225. São direitos reais:

   I – a propriedade;

   II – a superfície;

   III – as servidões;

   IV – o usufruto;

   V – o uso;

   VI – a habitação;

   VII – o direito do promitente comprador do imóvel;

   VIII – o penhor;

   IX – a hipoteca;

   X – a anticrese.

LIÇÃO 3 • POSSE E COMPOSSE: CONCEITOS, ESPÉCIES E CLASSIFICAÇÃO 21

Atenção: a posse é tão importante que o seu exercício continuado e sem oposição do proprietário da coisa permite ao possuidor adquirir a propriedade em face do decurso de tempo (prescrição aquisitiva), através da ação de usucapião que veremos no momento oportuno.

3. CLASSIFICAÇÃO DA POSSE

a) Quanto ao possuidor:

Tendo em vista o possuidor, a posse pode ser classificada em **direta ou indireta**. Ocorre a posse indireta quando o titular (proprietário), afastando a coisa de si por sua própria vontade, transfere-a a outrem (possuidor) que exercerá a posse direta sobre o bem (CC, art. 1.197),[5] como, por exemplo, na locação em que o locatário irá exercer a posse direta, porém o proprietário conservará a posse indireta (também chamada de posse jurídica).

b) Quanto à origem:

Quanto à origem a posse pode ser classificada em **justa, injusta e precária**: senão vejamos. Justa é a posse que não for violenta, clandestina ou precária (CC, art. 1.200),[6] sendo injusta, por conseguinte, a posse que contenha um desses vícios. Assim, a tomada da posse de forma violenta não gera direitos de proteção para o esbulhador, da mesma forma que a posse constituída às escondidas (clandestina), já que a posse deve ser a exteriorização (publicidade) do domínio (CC, art. 1.208, in fine). Precária é a posse daquele que, tendo recebido a coisa das mãos do proprietário, recusa-se injustamente a devolvê-la como, por exemplo, o locatário que após vencido o prazo da locação não devolve o imóvel (CC, art. 1.208, 1ª parte).[7]

Atenção: a posse violenta e a clandestina podem ser convalidadas pelo decurso de tempo que se conta a partir do momento em que cessou a

---

XI – a concessão de uso especial para fins de moradia; (Incluído pela Lei nº 11.481, de 2007)

XII – a concessão de direito real de uso; e (Redação dada pela Lei nº 13.465, de 2017)

XIII – a laje. (Incluído pela Lei nº 13.465, de 2017).

5. CC, Art. 1.197. A posse direta, de pessoa que tem a coisa em seu poder, temporariamente, em virtude de direito pessoal, ou real, não anula a indireta, de quem aquela foi havida, podendo o possuidor direto defender a sua posse contra o indireto.

6. CC, Art. 1.200. É justa a posse que não for violenta, clandestina ou precária.

7. CC, Art. 1.208. Não induzem posse os atos de mera permissão ou tolerância assim como não autorizam a sua aquisição os atos violentos, ou clandestinos, senão depois de cessar a violência ou a clandestinidade.

violência ou a clandestinidade, logo pode ser objeto de usucapião. Já a posse precária jamais se convalescerá com o tempo, de sorte que não outorgará ao "possuidor" o direito à usucapião (CC, art. 1.203).[8]

c) **Quanto ao animus:**

A posse pode ser de boa-fé ou de má-fé. Será de **boa-fé** a posse quando o possuidor ignorar o vício ou obstáculo que lhe impede a aquisição da coisa (CC, art. 1.201).[9] Será de **má-fé** quando o possuidor passar a exercê-la mesmo sabendo que a mesma é clandestina, violenta ou precária.

Atenção: quem tem justo título presume-se de boa-fé, até prova em contrário (ver CC, art. 1201, parágrafo único).

d) **Quanto aos efeitos:**

Pode ser *ad interdicta* e *ad usucapionem*. Quem possui a coisa sem vícios pode reclamar proteção possessória contra quem quer que o esbulhe, perturbe ou ameace (até mesmo contra o próprio proprietário). Esta é a posse *ad interdicta*, aquela que dá direito aos interditos e que pode ser manejada a qualquer tempo. Já a posse *ad usucapionem* é aquela apta a conferir título de propriedade ao possuidor da coisa, desde que atenda aos requisitos da lei (lapso de tempo, posse mansa e pacífica e outros requisitos conforme seja o tipo de usucapião).

e) **Quanto ao decurso de tempo:**

Tomando como referência o tempo, classificamos a posse em **nova ou velha**. Nova é a posse que tem menos de ano e dia. Por conseguinte, será considerada velha a posse que já tenha ultrapassado esse prazo.

Importância do tempo: nas ações de reintegração ou de manutenção na posse, se a ação for manejada contra aquele possuidor que tenha menos de um ano e dia (posse nova) o juiz está autorizado a conceder a medida liminar *inaudita altera parte,* isto é, sem ouvir a parte contrária, desde que preenchidos os demais requisitos da ação (CPC, art. 562).[10] Já

---

8. CC, Art. 1.203. Salvo prova em contrário, entende-se manter a posse o mesmo caráter com que foi adquirida.

9. CC, Art. 1.201. É de boa-fé a posse, se o possuidor ignora o vício, ou o obstáculo que impede a aquisição da coisa.

   Parágrafo único. O possuidor com justo título tem por si a presunção de boa-fé, salvo prova em contrário, ou quando a lei expressamente não admite esta presunção.

10. CPC, Art. 562. Estando a petição inicial devidamente instruída, o juiz deferirá, sem ouvir o réu, a expedição do mandado liminar de manutenção ou de reintegração, caso contrário, determinará que o autor justifique previamente o alegado, citando-se o réu para comparecer à audiência que for designada.

    Parágrafo único. Contra as pessoas jurídicas de direito público não será deferida a manutenção ou a reintegração liminar sem prévia audiência dos respectivos representantes judiciais.

quando tratar-se de posse velha, será muito difícil o autor da ação obter liminar, mas o juiz poderá concedê-la se o autor preencher os requisitos da antecipação de tutela (CPC, art. 300).[11]

4. DESAPROPRIAÇÃO PRIVADA

Talvez a denominação acima não seja a mais apropriada pra definir a aquisição da propriedade conforme estabelece o art. 1.228 do Código Civil (nos seus parágrafos 4º e 5º), que prescreve: "O proprietário também pode ser privado da coisa se o imóvel reivindicado consistir em extensa área, na posse ininterrupta e de boa-fé, por mais de cinco anos, de considerável número de pessoas, e estas nela houverem realizado, em conjunto ou separadamente, obras e serviços considerados pelo juiz de interesse social e econômico relevante" (CC, art. 1.228, § 4º). Caso em que "o juiz fixará a justa indenização devida ao proprietário; pago o preço, valerá a sentença como título para o registro do imóvel em nome dos possuidores" (CC, art. 1.228, § 5º).

Poderíamos dizer que é um tipo de usucapião especial, que podíamos chamar de usucapião coletiva *pro labore*, cuja propriedade será indivisa e cada morador será proprietário de uma fração ideal, formando-se um condomínio (nesse sentido ver também Estatuto da Cidade – Lei nº 10.257/01).

Foi muito feliz a Profª. Kátia Rovaris de Agostini ao nominar este instituto como "desapropriação privada", tendo em vista a similitude do instituto com a desapropriação.

5. POSSE PRO LABORE

Além dos dois parágrafos do art. 1.228 do Código Civil de 2002 é preciso destacar que o legislador reforçou o princípio da socialidade,[12] que deve orientar

---

11. CPC, Art. 300. A tutela de urgência será concedida quando houver elementos que evidenciem a probabilidade do direito e o perigo de dano ou o risco ao resultado útil do processo.

    § 1º Para a concessão da tutela de urgência, o juiz pode, conforme o caso, exigir caução real ou fidejussória idônea para ressarcir os danos que a outra parte possa vir a sofrer, podendo a caução ser dispensada se a parte economicamente hipossuficiente não puder oferecê-la.

    § 2º A tutela de urgência pode ser concedida liminarmente ou após justificação prévia.

    § 3º A tutela de urgência de natureza antecipada não será concedida quando houver perigo de irreversibilidade dos efeitos da decisão.

12. Para entender melhor o princípio da socialidade, recomendamos a leitura do artigo do Prof. Miguel Reale, Visão geral do projeto de Código Civil: tramitação do projeto, disponível no site <www.miguel-reale.com.br>.

o intérprete na aplicação da lei. Em face desse novo princípio, surgiu um novo conceito de posse – **a posse trabalho ou posse *pro labore*.**

Em nosso entendimento a posse trabalho está presente em outros artigos do Código Civil, especialmente naqueles em que o legislador fez consignar a redução do prazo para o manejo da ação de usucapião de imóvel, condicionada a que os possuidores nele tenham estabelecido a sua moradia ou realizado investimentos de interesse social e econômico. Senão, vejamos.

a) **Usucapião extraordinária** (CC, art. 1.238, parágrafo único):[13]

Veja-se que o prazo para aquisição do direito de propriedade é reduzido de 15 para 10 anos, se o possuidor houver estabelecido nele a sua moradia habitual ou tenha realizado obras ou serviços de caráter produtivo.

b) **Usucapião especial rural** (CC, art. 1.239):[14]

Esta é outra hipótese de posse trabalho, cujo lapso temporal para usucapir a propriedade é de cinco anos, aplicando-se somente à pequena propriedade rural de até 50 hectares, desde que o possuidor tenha tornado-a produtiva por seu trabalho ou de sua família e tenha nela estabelecido sua moradia.

c) **Usucapião especial urbana** (CC, art. 1.240):[15]

Este também tem prazo de cinco anos condicionado a que o possuidor utilize o imóvel de até 250 metros quadrados para sua moradia ou de sua família, e não seja proprietário de nenhum outro imóvel urbano ou rural (ver também o Estatuto da Cidade – Lei nº 10.257/01).

---

13. CC, Art. 1.238. Aquele que, por quinze anos, sem interrupção, nem oposição, possuir como seu um imóvel, adquire-lhe a propriedade, independentemente de título e boa-fé; podendo requerer ao juiz que assim o declare por sentença, a qual servirá de título para o registro no Cartório de Registro de Imóveis.

    Parágrafo único. O prazo estabelecido neste artigo reduzir-se-á a dez anos se o possuidor houver estabelecido no imóvel a sua moradia habitual, ou nele realizado obras ou serviços de caráter produtivo.

14. CC, Art. 1.239. Aquele que, não sendo proprietário de imóvel rural ou urbano, possua como sua, por cinco anos ininterruptos, sem oposição, área de terra em zona rural não superior a cinquenta hectares, tornando-a produtiva por seu trabalho ou de sua família, tendo nela sua moradia, adquirir-lhe-á a propriedade.

15. CC, Art. 1.240. Aquele que possuir, como sua, área urbana de até duzentos e cinquenta metros quadrados, por cinco anos ininterruptamente e sem oposição, utilizando-a para sua moradia ou de sua família, adquirir-lhe-á o domínio, desde que não seja proprietário de outro imóvel urbano ou rural.

    § 1º O título de domínio e a concessão de uso serão conferidos ao homem ou à mulher, ou a ambos, independentemente do estado civil.

    § 2º O direito previsto no parágrafo antecedente não será reconhecido ao mesmo possuidor mais de uma vez.

LIÇÃO 3 • POSSE E COMPOSSE: CONCEITOS, ESPÉCIES E CLASSIFICAÇÃO

d) Usucapião ordinária (CC, art. 1.242, parágrafo único):[16]

Nesse tipo de usucapião o prazo regular é de dez anos, podendo ser reduzido para cinco se foi adquirido onerosamente e desde que o possuidor tenha nele estabelecido a sua moradia ou realizado investimentos de interesse social e econômico.

Atenção: a usucapião especial rural e a especial urbana são também chamadas de **usucapião constitucional** porque já tinham sido previstas na Constituição de 1988 (ver CF, arts. 183 e 191), cujos termos foram reproduzidos pelo Código Civil.

6. A POLÊMICA ENTRE AS TEORIAS DE SAVIGNY E DE IHERING

Para se dimensionar com maior clareza o conceito de posse é preciso evidenciar que, apesar de várias teorias existentes, as duas que melhor explicam o fenômeno são a teoria subjetiva concebida por Savigny e a teoria objetiva professorada por Ihering.

a) SAVIGNY, Friedrich Carl von (1779-1861):

A posse é o poder de dispor fisicamente da coisa, com ânimo de considerá-la sua e defendê-la contra a intervenção de outrem (*corpus* + *animus* = **teoria subjetiva**).

b) IHERING, Rudolf von (1818-1892):

Foi discípulo de Savigny e contra sua teoria fez severas críticas, principalmente porque aquela intenção que consta da teoria subjetivista para ele não tinha importância. Assim, para Ihering, a posse é a exteriorização da propriedade tendo em vista que o possuidor age em face da coisa corpórea como se dono fosse (**teoria objetiva**).

c) Qual teoria adotou o nosso Código Civil?

A doutrina brasileira é unânime em afirmar que o Código Civil adotou a teoria de Ihering.

---

16. CC, Art. 1.242. Adquire também a propriedade do imóvel aquele que, contínua e incontestadamente, com justo título e boa-fé, o possuir por dez anos.

Parágrafo único. Será de cinco anos o prazo previsto neste artigo se o imóvel houver sido adquirido, onerosamente, com base no registro constante do respectivo cartório, cancelada posteriormente, desde que os possuidores nele tiverem estabelecido a sua moradia, ou realizado investimentos de interesse social e econômico.

7. FÂMULO DA POSSE

Fâmulo é o chamado detentor da posse em nome de outrem. Ele se encontra em relação à coisa como se possuidor fosse, porém ali se encontra em face de ordens ou em razão de subordinação para com o efetivo possuidor ou proprietário (CC, art. 1.198).[17]

Nesse caso o detentor não tem legitimidade para promover as ações em defesa da posse porque ele não é considerado possuidor. Ele está na "posse" da coisa para dela cuidar em nome do verdadeiro possuidor ou proprietário. Como diz Maria Helena Diniz, trata-se apenas de uma custódia que não gera direito, nem mesmo o de usucapião.[18]

Exemplos: caseiro de um sítio; administrador de fazenda; motorista particular; o bibliotecário em relação aos livros etc.

II – COMPOSSE

8. CONCEITO DE COMPOSSE

Ocorre a composse quando, por força de convenção, contrato ou a título hereditário, duas ou mais pessoas passam a ser possuidores de uma mesma coisa, de tal sorte a formar um condomínio, mantendo-a indivisível, em virtude da posse exercida em comum e simultaneamente (CC, art. 1.199).[19]

Resumindo: é a situação em que duas ou mais pessoas exercem simultaneamente a posse de uma mesma coisa.

Exemplo: vamos imaginar que Jojolino e Juka compraram em sociedade uma casa em Long Beach, para pagar em 24 meses. Cada um terá direito a metade do imóvel, mas cada um exercerá a posse na sua plenitude, sem que um exclua a posse do outro (**atenção**: enquanto não terminarem de pagar e seja lavrada a escritura que será levada ao registro no Cartório de Registro de Imóveis, eles não serão proprietários, serão possuidores).

---

17. CC, Art. 1.198. Considera-se detentor aquele que, achando-se em relação de dependência para com outro, conserva a posse em nome deste e em cumprimento de ordens ou instruções suas.
    Parágrafo único. Aquele que começou a comportar-se do modo como prescreve este artigo, em relação ao bem e à outra pessoa, presume-se detentor, até que prove o contrário.
18. Curso de direito civil brasileiro, p. 54.
19. CC, Art. 1.199. Se duas ou mais pessoas possuírem coisa indivisa, poderá cada uma exercer sobre ela atos possessórios, contanto que não excluam os dos outros compossuidores.

LIÇÃO 3 • POSSE E COMPOSSE: CONCEITOS, ESPÉCIES E CLASSIFICAÇÃO | **27**

9. EFEITOS DA COMPOSSE

Cada condômino é titular do direito de posse, por quota ideal, exercendo-a, nas relações externas perante terceiros, como se cada um fosse o único sujeito, não cabendo aos estranhos indagar sobre a relação compossessória, ou sua causa, nem apurar o valor da quota de cada comunheiro (ver CC, art. 1.199).

10. DIREITO DE AÇÃO

Qualquer dos compossuidores tem legitimidade para a propositura das ações em defesa da posse comum, bem como poderá exercer a legítima defesa da posse até mesmo contra os outros compossuidores para impedir o exercício da posse exclusiva sobre qualquer fração da comunhão.

> **Atenção**: como já assinalamos, nada impede que duas ou mais pessoas possam ser, a um só tempo, possuidoras de uma mesma coisa, tal qual nas relações locatícias, comodatárias, nas relações conjugais entre marido e mulher e, especialmente, na herança (CC, art. 1.791, parágrafo único).[20]

11. CESSA A COMPOSSE

A composse tende a ser provisória porque os compossuidores podem, judicial ou extrajudicialmente, pôr fim ao condomínio, mesmo nas coisas indivisas. Vejamos.

- **Divisão amigável:**

  A divisão de coisa comum pode ser judicial ou extrajudicial como, por exemplo, no inventário em que a partilha atribuirá a cada um dos herdeiros o seu respectivo quinhão (CC, art. 2.023);[21] ou, no caso de dois usufrutuários de uma coisa indivisa, quando a morte de um deles faz desaparecer a composse, surgindo para o que ficou vivo o direito de exercer a posse com exclusividade (CC, art. 1.411).[22]

---

20. CC, Art. 1.791. A herança defere-se como um todo unitário, ainda que vários sejam os herdeiros. Parágrafo único. Até a partilha, o direito dos co-herdeiros, quanto à propriedade e posse da herança, será indivisível, e regular-se-á pelas normas relativas ao condomínio.
21. CC, Art. 2.023. Julgada a partilha, fica o direito de cada um dos herdeiros circunscrito aos bens do seu quinhão.
22. CC, Art. 1.411. Constituído o usufruto em favor de duas ou mais pessoas, extinguir-se-á a parte em relação a cada uma das que falecerem, salvo se, por estipulação expressa, o quinhão desses couber ao sobrevivente.

- **Posse exclusiva:**

  Se um dos compossuidores passar a exercer sozinho a posse sobre uma parte da coisa, passando a possuí-la com exclusividade e sem oposição dos demais, temos como resultado uma divisão de fato.

Lição 4
AQUISIÇÃO E PERDA DA POSSE

> **Sumário:** 1. Da aquisição da posse – 2. Classificação da posse; 2.1 Originária (unilateral); 2.2 Derivada (ou bilateral) – 3. Quanto aos modos de aquisição – 4. Aqueles que podem adquirir a posse – 5. Perda da posse.

1. DA AQUISIÇÃO DA POSSE

Adquire-se a posse a partir do momento em que se torna possível o exercício, em nome próprio, de qualquer dos poderes inerentes à propriedade (CC, art. 1.204).[1]

No dizer de Caio Mário, adquire a posse aquele que procede em relação à coisa da maneira como habitualmente o dono faria. Quer dizer, se uma pessoa age em relação à coisa como se proprietário fosse, teremos aí uma relação possessória.[2]

Assim, a aquisição da posse pode ocorrer pela apreensão da coisa abandonada (sem dono) ou mesmo pelo esbulho (quando alguém se apossa da coisa e o dono não reage) ou por qualquer negócio jurídico, a título oneroso (compra e venda) ou gratuito (doação), *inter vivos* (contrato) ou *causa mortis* (herança).

2. CLASSIFICAÇÃO DA POSSE

Tendo em vista a origem da posse, a forma de aquisição se classifica em: originária e derivada, vejamos:

---

1. CC, Art. 1.204. Adquire-se a posse desde o momento em que se torna possível o exercício, em nome próprio, de qualquer dos poderes inerentes à propriedade.
2. Caio Mário da Silva Pereira. *Instituições*, v. 4, p. 43.

2.1 Originária (unilateral)

A posse originária é aquela que decorre de um assenhoreamento autônomo, isto é, sem participação de um ato de vontade do possuidor antecedente, e pode ocorrer por:

a) **Apreensão da coisa sem dono:**

Apreensão da coisa "sem dono" é forma originária porque o novo possuidor passa a possuir a coisa sem ter realizado nenhum negócio jurídico com o possuidor anterior, tendo em vista que se apropriou da coisa que não tinha dono por ter sido abandonada (*res derelicta*) ou quando não era de ninguém (*res nullius*).

b) **Esbulho:**

Mesmo que a posse tenha se originado pelo esbulho, sendo subtraída do antigo possuidor sem sua participação de vontade, também estaremos diante de uma posse originária. Podemos assim considerar porque, se o antigo possuidor não fez uso de seu direito em defesa da posse, ela, ainda que injusta perante ele, será regular diante de terceiros e se convalescerá com o decurso de tempo dando eventual origem ao direito de propriedade advinda da usucapião.

c) **Exercício do direito:**

Pode também a posse derivar do uso regular de um direito como no caso das servidões aparentes em que o uso, prolongado e sem oposição do proprietário, dará direito à usucapião (CC, art. 1.379).[3]

d) **Disposição da coisa ou do direito:**

Se a lei considera possuidor todo aquele que tem um dos poderes inerentes à propriedade, por consequência lógica aquele que cede um imóvel em comodato age como se titular do direito de posse fosse depreendendo-se que aquele que cedeu detinha efetivamente a posse da coisa.

2.2 Derivada (ou bilateral)

Decorre de um negócio jurídico que pressupõe a existência de uma posse anterior, transmitida ou transferida a outrem, a título gratuito ou oneroso, podendo ocorrer pelas seguintes formas:

---

3. CC, Art. 1.379. O exercício incontestado e contínuo de uma servidão aparente, por dez anos, nos termos do art. 1.242, autoriza o interessado a registrá-la em seu nome no Registro de Imóveis, valendo-lhe como título a sentença que julgar consumado a usucapião.
Parágrafo único. Se o possuidor não tiver título, o prazo da usucapião será de vinte anos.

a) **Tradição** (real, simbólica e ficta):

É o ato material de entrega da coisa no qual alguém sucede o possuidor anterior. Dizemos que a tradição é **real**, também chamada de **efetiva ou material**, quando envolve a entrega física da coisa propriamente dita. Será **simbólica** a tradição quando o ato de entrega não envolve a própria coisa, mas implica em ato que induz crer que a entrega se realizou como, por exemplo, no ato de entrega das chaves de uma casa. Será **ficta** quando o novo possuidor passar a possuir a coisa em virtude de um novo negócio jurídico, quando a simples declaração de vontade equipara-se à tradição como, por exemplo, no caso do vendedor continuar residindo no imóvel cuja posse vendeu a outrem (constituto possessório) ou do inquilino que adquiriu a posse do imóvel que havia alugado *(traditio brevi manu)*.[4]

b) **Sucessão hereditária:**

A posse pode ser adquirida pela sucessão *causa mortis* na exata medida em que os herdeiros (legítimos ou testamentários) sucedem o falecido por decorrência da lei, sendo essa também uma forma derivada de aquisição da posse (CC, art. 1.206).[5]

3. QUANTO AOS MODOS DE AQUISIÇÃO

Quanto aos modos pelos quais se pode adquirir a posse, podemos, para efeito de estudos, dividir em:

a) *Inter vivos:*

É a aquisição da posse decorrente de negócio jurídico entabulado pelo antigo com o atual possuidor e pode decorrer da compra e venda, doação, dação em pagamento ou qualquer outro acordo (judicial ou extrajudicial).

b) *Causa mortis:*

Já vimos acima que a posse transmite-se também como herança (legítima ou testamentária) aos herdeiros e sucessores do possuidor falecido.

---

4. Art. 1.267. A propriedade das coisas não se transfere pelos negócios jurídicos antes da tradição. Parágrafo único. Subentende-se a tradição quando o transmitente continua a possuir pelo constituto possessório; quando cede ao adquirente o direito à restituição da coisa, que se encontra em poder de terceiro; ou quando o adquirente já está na posse da coisa, por ocasião do negócio jurídico.
5. CC, Art. 1.206. A posse transmite-se aos herdeiros ou legatários do possuidor com os mesmos caracteres.

c) Judiciais:

Pode também a posse, enquanto um direito, ser adquirida judicialmente através da arrematação, adjudicação, partilha em inventário etc.

Anote-se: apesar de haver controvérsias, é nosso entendimento que pode recair penhora sobre direitos possessórios, especialmente de imóveis, quando tratar-se de compromitente comprador que, por qualquer que seja a razão, não promoveu ainda a regularização do seu direito de propriedade, ou ainda quando tratar-se de imóvel em condomínio ou loteamento irregular. Vale lembrar que a posse é um direito autônomo em relação ao direito de propriedade e, tendo expressão econômica, é perfeitamente possível de ser penhorado.

Conclusão: se é admissível a penhora dos direitos possessórios, logo se pode cogitar da aquisição dos direitos possessórios pelos atos judiciais expropriativos subsequentes, quais sejam a arrematação ou mesmo a adjudicação (ver CPC, art. 789 c/c art. 835, XIII).

4. AQUELES QUE PODEM ADQUIRIR A POSSE

Subjetivamente considerando-se, diz o nosso Código Civil quem pode adquirir a posse (art. 1.205).[6] Vejamos:

a) O próprio agente:

Quanto a isso não há maiores segredos. O próprio interessado, desde que maior e capaz, adquire para si a posse sem a necessidade de nenhum intermediário.

b) Por seu representante legal:

Nesse caso, na eventualidade de falta de capacidade do agente, o negócio pode ser realizado por seu representante legal.

c) Por procurador:

Embora o Código Civil não mencione expressamente, o negócio jurídico de aquisição da posse pode se realizar, como qualquer outro negócio jurídico, através de mandatário, isto é, pelo representante convencional do interessado.

---

6. CC, Art. 1.205. A posse pode ser adquirida:

I – pela própria pessoa que a pretende ou por seu representante;

II – por terceiro sem mandato, dependendo de ratificação.

d) Por terceiro sem mandato, dependendo de ratificação:

Admite o nosso Código Civil que a aquisição da posse se realize por terceiro até mesmo sem mandato para isso, ficando, contudo, o aperfeiçoamento do negócio dependente de ratificação.

Atenção: nesses casos é preciso observar os requisitos do negócio jurídico, quais sejam: capacidade do agente, liceidade do objeto e adequação de forma (ver CC, art. 104).

5. PERDA DA POSSE

Ocorre a perda da posse quando o possuidor, por vontade própria ou contra sua vontade, vem a perder o poder que detinha sobre a coisa (CC, art. 1.223),[7] podendo ocorrer pelas seguintes formas:

a) Pela perda da coisa:

Nesse caso trata-se da perda da coisa propriamente dita, isto é, o possuidor perde o objeto móvel sobre o qual detinha a posse, por exemplo, e não volta a encontrar esse objeto. Resultado: a perda da posse nesse caso ocorreu independentemente da vontade do possuidor, mas é um fato concreto.

b) Pela destruição da coisa:

Pode também ocorrer a perda da posse em razão da destruição da própria coisa, que pode acontecer por caso fortuito ou de força maior, por ação do próprio possuidor ou mesmo por fato atribuível a terceiros.

c) Posse de outrem:

Pode perfeitamente acontecer de alguém se apossar de algo, pacificamente ou não, mesmo contra a vontade do possuidor primitivo que perderá a posse, se não for mantido ou reintegrado em tempo hábil.

d) Abandono que equivale a renúncia:

Além do não uso da coisa, para caracterizar o abandono é necessário que haja também o ânimo de renunciar a ela manifestado de forma voluntária quanto a esta intenção.

---

7. CC, Art. 1.223. Perde-se a posse quando cessa, embora contra a vontade do possuidor, o poder sobre o bem, ao qual se refere o art. 1.196.

e) Tradição *(traditio):*

Ocorre mediante transferência a outrem por negócio jurídico gratuito ou oneroso e que pode ocorrer de maneira real, simbólica ou ficta conforme já vimos (item 2.2).

f) A coisa se tornou fora do comércio:

É difícil encontrarmos algum caso prático que possa servir de exemplo, porém podemos imaginar a situação de um comerciante que teve suas mercadorias apreendidas por estarem em desacordo com normas técnicas e por isso mesmo não lhe serão devolvidas porque não podem ser comercializadas.

Lição 5
DA DEFESA DA POSSE E DOS OUTROS EFEITOS DA POSSE

Sumário: I – da defesa da posse – 1. Fundamentos da proteção possessória – 2. Legítima defesa da posse e o desforço imediato – 3. Reação imediata – 4. Proporcionalidade da reação – 5. Esbulho – 6. Turbação – 7. Ameaça contra a posse – 8. Das ações possessórias – 9. Da liminar nas ações possessórias; 9.1 Liminar contra pessoa jurídica de direito público – 9.2 Recurso contra a concessão ou denegação da liminar – 10. Da fungibilidade das ações possessórias – 11. Resposta do réu – 12. Outras ações em defesa da posse – 13. Generalidade sobre a proteção possessória – II – efeitos que decorrem da posse – 14. Principal efeito decorrente da posse – 15. Se duas ou mais pessoas se dizem possuidoras – 16. Possuidor de boa-fé – 17. Possuidor de má-fé.

I – DA DEFESA DA POSSE

1. FUNDAMENTOS DA PROTEÇÃO POSSESSÓRIA

Protege-se a posse por si mesma, uma vez que o possuidor, pelo só fato de o ser, tem mais direito do aquele que não é o possuidor. Dessa forma, protege-se a posse, na presunção de que o possuidor é o proprietário aparente da coisa.

No dizer de Caio Mário,[1] a posse é a sentinela na defesa da propriedade, donde concluímos: se a posse é a forma de exteriorizar a propriedade, na dúvida, protege-se o possuidor, até mesmo contra o proprietário da coisa, até prova em contrário (CC, art. 1210, § 2º).[2]

---

1. Caio Mário da Silva Pereira. *Instituições*, v. 4, p. 39.
2. CC, Art. 1.210. O possuidor tem direito a ser mantido na posse em caso de turbação, restituído no de esbulho, e segurado de violência iminente, se tiver justo receio de ser molestado.

   § 1º O possuidor turbado, ou esbulhado, poderá manter-se ou restituir-se por sua própria força, contanto que o faça logo; os atos de defesa, ou de desforço, não podem ir além do indispensável à manutenção, ou restituição da posse.

   § 2º Não obsta à manutenção ou reintegração na posse a alegação de propriedade, ou de outro direito sobre a coisa.

2. LEGÍTIMA DEFESA DA POSSE E O DESFORÇO IMEDIATO

É a possibilidade, que a lei outorga ao possuidor, de defender a sua posse por meios próprios, isto é, sem recorrer ao Estado, podendo para tanto contar com a ajuda dos amigos e até, se necessário, utilizar de armas (ver CC, art. 1210, § 1º). É a chamada autotutela ou autodefesa da posse.

Advirta-se que o possuidor deverá sempre estar à frente da ação de retomada da posse, pois se tratam de ações pessoais indelegáveis.

Ademais, veja-se que a lei fala em "legítima defesa" e "desforço imediato" e as duas expressões não devem ser confundidas. Vejamos:

a) **Legítima defesa:**

Ocorre quando o possuidor está presente e é ameaçado na sua posse, isto é, está sendo turbado, caso em que pode usar de suas próprias forças para reagir e assim repelir a ameaça.

Exemplo: o vizinho de Jojolino, sorrateiramente, está mudando a cerca de lugar e se apropriando de parte de propriedade dele. Jojo pode reagir e colocar a cerca de volta no lugar de origem e exigir do vizinho que se abstenha de fazer isso novamente.

b) **Desforço imediato:**

Nesse caso o possuidor já perdeu a posse, isto é, foi esbulhado, de sorte que só lhe resta usar do desforço imediato visando retomá-la de quem a injustamente esteja possuindo.

Exemplo: Aly Kathe é proprietário de uma fazenda e descobre que parte dela foi invadida pelo pessoal do MST. Imediatamente Aly chama seus amigos e com a ajuda deles coloca os invasores para fora de sua propriedade, restaura a cerca e avisa para eles não voltarem.

Atenção: essa outorga concedida por lei, de que o possuidor pode retomar ou defender a coisa por seus próprios meios, somente poderá ser exercida contra quem o esbulhou ou turbou, isto é, não vale contra terceiro a quem o esbulhador/turbador possa ter, eventualmente, repassado a coisa.

3. REAÇÃO IMEDIATA

O Código Civil utiliza a expressão "contanto que o faça logo", que está contida no parágrafo primeiro do art. 1.210. Isso quer dizer que a reação do possuidor molestado deve ser de imediato.

Assim, essa expressão deve ser compreendida dentro de um contexto que pressupõe que o possuidor tomou ciência do fato lesivo naquele momento e, a partir desse momento, espera-se que ele reaja prontamente.

Exemplo: Zé Kelé tem uma casa em Long Beach e é informado pelos vizinhos de que o imóvel foi invadido. Nesse momento nasce para Zé Kelé o direito de utilizar de força própria para se ver reintegrado na posse do imóvel. Se ele esperar um mês para tomar as providências, não se poderá dizer que agiu dentro do contexto que a lei autoriza.

4. PROPORCIONALIDADE DA REAÇÃO

Ainda no mesmo dispositivo legal encontramos a expressão "os atos de defesa, ou de desforço, não podem ir além do indispensável". Essa expressão deve ser entendida como sendo a força necessária, mediante a qual o possuidor, sozinho ou com o apoio de mais pessoas, com suas próprias forças físicas ou mediante a ostentação de armas, realizou os atos tendentes à retomada da coisa que possuía[3]

Quer dizer, assim como na legítima defesa do âmbito criminal, deve haver uma proporcionalidade no uso da força daquele que se defende, não podendo ser algo visivelmente desproporcional. Assim, essa proteção não pode ir além do indispensável à manutenção ou à restituição.

Exemplo: se um terreno é invadido por diversas pessoas, todas portando armas. Evidente que o ofendido não conseguirá retomar a posse se lá comparecer sozinho e tentando usar suas próprias forças físicas. Assim, estará autorizado a reunir um grupo de pessoas e, armados, comparecerem ao local para retomar sua posse.

5. ESBULHO

Ocorre o esbulho quando o possuidor é privado do uso da coisa, total ou parcialmente, por atos de violência, clandestinidade ou abuso de confiança. Quer dizer, o esbulho significa em última análise a perda da posse.

A perda da posse, portanto o esbulho, pode ocorrer por atos de violência que denominamos de "**esbulho violento**" ou por atos de clandestinidade ou de precariedade, estes dois últimos chamados de "**esbulho pacífico**"; vejamos:

---

3. Conforme Maria Helena Diniz. Curso de direito civil brasileiro, 26ª. ed. São Paulo: Saraiva, 2011, v. 4.

a) **Esbulho pela violência:**

É a forma mais visível de esbulho e podemos identificá-lo quando a perda da posse ocorre em razão de o invasor (esbulhador) ter se apossado da coisa utilizando de violência física, isto é, da intimidação pessoal, ou ainda destruindo cercas ou arrombando portas. Quer dizer, a violência pode ser contra a pessoa do possuidor ou contra a coisa possuída.

b) **Esbulho pela clandestinidade:**

Clandestinos são os atos praticados às escondidas, de maneira sorrateira, sem que o esbulhado perceba claramente que está perdendo a posse. Assim, a posse que se compadece do vício de clandestinidade é aquela em que o esbulhador passa indevidamente a ter poder de fato sobre a coisa alheia, privando o verdadeiro possuidor do uso pleno da coisa.

c) **Esbulho pela precariedade:**

Este tipo de esbulho ocorre quando alguém recebe a coisa para uso, consentido pelo possuidor e, depois de findo o prazo pelo qual houve a cessão, este se recusa a devolver a coisa, caracterizando abuso de confiança. A partir da negativa em devolver, caracteriza-se juridicamente o esbulho, tendo em vista que aquela pessoa que agora permanece na posse está ali contra a vontade do verdadeiro possuidor.

Atenção: o possuidor esbulhado tem o direito de se ver reintegrado no imóvel, seja utilizando o **desforço imediato** ou, se não o fez no momento oportuno, utilizando-se da **ação de reintegração de posse**.

6. TURBAÇÃO

Ocorre a turbação quando estranhos realizam atos que criam um embaraço que impede o livre uso e exercício da posse pelo possuidor.

Quer dizer, o possuidor turbado não perde a posse, apenas tem o seu poder de uso embaraçado, dificultado, enfim limitado pelos atos turbativos promovidos por terceiros.

Exemplo: Setembrino se encontra na posse de sua fazenda, mas descobre que, nas imediações da porteira de entrada, um grupo de pessoas armadas está acampado com o claro intuito de invadi-la, inclusive impedindo o acesso por aquela via.

Outro exemplo: o mesmo Setembrino percebe que o vizinho de sua fazenda destruiu a cerca, para com isso levar o gado dele até o açude no interior de sua propriedade.

Atenção: O possuidor turbado pode se defender utilizando suas próprias forças através da **legítima defesa da posse** ou ingressando na justiça com a **ação de manutenção na posse**.

7. AMEAÇA CONTRA A POSSE

É o tipo de ofensa à posse mais ameno do que a turbação, na exata medida em que se manifesta através do receio justificável do possuidor em ser perturbado na posse. É aquele receio de que o fato ocorra em face do diz que diz.

Exemplo: chega ao seu conhecimento que determinado grupo de pessoas do MST está se organizando para invadir as propriedades da região, onde se localiza o imóvel de sua propriedade. Veja que essa é uma ameaça possível de acontecer, mas não há cem por cento de certeza de que vá ocorrer.

Atenção: a ação cabível nesse caso é o **interdito proibitório**, cuja função é de uma ação cautelar com a finalidade de afastar, preventivamente, a turbação ou o esbulho. É uma ação preventiva de caráter cominatório pela qual, se o juiz entender cabível, fixará uma determinada pena pecuniária para o caso do réu vir a desrespeitar a ordem de abstenção.

8. DAS AÇÕES POSSESSÓRIAS

As ações possessórias são, a rigor, somente três: para turbação, a ação de **manutenção de posse**; para o caso de esbulho, a ação de **reintegração de posse**; e, para o caso de ameaça, o **interdito proibitório** (ver CPC arts. 554 a 568).

Vamos ver detalhes básicos de cada uma delas:

a) Interdito proibitório:

Esta ação é cabível quando existe uma ameaça iminente de turbação ou esbulho cuja finalidade é impedir, preventivamente, as agressões iminentes que ameaçam a posse. Assim, a função dessa ação tipicamente cautelar é afastar a possibilidade de turbação ou esbulho. É uma ação preventiva de caráter cominatório pela qual, se o juiz entender cabível, fixará uma determinada pena pecuniária para o caso de o réu vir a desrespeitar a ordem de abstenção (CPC, art. 567).[4]

---

4. CPC, Art. 567. O possuidor direto ou indireto que tenha justo receio de ser molestado na posse poderá requerer ao juiz que o segure da turbação ou esbulho iminente, mediante mandado proibitório em que se comine ao réu determinada pena pecuniária caso transgrida o preceito.

Requisitos da ação: além dos requisitos do art. 319/320 do Código de Processo Civil, na petição inicial o autor deverá comprovar sua posse atual; a ameaça de turbação ou esbulho por parte do réu, que deverá ser suscetível de aferição, pois não se protegem ameaças imaginárias; e o receio de que a ameaça se realize, ou seja, a demonstração de que existe probabilidade de que a turbação ou o esbulho possa se materializar.

b) **Manutenção de posse:**

Esta ação é cabível para o possuidor que ainda não perdeu a posse, mas se sente tolhido em poder usufruir plenamente o seu direito em face de agressão de terceiro (CPC, art. 560).[5] Nesse tipo de ação, que também é conhecida por **ação de força turbativa, ação de força nova, ação de preceito cominatório** ou **interdito de manutenção,** deve o autor, em cuja posse se encontra a coisa, provar a turbação material, isto é, provar objetivamente quais foram os atos que lhe tolhem o uso pleno da coisa, assinalando a data em que a turbação se evidenciou, para efeitos de aferição do prazo de ano e dia, de sorte que possa obter mandado liminar de manutenção.

Requisitos da ação: além dos requisitos exigidos para qualquer tipo de ação, previstos no art. 319/320 do Código de Processo Civil, o requerente deve provar a sua posse; a turbação; e a continuação de sua posse, ainda que turbada (CPC, art. 561).[6]

c) **Reintegração de posse:**

Esta ação é cabível quando o possuidor já perdeu a posse e pretende se ver reinvestido na posse perdida, através de decisão judicial que restaure seu direito violado (ver CPC, art. 560, parte final). Também chamada de **interditos de recuperação,** é cabível para os casos de esbulho violento ou mesmo pacífico nos casos de clandestinidade e precariedade (ver item 5 desta lição).

Requisitos da ação: são os mesmos da ação de manutenção, ou seja, aqueles previstos no art. 561 do Código de Processo Civil.

---

5. CPC, Art. 560. O possuidor tem direito a ser mantido na posse em caso de turbação e reintegrado em caso de esbulho.

6. CPC, Art. 561. Incumbe ao autor provar:

    I – a sua posse;

    II – a turbação ou o esbulho praticado pelo réu;

    III – a data da turbação ou do esbulho;

    IV – a continuação da posse, embora turbada, na ação de manutenção, ou a perda da posse, na ação de reintegração.

9. DA LIMINAR NAS AÇÕES POSSESSÓRIAS

Nos termos do previsto no art. 562 da nossa lei dos ritos "estando a petição inicial devidamente instruída, o juiz deferirá, sem ouvir o réu, a expedição do mandado liminar de manutenção ou de reintegração; no caso contrário, determinará que o autor justifique previamente o alegado, citando-se o réu para comparecer à audiência que for designada".

Quer dizer, se o autor provar sua posse anterior e que o **esbulho ou turbação ocorreu há menos de ano e dia**, certamente obterá uma liminar que lhe dará direito de imediatamente se ver reintegrado, sem a oitiva da parte contrária, isto é, *inaudita altera parte*.

Na eventualidade de o juiz não se convencer quanto à concessão da liminar, e se o autor tiver expressamente requerido, designará uma audiência na qual o autor deverá provar e justificar todo o alegado. Dessa audiência o réu será citado e dela poderá participar, inclusive inquirindo as testemunhas do autor, porém não poderá apresentar suas provas.

Concedida a liminar ou não, o processo continuará, agora pelo procedimento comum, com a citação do réu que poderá contestar, e ao final o juiz proferirá sentença dando pela procedência ou não da ação possessória.

9.1 Liminar contra pessoa jurídica de direito público

O parágrafo único do já citado art. 562 do CPC diz claramente que, em se tratando de processo contra as pessoas jurídicas de direito público, não será concedida liminar sem prévia audiência dos seus respectivos representantes legais.

Nesse caso, a proteção é a favor da administração pública direta, isto é, União, Estados, Municípios e o Distrito Federal, incluídas suas respectivas autarquias. Não se incluem nesse rol as empresas públicas, nem as concessionárias ou permissionárias de serviços públicos, tendo em vista que estas são pessoas jurídicas de direito privado.

9.2 Recurso contra a concessão ou denegação da liminar

O recurso cabível será sempre o agravo e, neste caso, de instrumento, tendo em vista que o autor, ou eventualmente o réu, necessitam com urgência da concessão, ou da cassação, da medida (ver CPC, art. 1.015).

No tribunal, se houver requerimento expresso e a comprovação do perigo de dano na demora, bem como sendo relevantes os fundamentos jurídicos da interposição do recurso, o relator do agravo poderá conceder efeito suspensivo.

Quer dizer, poderá cassar a liminar concedida ou conceder a liminar negada pelo juiz de primeiro grau.

10. DA FUNGIBILIDADE DAS AÇÕES POSSESSÓRIAS

Já vimos no volume 1 que fungível é a coisa que pode ser substituída por outra de igual qualidade e quantidade.

Esse mesmo conceito deve ser utilizado agora, pois quando o Código de Processo Civil diz que o juiz está autorizado a conhecer da ação possessória mesmo que o autor tenha proposto uma ação ao invés de outra (CPC, art. 554, *caput*),[7] está dizendo que as ações possessórias são fungíveis, isto é, **uma ação pode ser substituída pela outra**.

> **Explicando melhor**: se o autor ingressou erroneamente com ação de interditos proibitórios e depois verifica-se que seria o caso de manutenção ou reintegração na posse, o juiz está autorizado a conceder a medida adequada sem que isso implique em julgamento *extra petita*.

11. RESPOSTA DO RÉU

O réu poderá contestar a ação pedindo a sua improcedência, bem como poderá formular pedidos indenizatórios contra o autor exatamente em face do **caráter dúplice das ações possessórias** (CPC, art. 556).[8]

Também na contestação poderá o réu exercer seu direito de **retenção por benfeitorias**, eventualmente realizadas, que poderá ser deduzido na própria peça de resistência, isto é, sem a necessidade de reconvenção.[9]

---

7. CPC, Art. 554. A propositura de uma ação possessória em vez de outra não obstará a que o juiz conheça do pedido e outorgue a proteção legal correspondente àquela cujos pressupostos estejam provados.

   § 1º No caso de ação possessória em que figure no polo passivo grande número de pessoas, serão feitas a citação pessoal dos ocupantes que forem encontrados no local e a citação por edital dos demais, determinando-se, ainda, a intimação do Ministério Público e, se envolver pessoas em situação de hipossuficiência econômica, da Defensoria Pública.

   § 2º Para fim da citação pessoal prevista no § 1º, o oficial de justiça procurará os ocupantes no local por uma vez, citando-se por edital os que não forem encontrados.

   § 3º O juiz deverá determinar que se dê ampla publicidade da existência da ação prevista no § 1º e dos respectivos prazos processuais, podendo, para tanto, valer-se de anúncios em jornal ou rádio locais, da publicação de cartazes na região do conflito e de outros meios.

8. CPC, Art. 556. É lícito ao réu, na contestação, alegando que foi o ofendido em sua posse, demandar a proteção possessória e a indenização pelos prejuízos resultantes da turbação ou do esbulho cometido pelo autor.

9. Ver itens 16 e 17 desta lição.

12. OUTRAS AÇÕES EM DEFESA DA POSSE

Existem outras ações que não são consideradas ações possessórias, mas que também servem, de alguma forma, para defender algum aspecto ligado à posse. são elas:

a) Embargos de terceiros:

É a proteção conferida por lei àquele proprietário ou possuidor que, não sendo parte no processo, esteja correndo o risco de perder a posse/propriedade por determinação judicial em casos como os de penhora, depósito, arresto, sequestro, alienação judicial, arrecadação, arrolamento, inventário e partilha (CPC, art. 674).[10] É uma ação autônoma, ainda que incidental, que apenas visa proteger o bem que é de terceiro, estranho à lide, na qual foi proferida decisão constritiva.

Exemplo: Jojolino está respondendo em juízo por uma ação de cobrança na qual o credor pede que o juiz decrete a penhora do imóvel dele com a finalidade de obter a satisfação da cobrança. Maryanna, esposa de Jojolino, pode ingressar com os embargos de terceiros pedindo ao juiz que ressalve a sua meação. Outra situação que autoriza a mulher casada a manejar os embargos de terceiros é para a defesa do único imóvel familiar, nesse caso baseada no bem de família (ver Lei nº 8.009/90).

b) Imissão na posse:

Esta é uma ação que não está regulada no atual Código de Processo Civil,[11] porém tem sido admitida para os casos em que o proprietário que adquiriu o domínio do imóvel não tem a posse. Assim, é a ação do proprietário não possuidor contra o possuidor não proprietário. Ela serve ao proprietário que nunca teve a posse. Perfeitamente possível o pedido de tutela antecipada.

---

10. CPC, Art. 674. Quem, não sendo parte no processo, sofrer constrição ou ameaça de constrição sobre bens que possua ou sobre os quais tenha direito incompatível com o ato constritivo, poderá requerer seu desfazimento ou sua inibição por meio de embargos de terceiro.

   § 1º Os embargos podem ser de terceiro proprietário, inclusive fiduciário, ou possuidor.

   § 2º Considera-se terceiro, para ajuizamento dos embargos:

   I – o cônjuge ou companheiro, quando defende a posse de bens próprios ou de sua meação, ressalvado o disposto no art. 843;

   II – o adquirente de bens cuja constrição decorreu de decisão que declara a ineficácia da alienação realizada em fraude à execução;

   III – quem sofre constrição judicial de seus bens por força de desconsideração da personalidade jurídica, de cujo incidente não fez parte;

   IV – o credor com garantia real para obstar expropriação judicial do objeto de direito real de garantia, caso não tenha sido intimado, nos termos legais dos atos expropriatórios respectivos.

11. Esta ação tinha previsão no Código de Processo Civil de 1939, arts. 381 e ss.

Exemplo: Zé Kelé arrematou um imóvel em leilão promovido pela Caixa Econômica Federal. Levou o título de aquisição a registro no Cartório de Imóveis, de sorte que ele é agora o legítimo proprietário. O problema é que o imóvel está ocupado pelos antigos proprietários que se recusam a sair, logo a única alternativa é Zé Kelé contratar advogado para promover a ação tendente a lhe permitir ingressar na posse do imóvel adquirido.[12]

13. GENERALIDADE SOBRE A PROTEÇÃO POSSESSÓRIA

Para finalizar, importante consignar três observações que são pertinentes ao tema e merecem uma atenção especial.

a) **Por que proteger a posse?**

Porque a posse, como estado de fato reconhecido pelo ordenamento jurídico, merece proteção, através das ações específicas.

b) **Quais atos devem merecer proteção?**

Protege-se a posse contra qualquer ato que signifique ameaça ou violação da relação entre a pessoa e a coisa possuída.

c) **A pessoa jurídica merece proteção possessória?**

Claro que sim, inclusive pode defender sua posse através de seus representantes legais ou prepostos, utilizando inclusive a legítima defesa da posse.

II – EFEITOS QUE DECORREM DA POSSE

14. PRINCIPAL EFEITO DECORRENTE DA POSSE

Dentre os efeitos que decorrem da posse, certamente a defesa dos direitos possessórios é o principal. Para a proteção da posse o possuidor tem o direito de utilizar-se de suas próprias forças para defender o que é seu (CC, art. 1.210, § 1º),[13] bem como pode manejar as ações possessórias, pedindo ao Judiciário

---

12. Ver Decreto-Lei nº 70/66, especialmente o art. 37, § 2º. Ver também CPC, arts. 536, 625 e 806.
13. CC, Art. 1.210. O possuidor tem direito a ser mantido na posse em caso de turbação, restituído no de esbulho, e segurado de violência iminente, se tiver justo receio de ser molestado.

    § 1º O possuidor turbado, ou esbulhado, poderá manter-se ou restituir-se por sua própria força, contanto que o faça logo; os atos de defesa, ou de desforço, não podem ir além do indispensável à manutenção, ou restituição da posse.

    § 2º Não obsta à manutenção ou reintegração na posse a alegação de propriedade, ou de outro direito sobre a coisa.

LIÇÃO 5 • DA DEFESA DA POSSE E DOS OUTROS EFEITOS DA POSSE

que afaste a ameaça de direitos (interditos ou manutenção) ou restaure o direito violado (reintegração), como vimos anteriormente.

15. SE DUAS OU MAIS PESSOAS SE DIZEM POSSUIDORAS

Nesse caso, o Código Civil protege as aparências e considera que tem mais direitos de ser protegido aquele que está efetivamente na posse, tendo em vista que o só fato de estar nela faz presumir que seja ele o verdadeiro possuidor.

Quer dizer, se duas pessoas se dizem possuidoras de uma mesma coisa, deve o juiz manter na posse, ainda que provisoriamente, aquela que efetivamente estiver na posse. O que deve ser levado em conta é a melhor posse.

Isso somente não ocorrerá se for mais do que visível que o atual possuidor se apossou da coisa de modo violento, clandestino ou precário (CC, art. 1.211).[14]

16. POSSUIDOR DE BOA-FÉ

Se alguém de boa-fé adquire a posse de outrem, mesmo que ela seja viciada na sua origem, o atual adquirente, por desconhecer os vícios que maculam a posse, terá a proteção da lei no que diz respeito aos frutos (colhidos ou pendentes) bem como as benfeitorias. Vejamos:

a) **Frutos colhidos:**

O possuidor de boa-fé tem direito, enquanto ela durar, aos frutos percebidos (CC, art. 1.214, *caput*).[15]

Atenção: diz o Código Civil que os frutos naturais, assim como os industriais, devem ser considerados colhidos e percebidos, logo que sejam separados da árvore ou máquina de onde se originam. Já com relação aos civis, consideram-se percebidos dia por dia (CC, art. 1.215).[16]

b) **Frutos pendentes:**

Quanto aos frutos pendentes ao tempo em que cessar a boa-fé, estes devem ser restituídos, depois de deduzidas as despesas de produção e

---

14. CC, Art. 1.211. Quando mais de uma pessoa se disser possuidora, manter-se-á provisoriamente a que tiver a coisa, se não estiver manifesto que a obteve de alguma das outras por modo vicioso.
15. CC, Art. 1.214. O possuidor de boa-fé tem direito, enquanto ela durar, aos frutos percebidos.
    Parágrafo único. Os frutos pendentes ao tempo em que cessar a boa-fé devem ser restituídos, depois de deduzidas as despesas da produção e custeio; devem ser também restituídos os frutos colhidos com antecipação.
16. CC, Art. 1.215. Os frutos naturais e industriais reputam-se colhidos e percebidos, logo que são separados; os civis reputam-se percebidos dia por dia.

custeio. Da mesma forma, deverão ser também restituídos os frutos que foram colhidos antecipadamente (ver CC, art. 1.214, parágrafo único).

c) **Perda ou deterioração da coisa:**

O possuidor de boa-fé também não responde pelos prejuízos em face da deterioração ou mesmo da perda da coisa, se isto ocorreu sem sua participação (CC, art. 1.217).[17]

Atenção: o possuidor de boa-fé somente será responsabilizado se a perda ou a deterioração decorrer de sua ação ou omissão culposa (ou mesmo dolosa), quando então será obrigado a indenizar.

d) **Quanto às benfeitorias úteis e necessárias:**

O possuidor de boa-fé tem direito de ser indenizado pelas benfeitorias necessárias e também pelas úteis que tenha realizado no bem.

Atenção: se não for indenizado, o possuidor de boa-fé **poderá exercer o direito de retenção** como forma de se ver indenizado pelo valor das obras realizadas (CC, art. 1.219).[18]

e) **Benfeitorias voluptuárias:**

Quanto às benfeitorias voluptuárias, se não for indenizado espontaneamente, poderá removê-las se isso puder ser feito e não causar prejuízo ao bem principal (ver CC, art. 1.219, parte final).

17. POSSUIDOR DE MÁ-FÉ

Com relação ao possuidor de má-fé, os efeitos são diferentes tendo em vista que a lei não prestigia aqueles que agem ao seu arrepio. Sendo assim, a consequência é que o possuidor de má-fé deverá indenizar todos os prejuízos a que sua ação dolosa deu margem. Vejamos:

a) **Frutos colhidos e pendentes:**

Deverá devolver em valores equivalentes os frutos colhidos e os percebidos, bem como os que, por culpa sua, deixou de perceber, desde o momento em que se constituiu de má-fé (CC, art. 1.216).[19]

---

17. CC, Art. 1217. O possuidor de boa-fé não responde pela perda ou deterioração da coisa, a que não der causa.
18. CC, Art. 1.219. O possuidor de boa-fé tem direito à indenização das benfeitorias necessárias e úteis, bem como, quanto às voluptuárias, se não lhe forem pagas, a levantá-las, quando o puder sem detrimento da coisa, e poderá exercer o direito de retenção pelo valor das benfeitorias necessárias e úteis.
19. CC, Art. 1.216. O possuidor de má-fé responde por todos os frutos colhidos e percebidos, bem como pelos que, por culpa sua, deixou de perceber, desde o momento em que se constituiu de má-fé; tem direito às despesas da produção e custeio.

Atenção: para evitar o enriquecimento sem causa do legítimo possuidor, o Código Civil prevê que o possuidor, mesmo estando de má-fé, faz jus ao que gastou com as despesas da produção e do custeio (ver CC, art. 1.216, parte final).

b) **Perda ou deterioração:**

O possuidor de má-fé deverá ser responsabilizado pela perda ou deterioração da coisa, ainda que por caso fortuito ou força maior. Só não será responsabilizado se provar que a coisa se deterioraria ou se perderia mesmo estando na posse do seu legítimo possuidor (CC, art. 1.218).[20]

c) **Benfeitorias necessárias:**

Estas serão indenizadas ao possuidor de má-fé porque eram obras necessárias que o próprio dono realizaria se estivesse na posse da coisa. Ademais, é regra geral de direito que as benfeitorias necessárias serão sempre indenizadas para evitar o chamado locupletamento indevido (CC, art. 1.220).[21]

Atenção: mesmo sendo necessárias as benfeitorias, se quem a realizou estava na posse de má-fé **não poderá exercer o direito de retenção.**

d) **Benfeitorias úteis e voluptuárias:**

No tocante a estas benfeitorias, o possuidor de má-fé não terá direito a nenhuma indenização e, ainda mais, com relação às voluptuárias, não as poderá levantar (ver CC, art. 1.220, parte final).

---

20. CC, Art. 1.218. O possuidor de má-fé responde pela perda, ou deterioração da coisa, ainda que acidentais, salvo se provar que de igual modo se teriam dado, estando ela na posse do reivindicante.
21. CC, Art. 1.220. Ao possuidor de má-fé serão ressarcidas somente as benfeitorias necessárias; não lhe assiste o direito de retenção pela importância destas, nem o de levantar as voluptuárias.

PARTE III
DIREITOS REAIS SOBRE COISA PRÓPRIA

LIÇÃO 6
DA PROPRIEDADE EM GERAL: CONCEITO E DEMAIS GENERALIDADES

Sumário: 1. Conceito de propriedade – 2. Histórico do direito de propriedade – 3. Fundamentos do direito de propriedade – 4. Garantia ao direito de propriedade – 5. Elementos constitutivos – 6. Ações em defesa da propriedade – 7. Principais características do direito de propriedade.

1. CONCEITO DE PROPRIEDADE

O direito de propriedade (domínio)[1]é o mais completo dos direitos subjetivos, representado pelo exercício do titular (pessoa física ou jurídica, singular ou coletiva) sobre uma determinada coisa (corpórea ou incorpórea), em regra perpetuamente, de modo absoluto e exclusivo, impondo-se a todos respeitar, podendo o seu titular usar, gozar e dispor da coisa, podendo ainda reavê-la de quem quer que a injustamente possua ou detenha (CC, art. 1.228, *caput*).[2]

Só por curiosidade, vejamos o conceito de propriedade externado por outros autores:

a) **Washington de Barros Monteiro:**

Diz o grande mestre que o direito de propriedade se constitui no mais importante e mais sólido de todos os direitos subjetivos, o direito real por excelência, o eixo em torno do qual gravita o direito das coisas.[3]

---

1. Embora usemos os termos propriedade e domínio como sinônimos, cumpre esclarecer que não são. A propriedade tem significado mais amplo, pois abrange os direitos sobre bens corpóreos e não corpóreos, enquanto o domínio refere-se somente aos bens corpóreos. Para efeito de nosso curso, vamos considerar as duas palavras como sinônimas.
2. CC, Art. 1.228. O proprietário tem a faculdade de usar, gozar e dispor da coisa, e o direito de reavê-la do poder de quem quer que injustamente a possua ou detenha.
   (omissis)...
3. Curso de direito civil, v. 3, p. 83.

b) Carlos Roberto Gonçalves:

Fazendo uma análise a partir do disposto no art. 1.228, define o direito de propriedade como sendo "o poder jurídico atribuído a uma pessoa de usar, gozar e dispor de um bem corpóreo ou incorpóreo, em sua plenitude e dentro dos limites estabelecidos nas leis, bem como de reivindicá-lo de quem injustamente o detenha".[4]

c) Caio Mario da Silva Pereira:

Para ele o direito de propriedade é um direito real por excelência, direito subjetivo padrão ou "direito fundamental", a propriedade mais se sente do que se define, à luz dos critérios informativos da civilização romano-cristã. A noção do "meu e teu", a noção de assenhoreamento de bens corpóreos ou incorpóreos independe do grau de cumprimento ou desenvolvimento intelectual de qualquer pessoa, de sorte que qualquer um, até mesmo as crianças, resistem ao desapossamento e combatem quem quer que pretenda lhes tirar a propriedade.[5]

2. HISTÓRICO DO DIREITO DE PROPRIEDADE

A propriedade é um direito natural por excelência. Ousamos afirmar que o direito de propriedade é um direito tão fundamental e inerente à pessoa humana quanto o direito à vida.

Para se ter uma ideia da importância do direito de propriedade, basta lembrar que homens e nações estão em permanente disputa por conta da propriedade. Todas as guerras têm sempre origem econômica e voltada para o direito de propriedade. Aliás, essa noção de apropriação das coisas, com caráter exclusivista, está presente entre os seres humanos desde o seu nascimento. As crianças têm essa noção desde a mais tenra idade. Os homens lutam e morrem na defesa daquilo que é seu.

No direito romano o proprietário podia fazer o que bem quisesse com sua propriedade, inclusive destruí-la (poder absoluto). Com o passar dos tempos e especialmente na atualidade, o poder do proprietário não é mais tão absoluto quanto foi no passado (poder relativizado).

No Brasil, por exemplo, há um comando constitucional que subordina o direito de propriedade a que ela cumpra sua função social (ver CF, 5º, XXIII). Quer dizer, há atualmente uma consciência jurídica e social de que o ser humano

---

4. Direito civil brasileiro, v. 5, p. 207.
5. Instituições, v. 4, p. 89.

não vive isoladamente e todos têm interdependência, de sorte que existem valores transindividuais que estão além e acima do direito de propriedade. Com isso, houve um abrandamento do direito de propriedade que passou a sofrer inúmeras restrições, em nome do bem comum, como, por exemplo, as restrições no tocante à defesa e à preservação do meio ambiente.

Por conta desses interesses coletivos, o Estado interfere na propriedade privada, de sorte que o proprietário continua podendo usar, gozar e dispor da coisa, porém com limitações, seja por questões culturais (tombamento), ou de defesa do meio ambiente (áreas de preservação ambiental), ou ainda em respeito aos direitos de vizinhança (convívio social). Quer dizer, o proprietário continua com seus poderes inerentes à propriedade, porém não mais de forma absoluta, tendo agora que subordinar seu poder ao controle do Estado.

Há um choque por assim dizer, pois não se pode mais fazer o que quiser com a propriedade. Na época romana se podia fazer de tudo. Hoje, a propriedade deve ser produtiva, atender ao meio ambiente, enfim, cumprir sua função social. As restrições legais afetam o poder absoluto, a exclusividade e a perpetuidade do direito de propriedade.

Além das limitações que decorrem da própria natureza do direito de propriedade ou que são impostas por lei, existem as limitações voluntárias, como as servidões, o usufruto, as cláusulas de inalienabilidade ou impenhorabilidade etc.

3. FUNDAMENTOS DO DIREITO DE PROPRIEDADE

Existem várias teorias que pretendem justificar o direito de propriedade, e dentre estas, cabe destacar as seguintes: da vontade divina; do assentimento universal; da liberdade; da ocupação; do trabalho; individualista ou da personalidade; da criação legal; da convenção; da função social; da utilidade social; a teoria socialista etc. Com nuances diferentes, todas elas procuram justificar a natureza e existência do direito de propriedade.[6]

Na nossa opinião, a teoria que melhor fundamenta o direito de propriedade é a **teoria da natureza** humana, pois, conforme já anotamos, o direito de propriedade é um direito natural que nasce com o ser humano, com seu caráter absoluto e exclusivo. Por isso acreditamos que as experiências da propriedade coletiva (sistemas socialistas) acabaram por se frustrar e, onde ainda existem, só se mantêm à custa da força (não de forma natural), exatamente por contrariar

---

6. Para saber dos fundamentos dessas teorias, recomendamos a leitura da obra do des. Carlos Alberto Garbi, *Relação jurídica de direito real e usufruto*, p. 25-42.

algo inerente ao ser humano, tendo em vista que o direito de propriedade, até certo ponto, corresponde à afirmação da própria liberdade do homem.

Nesse sentido, cabe registrar que no final do século XIX a igreja católica editou a encíclica *Rerum Novarum* (significa "Das Coisas Novas"), escrita pelo Papa Leão XIII a 15 de maio de 1891, na qual era defendido o direito à propriedade privada. Essa encíclica, mesmo tendo sido editada há mais de um século, continua atualíssima: Leão XIII percebeu que havia necessidade de dar esperança ao povo, pois a miséria não seria mais tolerada. Mesmo o povo não tendo nada, ele precisa saber que tem direito à propriedade. Esse sentimento iria manter o sistema capitalista funcionando, como até hoje acontece.

Quer dizer, mesmo que as pessoas não tenham nada, elas têm o direito de ter os farrapos que vestem; de ter a propriedade da caixa de papelão onde dormem; dos cacarecos que recolheram pelas ruas durante o dia.

> **Em resumo**: mesmo os despossuídos querem ser proprietários de alguma coisa e querem que o Estado lhes garanta esse direito. A possibilidade de acesso à propriedade é uma forma inteligente de manter o *status quo* e Leão XIII soube bem captar esse sentimento e cunhar os lineamentos daquilo que, quase um século depois, os juristas iriam chamar de "função social da propriedade".

A doutrina defendida nessa encíclica, pela sua importância, foi reeditada pela encíclica *Quadragesimo Anno*, de 1931 (Papa Pio XI) e pela encíclica *Mater et Magistra*, de 1961 (Papa João XXIII), das quais, abstraindo-se as questões religiosas, recomendamos a leitura.[7]

Vale por fim anotar que o direito natural de propriedade encontra-se atualmente positivado, de sorte que, exatamente em razão disso, alguns doutrinadores afirmam que o fundamento da propriedade seria a lei.

4. GARANTIA AO DIREITO DE PROPRIEDADE

Podemos afirmar que a propriedade é um direito universal. Nesse sentido, a Declaração Universal dos Direitos Humanos (ONU, 1948) preceitua em seu artigo 17 que "toda pessoa tem direito à propriedade, só ou em sociedade com outros" e que "ninguém será arbitrariamente privado de sua propriedade."

No Brasil, o direito de propriedade está garantido constitucionalmente, em cláusula pétrea (ver CF, art. 60, IV), como um direito fundamental da pessoa humana (ver CF, art. 5o, *caput*, e incisos XXII, XXVII, XXVIII e XXIX). Depois,

---

7. Na bibliografia, indicamos sites onde se pode acessar as encíclicas.

LIÇÃO 6 • DA PROPRIEDADE EM GERAL: CONCEITO E DEMAIS GENERALIDADES   **55**

quando trata da ordem econômica, a Constituição reafirma o direito de propriedade ao subordinar que ela observe, dentre outros, o princípio da propriedade privada (ver CF, art. 170, II).

Ao subordinar o direito de propriedade a que ela cumpra a sua função social (ver CF, art. 5º, XXIII), prevendo ainda a possibilidade de perda pela desapropriação (ver CF, art. 5º, XXIV; art. 182, § 4º, III; e art. 184), quis o constituinte brasileiro garantir o direito de propriedade, porém subordinando-o ao seu fim, quer dizer, garante-se a propriedade desde que ela cumpra com a sua função social.

Advirta-se que a ideia de função social deve ser compreendida num contexto mais amplo do que a propriedade simplesmente produtiva. Na linha de socialização do direito de propriedade e de limitação do poder absoluto do proprietário sobre a coisa, o legislador constituinte adotou o princípio do uso limitado. Tanto é verdade que, além da desapropriação (perda da propriedade para utilização no interesse da coletividade), previu ainda no art. 176 que as jazidas, minas e demais recursos e potenciais de energia hidráulica constituem propriedade distinta da do solo para exploração e destinou sua propriedade ao Estado.

Além das restrições constitucionais existem outras no Código Civil como, por exemplo, aquelas previstas nos parágrafos do art. 1.228; bem como outras de caráter administrativo como, por exemplo, o tombamento de imóveis, que não é perda mas implica em séria limitação ao direito da propriedade mobiliária (Decreto-Lei nº 25, de 1937), além de outras em leis esparsas.

Assim, o direito de propriedade se encontra atualmente bastante mitigado em razão dessa imperiosa necessidade de harmonia entre aquilo que é de cada um individualmente considerado e aquilo que é de todos indistintamente!...

5.   ELEMENTOS CONSTITUTIVOS

São aqueles elencados no art. 1.228 do Código Civil, quais sejam: usar, gozar e dispor da coisa, bem como de reavê-la de quem quer que a injustamente possua. Correspondem assim, ao *jus utendi, jus fruendi, jus abutendi ou disponendi e à rei vindicatio* encontrados no direito romano. Vejamos.

a)   *Jus utendi:*

É o direito de usar a coisa e dela tirar todos os proveitos que ela possa render (sem alteração de sua substância), limitado apenas pelas restrições de ordem legal que visam evitar o abuso de direito.

b) *Jus fruendi:*

É o direito do proprietário de explorar economicamente a coisa, segundo suas conveniências, e dela colher os frutos (naturais ou civis). É a opção do titular em gozar da coisa ou dela se servir economicamente.

c) *Jus abutendi ou disponendi:*

É direito que tem o titular de dispor da coisa segundo suas conveniências, tanto a título oneroso (venda) quanto gratuito (doação), bem como de onerá-la (penhor ou hipoteca), ou mesmo submetê-la à vontade de outros (superfície, usufruto, locação etc.).

d) *Rei vindicatio:*

É o poder outorgado ao titular do domínio de perseguir a coisa, onde quer que ela esteja, e de reavê-la das mãos de quem a injustamente detenha (poder de sequela), usando para isso suas próprias forças (legítima defesa e desforço imediato) ou mover as ações tendentes a esse fim.

6. AÇÕES EM DEFESA DA PROPRIEDADE

O poder de sequela seria letra morta se o titular do domínio não tivesse à sua disposição as ações necessárias para fazer valer esse direito.

Assim, **além das ações em defesa da posse** (interdito, manutenção e reintegração na posse), o Estado, visando não só à garantia do direito de propriedade, mas também ao uso pacífico desse direito, coloca à disposição do proprietário, eventualmente lesado, as seguintes ações específicas do direito de propriedade:

a) **Reivindicatória:**

O direito de sequela, enquanto poder do proprietário de perseguir a coisa onde quer que ela esteja e de reivindicá-la de quem quer que injustamente a possua. Esta ação é a reivindicatória privativa do proprietário não possuidor contra o possuidor não proprietário, cujo caráter é dominial e de pretensão imprescritível, tendo em vista que o direito de propriedade somente se extingue pela forma prevista em lei, isto é, pela usucapião ou pela desapropriação (fundamento: CC, art. 1.228, 2ª parte).[8]

b) **Ação negatória:**

É a ação cabível para restaurar a plenitude de uso da propriedade que pode eventualmente estar restringida ou limitada por atos de terceiros.

---

8. CC, Art. 1.228. O proprietário tem a faculdade de usar, gozar e dispor da coisa, e o direito de reavê-la do poder de quem quer que injustamente a possua ou detenha.

LIÇÃO 6 • DA PROPRIEDADE EM GERAL: CONCEITO E DEMAIS GENERALIDADES **57**

Nesse caso, o proprietário não perdeu o domínio, há tão somente um embaraço ao livre exercício do seu domínio como, por exemplo, no caso do vizinho fazer passar águas pelo terreno em que não se está obrigado a receber (fundamento: CC, art. 1.231).[9]

c) **Ação de dano infecto:**

É ação de caráter preventivo e cominatório que pode ser oposto quando o proprietário recear sofrer dano iminente em sua propriedade, como no caso de ruína do prédio vizinho ou do mau uso da propriedade que possa resultar em incômodos, afronta à segurança ou à saúde (fundamento: CC, art. 1.280).[10]

7. PRINCIPAIS CARACTERÍSTICAS DO DIREITO DE PROPRIEDADE

Nos termos do art. 1.231 do Código Civil, a propriedade se presume plena e exclusiva até que se prove o contrário, decorrentes daí os caracteres da propriedade, senão vejamos.

a) **Absolutismo:**

A propriedade é um direito absoluto que se antepõe a todos indistintamente, portanto *erga omnes*. Além do mais, ela se consubstancia na faculdade outorgada ao titular do direito de propriedade de usar, gozar, dispor e reivindicar o bem de quem quer que injustamente o possua.

b) **Exclusividade:**

No sentido de que não se admitem dois titulares com mesmo título sobre a mesma coisa. Quer dizer, embora haja a figura jurídica do condomínio que versa sobre a propriedade coletiva, a questão que se coloca é que não se pode admitir a existência de dois titulares, com mesmo título, sobre a mesma propriedade.

Atenção: nada impede que haja titulares com títulos diferentes recaindo sobre a mesma coisa, tais como o titular do domínio que tem o título de proprietário, porém pode instituir outro titular ao qual poderá atribuir o direito de usufruto.

c) **Irrevogabilidade:**

Não se admite a revogação a não ser em duas situações excepcionais: desapropriação (perda compulsória) e condicionada, a termo ou sujeita à condição (resolúvel ou revogável).

---

9. CC, Art. 1.231. A propriedade presume-se plena e exclusiva, até prova em contrário.
10. CC, Art. 1.280. O proprietário ou o possuidor tem direito a exigir do dono do prédio vizinho a demolição, ou a reparação deste, quando ameace ruína, bem como que lhe preste caução pelo dano iminente.

d) Perpetuidade:

Os direitos obrigacionais prescrevem, mas o direito de propriedade tende à perpetuidade, isto é, dura para sempre. Mesmo o não uso, por si só, não faz com que o direito do titular seja extinto (só se extingue se um terceiro dele se apropriar e fizer uso pelo tempo que a lei estabelece para a usucapião).

LIÇÃO 7
RESTRIÇÕES AO DIREITO DE PROPRIEDADE

Sumário: 1. Resenha histórica – 2. Histórico no Brasil – 3. Algumas restrições ao direito de propriedade; 3.1 Restrições constitucionais; 3.2 Restrições administrativas; 3.3 Limitações ambientais – 3.4 Restrições no código civil; 3.5 Restrições voluntárias.

1. RESENHA HISTÓRICA

A propriedade é uma realidade no estado de natureza, sendo a bem da verdade uma instituição anterior à formação e organização da sociedade. Surge a partir do momento em que o homem se apropria de coisas que lhe são úteis para a sua sobrevivência. Essa ocupação faz surgir o direito de propriedade, daí por que se pode afirmar que a propriedade é um direito natural do indivíduo por excelência, que ao Estado cabe regular e proteger.

Foi no direito romano que o direito de propriedade se consolidou, com caracteres místicos num primeiro momento, depois mesclada por aspectos políticos que ampliaram o instituto para aquisição de terras além do solo itálico. No direito romano a propriedade era individualista, tanto que havia uma máxima que dizia: o domínio do solo se estende em profundidade *usque ad inferos* e, em altura, *usque ad sidera* (*grosso modo* falando, significa: "quem é proprietário do solo é dono de tudo que está acima até os céus; e de tudo que está abaixo, até o inferno)".

Assim, no Direito Romano a propriedade imóvel era tratada de forma extremamente individualista e absoluta, apesar de já se encontrar ali algumas limitações no que diz respeito aos conflitos em face do direito de vizinhança, bem como na instituição de servidões. Somente no Baixo Império é que surgiu a ideia do uso social da propriedade, quando se começou a cogitar da ideia de autorizar um terceiro a cultivar em proveito próprio as terras de proprietário que a deixasse em abandono.

Na Idade Média, a propriedade era do Estado e era organizada pelo sistema feudal através do qual os senhores feudais cediam a terra aos vassalos que podiam usar e fruir dela mediante o pagamento de impostos, além de sua submissão ao desígnio de justiça que era aplicada pelo grande senhor da terra. Assim, a propriedade feudal tinha como característica a sobreposição de direitos, tendo em vista a coexistência dos direitos do senhor feudal sobre a terra (domínio eminente) e, de outro lado, dos direitos ao uso e aos frutos que eram exercidos pelo vassalo ou rendeiro (domínio útil), mediante pagamento ao senhorio.

A Revolução Francesa democratizou o acesso à propriedade, que agora passa a ter um caráter marcadamente individualista, como forma de firmar-se a independência do povo em relação ao Estado. A propriedade passa a ser o símbolo da liberdade individual do cidadão, como direito natural por excelência, expressamente prevista na Declaração dos Direitos do Homem e do Cidadão, no art. 2º, nos seguintes termos: "A finalidade de toda associação política é a conservação dos direitos naturais e imprescritíveis do homem. Esses direitos são a liberdade, a propriedade, a segurança e a resistência à opressão".

Vale rememorar que uma das principais características deixadas pela Revolução Francesa foi o pensamento burguês centrado fundamentalmente em duas vertentes: o acúmulo de riquezas e a propriedade privada.

Já no final do século XIX, no apogeu da Revolução Industrial, começava um movimento que defendia a propriedade, mas também vislumbrava nela uma função de interesse coletivo que fosse além do proprietário.

Nesse contexto histórico surgem as doutrinas de Karl Marx e Friedrich Engels e a elas se contrapõe a encíclica *Rerum Novarum* do Papa Leão XIII.

Começam assim a se delinear os fundamentos que autorizam legalmente impor restrições ao uso da propriedade privada, fincada no primado de prevalência do interesse coletivo em detrimento do interesse individual.

Daí surgir já no século XX a teoria da função social da propriedade, procurando estabelecer um equilíbrio entre os interesses privados e o interesse público social, teoria essa que foi positivada pela primeira vez em 1919 na Constituição Republicana Alemã, em Weimar.

2. HISTÓRICO NO BRASIL

Ao tempo do Código Civil de 1916, já encontrávamos diversos institutos que limitavam os direitos de propriedade como, por exemplo, o referente à segurança pública que proibia construir ou cultivar a menos de 15 braças das fortificações ou praças de guerra. Também com relação aos direitos de vizinhança, tínhamos no vetusto *Civele Codex* limitações no que diz respeito ao uso adequado da propriedade imóvel (ver CC de 1916, arts. 554 a 588).

Atualmente existem diversas restrições ao direito de propriedade. Algumas na própria Constituição Federal, outras no Código Civil e outras em leis esparsas tais como o Código Florestal (Lei nº 12.651/12); na Lei de Proteção ao Meio Ambiente (Lei nº 9.605/98); no Estatuto da Terra (Lei nº 4.504/64) etc.

Nas constituições brasileiras, não é de hoje que encontramos limitações ao direito de propriedade. Na Carta Magna de 1946, em seu art. 147, consignava que o uso da propriedade ficaria condicionado ao bem-estar social, e que a lei, sem quebrar o direito do proprietário, deveria promover a justa distribuição. Na reforma de 1967 o assunto foi tratado no art. 157 e, desta vez, já de forma expressa, fez constar que as finalidades da propriedade devem estar condicionadas à função social da propriedade. Na Carta de 1988, o legislador fez consignar a garantia, enquanto direito fundamental da pessoa humana, o direito de propriedade (ver CF, art. 5º, XXII), para logo em seguida subordinar esse direito a que ele cumpra com a sua função social (ver CF, art. 5º, XXIII). Depois, no capítulo que trata da ordem econômica, o legislador constituinte reafirmou o modelo capitalista assentado na liberdade de mercado, mas condicionou a que sejam respeitados alguns princípios, dentre estes o direito à propriedade e a função social da propriedade (ver CF, art. 170, II e III). Nesta linha de proceder, disciplinou a usucapião constitucional urbana (ver CF, art. 183), bem como a rural (ver CF, art. 191).

3. ALGUMAS RESTRIÇÕES AO DIREITO DE PROPRIEDADE

São inúmeras as restrições ao direito de propriedade que encontramos em nosso ordenamento jurídico e, como dito anteriormente, há restrições na própria Constituição Federal, no Código Civil, assim como em diversas legislações esparsas.

É importante agora fazermos uma breve análise das mais importantes restrições (não pretendemos esgotar o assunto), começando pelas que são impostas pela própria Constituição, depois as de caráter administrativo, além daquelas impostas pelo Código Civil e por leis ambientais. Vejamos:

3.1 Restrições constitucionais

Na nossa Constituição Federal de 1988 encontramos diversas restrições, algumas de caráter subjetivo e outras de caráter bem objetivo.

a) Função social da propriedade:

A Constituição Federal de 1988 garante o direito de propriedade, mas ao mesmo tempo subordina esse direito a que ele cumpra a sua função social. Quer dizer, ao mesmo tempo em que assegura o direito de propriedade como um dos direitos e garantias individuais fundamentais, logo em seguida agrega a essa garantia a exigência de que ela cumpra com a sua função social (ver CF, art. 5º, XXII e XXIII). Mas não é só isso!... Também quando trata da ordem econômica, reafirma que a ordem econômica deve respeitar, dentre outros, o direito à propriedade privada e à função social da propriedade (ver CF, art. 170, II e III).

b) Propriedade do subsolo:

A Constituição de 1988 separa, por assim dizer, a propriedade da superfície em relação ao subsolo que contenha recursos minerais, minas, jazidas, bem como o potencial hidrelétrico, determinando que esses bens são de propriedade da União, cabendo ao proprietário do solo a participação nos resultados da lavra. Quer dizer, o dono do solo não será o dono do subsolo, quando muito participará nos resultados econômicos de sua exploração (CF, art. 176[1] e CC, art. 1.230[2]).

c) Abuso de poder econômico:

A Constituição também interfere na livre-iniciativa quando reprime o abuso de poder econômico, que pode ser caracterizado por domínio de

---

1. CF, Art. 176. As jazidas, em lavra ou não, e demais recursos minerais e os potenciais de energia hidráulica constituem propriedade distinta da do solo, para efeito de exploração ou aproveitamento, e pertencem à União, garantida ao concessionário a propriedade do produto da lavra.

   § 1º A pesquisa e a lavra de recursos minerais e o aproveitamento dos potenciais a que se refere o "caput" deste artigo somente poderão ser efetuados mediante autorização ou concessão da União, no interesse nacional, por brasileiros ou empresa constituída sob as leis brasileiras e que tenha sua sede e administração no País, na forma da lei, que estabelecerá as condições específicas quando essas atividades se desenvolverem em faixa de fronteira ou terras indígenas.

   § 2º É assegurada participação ao proprietário do solo nos resultados da lavra, na forma e no valor que dispuser a lei.

   § 3º A autorização de pesquisa será sempre por prazo determinado, e as autorizações e concessões previstas neste artigo não poderão ser cedidas ou transferidas, total ou parcialmente, sem prévia anuência do poder concedente.

   § 4º Não dependerá de autorização ou concessão o aproveitamento do potencial de energia renovável de capacidade reduzida.

2. CC, Art. 1.230. A propriedade do solo não abrange as jazidas, minas e demais recursos minerais, os potenciais de energia hidráulica, os monumentos arqueológicos e outros bens referidos por leis especiais.

   Parágrafo único. O proprietário do solo tem o direito de explorar os recursos minerais de emprego imediato na construção civil, desde que não submetidos a transformação industrial, obedecido o disposto em lei especial.

mercados, eliminação da concorrência e aumento arbitrário de lucros, ao subordinar a liberdade econômica a que sejam respeitados dentre outros, os princípios da função social da propriedade e o meio ambiente (ver CF, art. 170, I a IX).[3]

d) Usucapião constitucional:

Exatamente por decorrência do princípio da função social da propriedade é que são previstas na Constituição duas formas de perda da propriedade por usucapião. Uma delas no que se refere à usucapião especial rural (CF, art. 191).[4] A outra, voltada para as regiões urbanas, ao prever a usucapião especial urbana individual (CF, art. 183).[5]

e) Desapropriações:

Essa é também uma forma de limitação ao direito de propriedade na exata medida em que o proprietário pode perder a propriedade em nome do interesse público. Mesmo havendo a justa indenização, ainda assim essa é uma forma de perda da propriedade (ver CF, art. 5º, XXIV).

f) Tombamento:

Diz a nossa Constituição que compete à União proteger documentos, obras e bens de valor histórico (ver CF, art. 23, III) e, juntamente com os Estados, deverá proteger o patrimônio histórico (ver CF, art. 24, IV). Depois, em seu art. 216, § 1º, prevê a possibilidade de vigilância, tombamento, desapropriação e outras formas de acautelamento e prevenção com a finalidade de preservar o patrimônio cultural brasileiro.

---

3. Nesse sentido, ver Lei nº 8.137/90, que define crimes contra a ordem tributária, econômica e contra as relações de consumo; assim como a Lei nº 8.884/94, que transforma o CADE em autarquia e dispõe sobre a prevenção e a repressão às infrações contra a ordem econômica.
4. CF, Art. 191. Aquele que, não sendo proprietário de imóvel rural ou urbano, possua como seu, por cinco anos ininterruptos, sem oposição, área de terra, em zona rural, não superior a cinquenta hectares, tornando-a produtiva por seu trabalho ou de sua família, tendo nela sua moradia, adquirir-lhe-á a propriedade.
   Parágrafo único. Os imóveis públicos não serão adquiridos por usucapião.
   Obs: O Código Civil reproduz o mesmo texto em seu art. 1.240.
5. CF, Art. 183. Aquele que possuir como sua área urbana de até duzentos e cinquenta metros quadrados, por cinco anos, ininterruptamente e sem oposição, utilizando-a para sua moradia ou de sua família, adquirir-lhe-á o domínio, desde que não seja proprietário de outro imóvel urbano ou rural.
   § 1º O título de domínio e a concessão de uso serão conferidos ao homem ou à mulher, ou a ambos, independentemente do estado civil.
   § 2º Esse direito não será reconhecido ao mesmo possuidor mais de uma vez.
   § 3º Os imóveis públicos não serão adquiridos por usucapião.
   Obs: O Código Civil reproduz o mesmo texto em seu art. 1.239.

3.2   Restrições administrativas

As restrições administrativas são limitação de uso ou exploração da propriedade particular (móvel ou imóvel) em razão de interesses da coletividade, representada pelo Poder Público que pode impor as mais diversas limitações, tudo em nome do chamado interesse público; vejamos:

a) **Rodízio de veículos:**

Em nome da necessidade de fluidez do trânsito em horários predeterminados e também como forma de reduzir a poluição, os Municípios podem impor restrição de circulação aos veículos automotores, estabelecendo que, conforme for o final da placa, determinado grupo de veículos não circulam em determinados dias da semana. Ainda que isso seja uma limitação ao direito de uso e gozo da propriedade e ao direito de ir e vir do seu proprietário, ainda assim aquele proprietário prejudicado não terá direito a nenhuma indenização, pois seus interesses se chocam de frente com os interesses da coletividade que, nesse caso, devem prevalecer.

b) **Parcelamento e uso do solo urbano:**

Além da Lei Federal nº 6.766/79 (Parcelamento do Solo Urbano), os Municípios podem disciplinar a forma de ocupação e uso de imóveis através, especialmente, da lei de zoneamento urbano conforme suas peculiaridades, de sorte que, através de lei municipal, podem impor outras restrições de uso da propriedade no que diz respeito às edificações. No caso de São Paulo, por exemplo, existe Lei nº 13.430/02, que é Plano Diretor Estratégico do Município de são Paulo (PDE), que dispõe sobre o parcelamento, disciplina e ordena o uso e ocupação do solo do Município da cidade de São Paulo.

c) **Segurança pública:**

Quando o Poder Público edita normas fixando horários e locais de funcionamento para determinadas atividades, muitas vezes assim o faz para garantir a tranquilidade e segurança dos vizinhos e do entorno daquele determinado tipo de empreendimento, sendo também uma interferência na atividade privada, limitando o seu livre uso.

d) **Saúde pública:**

Também em nome da saúde pública os órgãos estatais podem impor restrições à instalação, fabricação e distribuição de produtos ou serviços destinados ao público em geral, resguardando o interesse geral no que diz respeito à segurança, à higiene e à saúde.

3.3 Limitações ambientais

Independentemente de os bens ambientais estarem protegidos na Constituição Federal (ver art. 225), e por isso poderíamos até incluir nas restrições constitucionais, preferimos abordar de forma autônoma essas restrições, até porque elas se materializam em diversas leis esparsas que ampliam e potencializam grandes limitações ao direito de propriedade. Senão, vejamos.

a) **Preservação da flora:**

O novo Código Florestal (Lei nº 12.651/12) estabelece claramente que "as florestas existentes no território nacional e as demais formas de vegetação nativa, reconhecidas de utilidade às terras que revestem, são bens de interesse comum a todos os habitantes do País, exercendo-se os direitos de propriedade com as limitações que a legislação em geral e especialmente esta Lei estabelecem" (art. 2º). Prevê ainda a reserva legal, ou seja, área localizada no interior de uma propriedade ou posse rural, com a função de assegurar o uso econômico de modo sustentável dos recursos naturais do imóvel rural, auxiliar a conservação e a reabilitação dos processos ecológicos e promover a conservação da biodiversidade, bem como o abrigo e proteção de fauna silvestre e flora nativa (art. 3º, III). Mas não é só, pois existem outras leis, tais como a Lei nº 9.985/00, que instituiu o Sistema Nacional de Unidades de Conservação da Natureza, que trata, dentre outras coisas, das Áreas de Proteção Ambiental (APAs).

b) **Preservação da fauna:**

A fauna, assim como a flora, também merece especial proteção do Estado tendo em vista ser um bem ambiental indispensável à sadia qualidade de vida da pessoa humana. Nesse sentido ver a Lei nº 5.197/67, que instituiu o Código de Caça.

c) **Licenciamento ambiental:**

Também nesse aspecto a propriedade particular sofre inúmeras restrições, tendo em vista que qualquer empreendimento não poderá ser realizado a qualquer custo, devendo ser submetido ao EIA/RIMA para verificar de sua compatibilização entre a liberdade econômica e a preservação do meio ambiente. Esse importante instrumento ganha força com sua inserção na Lei nº 6.938/81, como um dos instrumentos da Política Nacional do Meio Ambiente (art. 9º, III), cujo objetivo maior é submeter todas as atividades potencialmente poluidoras aos procedimentos que a lei estabelece para que o particular possa obter o licenciamento ambiental (art. 10).

3.4 Restrições no Código Civil

Em consonância com o estatuído na Constituição Federal, o Código Civil condiciona o direito de propriedade a que seu uso respeite valores coletivos (CC, art. 1.228, § 1º).[6] Ainda nessa linha de raciocínio, o mesmo *Civile Codex* impõe outras restrições com vista a compatibilizar o uso da propriedade individual com a necessidade de harmonização desse direito e os de outras pessoas nas regiões urbanas, subordinando o uso da propriedade a que sejam respeitados os direitos de vizinhança, mitigando assim o absolutismo do direito de propriedade visando com isso o respeito ao sossego, paz, segurança, circulação e abastecimento dos moradores do entorno; vejamos:

a) **Uso racional da propriedade:**

Enquanto o *caput* do art. 1.228 do Código Civil passa a impressão de que a propriedade é absoluta e que seu proprietário pode tudo, vem na sequência o parágrafo primeiro, do referido artigo, e diz que esse direito deve ser exercido em consonância com as suas finalidades econômicas e sociais e de modo que sejam preservados a flora, a fauna, as belezas naturais, o equilíbrio ecológico e o patrimônio histórico e artístico, bem como evitada a poluição do ar e das águas (ver CC, art. 1.228, § 1º).

b) **Uso anormal da propriedade:**

O proprietário não pode utilizar sua propriedade e com isso causar dano ao seu vizinho. Se fizer uso indevido, poderá ser obrigado a indenizar pelos danos que sua conduta possa ter causado (ver CC, art. 186 c/c art. 927, *caput*). Além da eventual indenização, prescreve o Código Civil que o proprietário pode fazer cessar as interferências que lhe sejam prejudiciais,

---

6. CC, Art. 1.228. O proprietário tem a faculdade de usar, gozar e dispor da coisa, e o direito de reavê-la do poder de quem quer que injustamente a possua ou detenha.

    § 1º O direito de propriedade deve ser exercido em consonância com as suas finalidades econômicas e sociais e de modo que sejam preservados, de conformidade com o estabelecido em lei especial, a flora, a fauna, as belezas naturais, o equilíbrio ecológico e o patrimônio histórico e artístico, bem como evitada a poluição do ar e das águas.

    § 2º são defesos os atos que não trazem ao proprietário qualquer comodidade, ou utilidade, e sejam animados pela intenção de prejudicar outrem.

    § 3º O proprietário pode ser privado da coisa, nos casos de desapropriação, por necessidade ou utilidade pública ou interesse social, bem como no de requisição, em caso de perigo público iminente.

    § 4º O proprietário também pode ser privado da coisa se o imóvel reivindicado consistir em extensa área, na posse ininterrupta e de boa-fé, por mais de cinco anos, de considerável número de pessoas, e estas nela houverem realizado, em conjunto ou separadamente, obras e serviços considerados pelo juiz de interesse social e econômico relevante.

    § 5º No caso do parágrafo antecedente, o juiz fixará a justa indenização devida ao proprietário; pago o preço, valerá a sentença como título para o registro do imóvel em nome dos possuidores.

causadas pela propriedade vizinha (CC, art. 1.277).[7] Quer dizer, nenhum proprietário pode fazer o que bem entender na sua propriedade porque deve respeitar o sossego, a segurança e a saúde do proprietário vizinho.

c) **Passagem forçada:**

É o direito assegurado ao dono de um prédio encravado de garantir uma saída para a rua, porto ou acesso à água, que, se necessário, será realizada mediante intervenção judicial para obrigar o dono do prédio a ceder passagem mediante a devida e justa indenização (CC, art. 1.285).[8]

d) **Passagem de cabos e tubulações:**

Essa também é uma interferência no direito de propriedade, tendo em vista que o proprietário é obrigado a permitir a passagem através de seu imóvel de cabos e tubulações de serviços públicos para servir ao vizinho que não tenha outro meio de receber tais serviços, devendo ser indenizado na proporção da desvalorização ocorrida (CC, art. 1.286),[9] podendo, se for o caso, exigir sejam feitas obras de segurança necessárias à preservação de seu imóvel (CC, art. 1.287).[10]

e) **Passagem de águas:**

Também no que diz respeito à passagem de águas, o Código Civil promove várias interferências na propriedade, especialmente aquela que impõe a obrigação ao proprietário do terreno inferior de dar passagem para

---

7. CC, Art. 1.277. O proprietário ou o possuidor de um prédio tem o direito de fazer cessar as interferências prejudiciais à segurança, ao sossego e à saúde dos que o habitam, provocadas pela utilização de propriedade vizinha.

Parágrafo único. Proíbem-se as interferências considerando-se a natureza da utilização, a localização do prédio, atendidas as normas que distribuem as edificações em zonas, e os limites ordinários de tolerância dos moradores da vizinhança.

8. CC, Art. 1.285. O dono do prédio que não tiver acesso a via pública, nascente ou porto, pode, mediante pagamento de indenização cabal, constranger o vizinho a lhe dar passagem, cujo rumo será judicialmente fixado, se necessário.

§ 1º sofrerá o constrangimento o vizinho cujo imóvel mais natural e facilmente se prestar à passagem.

§ 2º se ocorrer alienação parcial do prédio, de modo que uma das partes perca o acesso a via pública, nascente ou porto, o proprietário da outra deve tolerar a passagem.

§ 3º Aplica-se o disposto no parágrafo antecedente ainda quando, antes da alienação, existia passagem através de imóvel vizinho, não estando o proprietário deste constrangido, depois, a dar uma outra.

9. CC, Art. 1.286. Mediante recebimento de indenização que atenda, também, à desvalorização da área remanescente, o proprietário é obrigado a tolerar a passagem, através de seu imóvel, de cabos, tubulações e outros condutos subterrâneos de serviços de utilidade pública, em proveito de proprietários vizinhos, quando de outro modo for impossível ou excessivamente onerosa.

Parágrafo único. O proprietário prejudicado pode exigir que a instalação seja feita de modo menos gravoso ao prédio onerado, bem como, depois, seja removida, à sua custa, para outro local do imóvel.

10. CC, Art. 1.287. se as instalações oferecerem grave risco, será facultado ao proprietário do prédio onerado exigir a realização de obras de segurança.

as águas naturais do terreno superior (CC, art. 1.288).[11] Existem ainda outras restrições, que estão reguladas nos arts. 1.289 a 1.296.

3.5 Restrições voluntárias

Além das restrições legais, os próprios interessados podem estabelecer limitações ao uso, gozo e disposição da propriedade, cabendo destacar as servidões, o usufruto, as cláusulas de inalienabilidade e impenhorabilidade, bem como a instituição do bem de família e as limitações negociais.

Vejamos suscintamente cada um desses institutos:

a) **Servidão:**

É um ônus real voluntariamente imposto a um prédio (serviente) em favor de outro (dominante), em virtude do qual o proprietário do primeiro perde o exercício de algum dos direitos inerentes à propriedade, na exata medida em que é obrigado a tolerar que o outro dele se utilize para sua passagem (ver CC, arts. 1.378 a 1.386).

b) **Usufruto, uso e habitação:**

Usufruto é um direito real de uso sobre coisa alheia, pelo qual, durante um certo lapso de tempo (pode ser vidual), alguém dela se utiliza, percebendo inclusive seus frutos, sendo que o proprietário apenas conserva o domínio, já que quem usa e goza da propriedade é o usufrutuário (ver CC, arts. 1.390 a 1.411). Os institutos do uso e da habitação são similares ao usufruto, porém em menor escala (veremos isso nas aulas seguintes, aguardem!...).

c) **Inalienabilidade:**

É uma cláusula, imposta por testamento ou doação, que impõe um ônus sobre os bens que integram a herança ou a doação, que pode ser vitalícia ou temporária, decorrendo dessa imposição automaticamente as cláusulas de impenhorabilidade e de incomunicabilidade (CC, art. 1.911).[12]

---

11. CC, Art. 1.288. O dono ou o possuidor do prédio inferior é obrigado a receber as águas que correm naturalmente do superior, não podendo realizar obras que embaracem o seu fluxo; porém a condição natural e anterior do prédio inferior não pode ser agravada por obras feitas pelo dono ou possuidor do prédio superior.

12. CC, Art. 1.911. A cláusula de inalienabilidade, imposta aos bens por ato de liberalidade, implica impenhorabilidade e incomunicabilidade.
Parágrafo único. No caso de desapropriação de bens clausulados, ou de sua alienação, por conveniência econômica do donatário ou do herdeiro, mediante autorização judicial, o produto da venda converter-se-á em outros bens, sobre os quais incidirão as restrições apostas aos primeiros.

d) Bem de família voluntário:

É um instituto que está regulado no Código Civil, pelo qual o cônjuge, a entidade familiar ou até mesmo um terceiro, mediante escritura pública ou testamento, poderá eleger um imóvel como sendo o bem de família, desde que o valor deste imóvel seja inferior a um terço do patrimônio de quem institui, com a finalidade de garantir a moradia da família, de tal sorte que este não poderá ser alcançado nem mesmo pelos processos de execução decorrente de dívidas (ver CC, arts. 1.710 a 1.722).

Atenção: não confundir esse bem de família com aquele outro que chamamos de **bem de família legal**, que está previsto na Lei nº 8.009/90, cuja finalidade é a mesma, porém com outros requisitos.[13]

e) Limitações negociais:

No exercício da autonomia da vontade, podem os interessados criar limitações ao uso da propriedade em negócios jurídicos bilaterais ou mesmo plurilaterais, tais como as decorrentes dos contratos de locação, do comodato, da hipoteca, do penhor etc.

---

13. Para melhor entender os dois institutos, recomendamos a leitura da Lição 13 do vol. 5 desta nossa coleção (Família e sucessões).

Lição 8
FORMAS DE AQUISIÇÃO DA PROPRIEDADE IMÓVEL

Sumário: I – Condições gerais de aquisição – 1. Pressupostos para aquisição – 2. Aquisição quanto à origem – 3. Quanto à forma de transmissão – 4. Quanto à onerosidade – II – Formas de aquisição da propriedade imóvel – 5. Aquisição da propriedade imóvel – 6. Usucapião; 6.1 Usucapião especial ou constitucional; 6.2 Usucapião extraordinária; 6.3 Usucapião ordinária; 6.4 Usucapião familiar ou conjugal; 6.5 Usucapião coletiva urbana; 6.6 Usucapião administrativa; 6.7 Usucapião de imóveis públicos; 6.8 Usucapião judicial; 6.9 Usucapião extrajudicial – 7. Aquisição pela transcrição no CRI; 7.1 Importância do registro de imóveis; 7.2 Princípios do direito registral – 8. Aquisição pela acessão – 9. Aquisição por direito hereditário.

I – CONDIÇÕES GERAIS DE AQUISIÇÃO

1. PRESSUPOSTOS PARA AQUISIÇÃO

Para adquirir a propriedade imóvel, há a necessidade de preenchimento de alguns requisitos, quais sejam: pessoa capaz de adquirir; coisa suscetível de ser adquirida; e, um modo de adquirir.

2. AQUISIÇÃO QUANTO À ORIGEM

Quanto à procedência, isto é, quanto à origem, a aquisição da propriedade imóvel pode ser:

a) **Derivada:**

Quando a aquisição resulta de uma relação negocial entre o proprietário e o adquirente, pelo qual o primeiro transmite ao segundo a propriedade, como, por exemplo, na compra e venda que se aperfeiçoará pelo registro do título no Cartório de Registro de Imóveis.

b) originária:

Ocorre quando alguém adquire a propriedade sem que tenha havido transação com o proprietário anterior, isto é, quando não há transmissão de um indivíduo para outro, como ocorre, por exemplo, na acessão e na usucapião.

c) Hereditária:

Consideramos a sucessão hereditária como uma forma específica de aquisição da propriedade imóvel tendo em vista que a morte do de *cujus* terá como consequência a transmissão imediata de seus bens para os herdeiros, legítimos ou testamentários (CC, art. 1.784),[1] cujo aperfeiçoamento se dará com o processo de inventário que permitirá aos herdeiros, com o formal de partilha em mãos, promover a transferência dos bens junto aos Cartórios e Órgão Públicos competentes.

3. QUANTO À FORMA DE TRANSMISSÃO

No que diz respeito à transmissão da propriedade, ela pode ocorrer tanto a título singular quanto a título universal; vejamos:

a) A título universal:

Ocorre quando o novo titular sucede ao antigo em todos os seus direitos e obrigações. Nesse caso, a transferência vai se referir a uma universalidade de bens, direitos e obrigações ou uma quota-parte deles. Quer dizer, a sucessão refere-se a um conjunto não especificado individualmente.

Exemplo 1: é o caso típico do herdeiro, seja ele legítimo ou eventualmente testamentário, que vai suceder o morto em todos os seus bens assim como nas obrigações ou numa quota-parte.

Exemplo 2: também pode ocorrer na aquisição de uma empresa, pois o novo proprietário normalmente adquire todo o ativo e assume todo o passivo da empresa.

b) Transmissão a título singular:

Nesse caso o novo proprietário adquire uma coisa individualizada e seu direito, assim como as obrigações, limitam-se a incidir sobre aquele determinado bem e não sobre o total do patrimônio do transmissor.

Exemplo 1: pode ocorrer por ato *inter vivos*, como na compra e venda de um determinado bem móvel ou imóvel.

---

1. CC, Art. 1.784. Aberta a sucessão, a herança transmite-se, desde logo, aos herdeiros legítimos e testamentários.

Exemplo 2: pode também ocorrer por sucessão hereditária, isto é, *causa mortis*, como no caso de o falecido ter deixado um automóvel para determinada pessoa (legatário).

4. QUANTO À ONEROSIDADE

Nesse quesito, a aquisição da propriedade pode se operar de duas formas: a título gratuito ou a título oneroso. Vejamos.

a) **Gratuito:**

Nesse caso. a pessoa adquire a propriedade da coisa sem a necessidade de uma contraprestação pecuniária a favor do transmitente.

Exemplo: é o caso da doação pura, isto é, aquela sem encargos. Também é o caso da aquisição hereditária, tendo em vista que o herdeiro passa a ser titular de direitos sem a necessidade de fazer nenhum desembolso financeiro.

b) **Onerosa:**

Nesse caso, a pessoa adquire a propriedade realizando um determinado sacrifício financeiro, isto é, adquire a propriedade mediante o desfalque de algo constante de seu patrimônio.

Exemplo: é o caso da compra e venda em que se adquire a propriedade mediante a contraprestação pecuniária correspondente ao valor do bem adquirido.

II – FORMAS DE AQUISIÇÃO DA PROPRIEDADE IMÓVEL

5. AQUISIÇÃO DA PROPRIEDADE IMÓVEL

No capítulo que trata da aquisição da propriedade imóvel, o Código Civil começa por disciplinar a usucapião (ver CC, arts. 1.238 a 1.244); depois a aquisição pelo registro do título (ver CC, arts. 1.245 a 1.247); e, por fim, a aquisição através da acessão: por formação de ilhas, por aluvião, por avulsão, por abandono de álveo e por plantações ou construções (ver CC, arts. 1.248 a 1.259).

Embora não previsto no capítulo que trata da aquisição da propriedade, entendemos que também é forma específica de aquisição da propriedade o direito hereditário.

Vejamos cada uma dessas formas de aquisição da propriedade.

6. USUCAPIÃO

É a forma originária de aquisição da propriedade que se realiza pela posse prolongada no tempo, desde que atendidos determinados requisitos estabelecidos em lei.

É o único caso no direito brasileiro em que a prescrição é aquisitiva, isto é, fonte de criação de direitos, tendo em vista que a prescrição normalmente é sinônimo de extinção de direitos (ver CC, arts. 205 e 206).

Podemos identificar no direito brasileiro **seis espécies de usucapião** de imóveis, quais sejam: a usucapião especial, também chamada de constitucional; a extraordinária; a ordinária; e a familiar ou conjugal, estas quatro modalidades disciplinadas pelo Código Civil; a usucapião coletiva, prevista no Estatuto da Cidade (Lei nº 10.257/01); e a usucapião administrativa, também chamada de usucapião por conversão, prevista na Lei que criou o programa Minha Casa, Minha Vida (Lei nº 11.977/09).

> **Atenção:** apenas para registro, há também a **usucapião indígena**, regulada pelo Estatuto do Índio (Lei nº 6.011/73), mas essa modalidade não será objeto de nossos estudos.

6.1 Usucapião especial ou constitucional

A usucapião especial, também chamada de constitucional, tem esse nome porque foi prevista inicialmente na Constituição Federal de 1988, vindo ao depois ser reproduzida textualmente no Código Civil de 2002.

São duas as espécies de usucapião constitucional: a urbana (CF, art. 183)[2] e a rural (CF, art. 191).[3] Vejamos:

a) **Especial ou constitucional urbana:**

É uma inovação que foi introduzida no nosso ordenamento jurídico pela Carta Magna de 1988 (ver CF, art. 183); depois reproduzida no Estatuto

---

2. CF, Art. 183. Aquele que possuir como sua área urbana de até duzentos e cinquenta metros quadrados, por cinco anos, ininterruptamente e sem oposição, utilizando-a para sua moradia ou de sua família, adquirir-lhe-á o domínio, desde que não seja proprietário de outro imóvel urbano ou rural.

   § 1º O título de domínio e a concessão de uso serão conferidos ao homem ou à mulher, ou a ambos, independentemente do estado civil.

   § 2º Esse direito não será reconhecido ao mesmo possuidor mais de uma vez.

   § 3º Os imóveis públicos não serão adquiridos por usucapião.

3. CF, Art. 191. Aquele que, não sendo proprietário de imóvel rural ou urbano, possua como seu, por cinco anos ininterruptos, sem oposição, área de terra, em zona rural, não superior a cinquenta hectares, tornando-a produtiva por seu trabalho ou de sua família, tendo nela sua moradia, adquirir-lhe-á a propriedade.

LIÇÃO 8 • FORMAS DE AQUISIÇÃO DA PROPRIEDADE IMÓVEL | **75**

da Cidade (ver Lei nº 10.257/01, art. 9º); e, reafirmada no nosso Código Civil de 2002 (art. 1.240),[4] praticamente com os mesmos dizeres. Esse tipo de usucapião será concedido desde que o requerente preencha os seguintes requisitos: o imóvel deve ser urbano e de até 250 m²; a posse deve ser mansa, pacífica e ininterrupta por cinco anos; o imóvel deve ser utilizado para sua moradia ou de sua família; e, finalmente, desde que o requerente não seja proprietário de nenhum outro imóvel urbano ou rural. O título dominial será conferido ao homem ou à mulher, ou a ambos, independentemente do estado civil.

Atenção: esse direito não será reconhecido ao mesmo possuidor mais de uma vez.

b) **Especial ou Constitucional rural:**

Este tipo de usucapião, que também é chamado de Pro Labore, não é novidade, pois já estava previsto na Constituição Federal de 1934, sendo repetido nas seguintes, inclusive na atualmente em vigor que é de 1988 (ver CF, art. 191); regulamentado pela Lei nº 6.969/81; e reproduzido literalmente no Código Civil de 2002 (art. 1.239).[5] Esse tipo de usucapião será concedido àqueles que preencham os seguintes requisitos: área de terra em zona rural de até 50 hectares; não ser proprietário de nenhum outro imóvel rural ou urbano; posse mansa, pacífica e ininterrupta por cinco anos; tenha tornado a terra produtiva com o seu trabalho ou de sua família; e, finalmente, tenha nela estabelecido a sua moradia.

6.2 Usucapião extraordinária

Este tipo de usucapião, que é o mais tradicional, está regulado no Código Civil (art. 1.238),[6] cujo prazo de aquisição é de 15 anos de posse, exercido com ânimo de dono, de forma mansa, pacífica e contínua.

---

4. CC, Art. 1.240. Aquele que possuir, como sua, área urbana de até duzentos e cinquenta metros quadrados, por cinco anos ininterruptamente e sem oposição, utilizando-a para sua moradia ou de sua família, adquirir-lhe-á o domínio, desde que não seja proprietário de outro imóvel urbano ou rural.
   § 1º O título de domínio e a concessão de uso serão conferidos ao homem ou à mulher, ou a ambos, independentemente do estado civil.
   § 2º O direito previsto no parágrafo antecedente não será reconhecido ao mesmo possuidor mais de uma vez.
5. CC, Art. 1.239. Aquele que, não sendo proprietário de imóvel rural ou urbano, possua como sua, por cinco anos ininterruptos, sem oposição, área de terra em zona rural não superior a cinquenta hectares, tornando-a produtiva por seu trabalho ou de sua família, tendo nela sua moradia, adquirir-lhe-á a propriedade.
6. CC, Art. 1.238. Aquele que, por quinze anos, sem interrupção, nem oposição, possuir como seu um imóvel, adquire-lhe a propriedade, independentemente de título e boa-fé; podendo requerer ao juiz

Esse prazo poderá ser reduzido para dez se o possuidor houver estabelecido no imóvel a sua moradia habitual ou nele tenha realizado obras ou serviços de caráter produtivo, reforçando a ideia da "posse-trabalho".

Nesse tipo de usucapião **não há exigência de que o possuidor esteja de boa-fé, nem que possua justo título.** Se estiver de boa-fé e se o possuidor tiver algum título, isso tudo poderá ser utilizado como mais um elemento de prova no processo.

> **Atenção:** admite o Código Civil que o possuidor possa somar à sua posse o lapso de tempo da posse dos seus antecessores, para efeito de preencher o requisito de tempo, desde que todas tenham sido mansas, pacíficas e contínuas (CC, art. 1.243).[7]

6.3   Usucapião ordinária

Este tipo de usucapião também está regulado no Código Civil (art. 1.242)[8] e será concedido ao requerente que preencha os seguintes requisitos: posse por mais de dez anos; exercida com ânimo de dono; de forma mansa, pacífica e continuada; e com justo título e boa-fé.

Prestigiando a "posse-trabalho" mais uma vez, o legislador fez consignar que esse prazo poderá ser reduzido para cinco anos se o imóvel tiver sido adquirido onerosamente e nele o possuidor tiver estabelecido sua residência ou realizado obras e serviços para torná-lo produtivo.

> **Atenção:** já mencionamos, mas vale a pena repetir: assim como na usucapião extraordinária, o Código Civil admite que o possuidor possa somar à sua posse o lapso de tempo da posse dos seus antecessores, para efeito de preencher o requisito de tempo, desde que todas tenham sido mansas, pacíficas, contínuas e, neste caso, com justo título e boa-fé (ver CC, art. 1.243).

---

que assim o declare por sentença, a qual servirá de título para o registro no Cartório de Registro de que assim o declare por sentença, a qual servirá de título para o registro no Cartório de Registro de Imóveis.

Parágrafo único. O prazo estabelecido neste artigo reduzir-se-á a dez anos se o possuidor houver estabelecido no imóvel a sua moradia habitual, ou nele realizado obras ou serviços de caráter produtivo.

7. CC, Art. 1.243. O possuidor pode, para o fim de contar o tempo exigido pelos artigos antecedentes, acrescentar à sua posse a dos seus antecessores (art. 1.207), contanto que todas sejam contínuas, pacíficas e, nos casos do art. 1.242, com justo título e de boa-fé.

8. CC, Art. 1.242. Adquire também a propriedade do imóvel aquele que, contínua e incontestadamente, com justo título e boa-fé, o possuir por dez anos.

Parágrafo único. Será de cinco anos o prazo previsto neste artigo se o imóvel houver sido adquirido, onerosamente, com base no registro constante do respectivo cartório, cancelada posteriormente, desde que os possuidores nele tiverem estabelecido a sua moradia, ou realizado investimentos de interesse social e econômico.

LIÇÃO 8 • FORMAS DE AQUISIÇÃO DA PROPRIEDADE IMÓVEL   **77**

6.4   Usucapião familiar ou conjugal

Essa é uma inovação introduzida no nosso ordenamento jurídico pela Lei nº 12.424/11, que, dispondo sobre regularização fundiária de assentamentos localizados em áreas urbanas, acrescentou o art. 1.240-A no Código Civil, para possibilitar a usucapião do imóvel utilizado como moradia do casal pelo cônjuge ou companheiro que foi abandonado pelo outro.

Estabelece o retrocitado artigo de lei que aquele que exercer, por dois anos ininterruptamente e sem oposição, a posse direta e com exclusividade, sobre imóvel urbano de até 250 m² cuja propriedade divida com ex-cônjuge ou ex--companheiro que abandonou o lar, utilizando-o para sua moradia ou de sua família, adquirir-lhe-á o domínio integral, desde que não seja proprietário de outro imóvel urbano ou rural (CC, art. 1.240-A).[9]

Veja-se que esse tipo de usucapião tem características próprias, diferenciando-se de todos os demais tipos estudados, pois para ser concedido é exigido que o requerente prove: que é coproprietário do imóvel em conjunto com seu ex-cônjuge ou ex-companheiro; que seu ex-cônjuge ou ex-companheiro tenha abandonado voluntariamente o lar, por mais de dois anos; de sorte que irá usucapir a parte do imóvel que era do ex-cônjuge ou ex-companheiro, consolidando assim a totalidade da propriedade, agora em um único dono.

Atenção: esse direito não será reconhecido ao mesmo possuidor por mais de uma vez (ver CC, art. 1.240-A, parágrafo único).

6.5   Usucapião coletiva urbana

Este tipo de usucapião foi criado pelo Estatuto da Cidade (Lei nº 10.257/01) com a finalidade de regularizar fundiariamente áreas urbanas ocupadas desordenadamente por comunidades carentes.

Diz a referida lei: "As áreas urbanas com mais de duzentos e cinquenta metros quadrados, ocupadas por população de baixa renda para sua moradia, por cinco anos, ininterruptamente e sem oposição, onde não for possível identificar os terrenos ocupados por cada possuidor, são susceptíveis de serem usucapidas

---

9. CC, Art. 1.240-A. Aquele que exercer, por 2 (dois) anos ininterruptamente e sem oposição, posse direta, com exclusividade, sobre imóvel urbano de até 250 m² (duzentos e cinquenta metros quadrados) cuja propriedade divida com ex-cônjuge ou ex-companheiro que abandonou o lar, utilizando-o para sua moradia ou de sua família, adquirir-lhe-á o domínio integral, desde que não seja proprietário de outro imóvel urbano ou rural.
    § 1º O direito previsto no caput não será reconhecido ao mesmo possuidor mais de uma vez.

coletivamente, desde que os possuidores não sejam proprietários de outro imóvel urbano ou rural" (art. 10).

O objetivo da lei é permitir a regularização dessas áreas urbanas ocupadas irregularmente, atribuindo um título de propriedade aos diversos possuidores de sorte que se forma assim um verdadeiro condomínio, já que cada um dos novos proprietários não será titular de um imóvel singularizado, mas sim de uma fração ideal da área usucapida.

Embora não haja uma limitação quanto ao tamanho máximo da área a ser usucapida, existe uma limitação mínima de tamanho já que o imóvel, para ser objeto desse tipo de usucapião, deverá ser maior que 250 m^2.

> **Atenção**: Existe uma figura parecida com este tipo de usucapião que está previsto no Código Civil (ver art. 1.228, §§ 4º e 5º) que prevê a perda da propriedade se a mesma for ocupada por mais de cinco anos por considerável número de pessoas que nela tenham realizado obras ou serviços de interesse social. Ocorre que este tipo parece mais uma "desapropriação privada" tendo em vista que o juiz, ao reconhecer essa posse, deverá fixar uma justa indenização para o proprietário.

6.6 Usucapião administrativa

O governo federal, com a finalidade de ampliar o acesso de pessoas de baixa renda ao direito de moradia, criou o programa "Minha Casa, Minha Vida", pelo qual é possível legitimar a posse de determinada propriedade ainda que existam impedimentos legais para transferir a propriedade.

Nessa mesma lei está prevista a possibilidade da usucapião por conversão após decorridos cinco anos da legitimação, mediante pedido feito diretamente ao oficial de registro (ver Lei nº 11.977/09, especialmente arts. 58 a 60).

Conforme determina o art. 60 da Lei nº 11.977/2009, "o detentor do título de legitimação de posse, após 5 (cinco) anos de seu registro, poderá requerer ao oficial de registro de imóveis a conversão desse título em registro de propriedade, tendo em vista sua aquisição por usucapião, nos termos do art. 183 da Constituição Federal".

6.7 Usucapião de imóveis públicos

Não se pode usucapir imóveis públicos, seja da União, dos Estados ou Distrito Federal ou mesmo dos Municípios por expressa determinação constitucional (ver CF, art. 183, § 3º, e art. 191, parágrafo único). Essa mesma proibição está contida no Código Civil, que preceitua: "Os bens públicos não estão sujeitos a usucapião" (CC, art. 102).

6.8 Usucapião judicial

Esclareça-se por primeiro que usucapião nada mais é do que uma forma de aquisição de propriedade (móvel ou imóvel) em razão da posse prolongada e ininterrupta, durante o prazo estabelecido em lei (conforme seja o tipo de usucapião).

Diz o Código Civil que, atendidas as exigências da lei, poderá o possuidor requerer ao juiz que lhe declare a aquisição da propriedade por usucapião (CC, art. 1.241).[10]

Dessa forma, a ação de usucapião, que é uma ação de procedimento comum, é tão somente declaratória de um direito que se consolidou com o decurso do tempo.

Neste tipo de ação o autor (usucapiente), na sua petição inicial, requererá a citação da pessoa em cujo nome o imóvel estiver registrado e dos vizinhos confinantes. Além disso, deverá requerer a citação de todos os possíveis interessados através de edital. Deverá instruir ainda a petição inicial com todos os documentos que provem o tempo da posse, prova de que a posse foi mansa e pacífica e que a ocupação foi com *animus* de dono.

Deverá também requerer a intimação, por via postal, dos representantes da União, do Estado ou do Distrito Federal, conforme o caso, e do município, para que manifestem eventual interesse na causa.

6.9 Usucapião extrajudicial

É também possível a obtenção do título aquisitivo através da usucapião extrajudicial, isto é, através do tabelião desde que preenchidos todos os requisitos legais, tais como o objeto da usucapião; o tipo de posse; as causas que suspendem ou interrompem a usucapião; o tempo de posse, que varia de acordo com o tipo de usucapião etc.

O procedimento poderá ser requerido perante o Cartório de Registro de Imóveis da comarca onde estiver situado o imóvel. Nesse procedimento a parte deverá estar representada por advogado e deverá instruir seu requerimento com toda a documentação necessária à prova do preenchimento dos requisitos legais.

A Lei nº 13.465, de 11 de Julho de 2017, dentre várias novidades, facilitou a obtenção do título de usucapião pelas vias extrajudiciais ao promover alteração

---

10. CC, Art. 1.241. Poderá o possuidor requerer ao juiz seja declarada adquirida, mediante usucapião, a propriedade imóvel.
    Parágrafo único. A declaração obtida na forma deste artigo constituirá título hábil para o registro no Cartório de Registro de Imóveis.

na redação de incisos e parágrafos do art. 216-A da Lei de Registros Públicos (Lei n° 6.015/73).[11]

7. AQUISIÇÃO PELA TRANSCRIÇÃO NO CRI

É através do registro do título de aquisição da propriedade no Cartório de Registro de Imóveis da circunscrição competente que se opera a transferência da propriedade imóvel.

Vale aqui uma anotação importante: **no direito brasileiro não é o contrato que transfere a propriedade**, mas sim a tradição quando se trata de coisa móvel (CC, art. 1.267)[12] ou o registro do título junto ao Cartório de Registro de Imóveis quando se trata de imóveis (CC, art. 1.245).[13]

O registro é importante como instituto que visa dar garantia jurídica aos negócios envolvendo imóveis e, pela sua importância, cabe destacar os seguintes aspectos:

a) **Quanto ao registro:**

Já mencionamos que pelo nosso direito o contrato por si só não opera a transferência porquanto ele somente gera um direito de crédito. Assim, somente o registro perante o Cartório de Registro de Imóveis é que vai criar o direito real. O registro é a causa determinante da aquisição da propriedade.

b) **Pressuposto para o registro:**

É necessário que haja um título hábil para operar a transferência, cabendo ao oficial do registro de imóveis proceder a este exame sumário, verificando requisitos e formas exigidas por lei (LRP, art. 221).[14]

---

11. Para uma completa compreensão do usucapião extrajudicial e seus requisitos, sugerimos a leitura do retro citado art. 216-A da LRP.
12. CC, Art. 1.267. A propriedade das coisas não se transfere pelos negócios jurídicos antes da tradição.

    Parágrafo único. Subentende-se a tradição quando o transmitente continua a possuir pelo constituto possessório; quando cede ao adquirente o direito à restituição da coisa, que se encontra em poder de terceiro; ou quando o adquirente já está na posse da coisa, por ocasião do negócio jurídico.
13. CC Art. 1.245. transfere-se entre vivos a propriedade mediante o registro do título translativo no Registro de Imóveis.

    § 1° Enquanto não se registrar o título translativo, o alienante continua a ser havido como dono do imóvel.

    § 2° Enquanto não se promover, por meio de ação própria, a decretação de invalidade do registro, e o respectivo cancelamento, o adquirente continua a ser havido como dono do imóvel.
14. LRP, Art. 221 – Somente são admitidos registro:

    I – escrituras públicas, inclusive as lavradas em consulados brasileiros;

Exemplo: se o imóvel for de valor superior a 30 salários-mínimos, a escritura pública é documento indispensável à transferência da propriedade (ver CC, art. 108).

c) **Momento de aquisição da propriedade:**

Considera-se adquirida a propriedade no ato de apresentação da documentação no cartório para registro, ato este chamado de prenotação (CC, art. 1.246).[15]

Atenção: enquanto não for apresentado o título hábil no Cartório de Registro de Imóveis, haverá a presunção de que o imóvel pertence a quem constar como titular naquela serventia extrajudicial (ver CC, art. 1.245, § 1º).

7.1 Importância do registro de imóveis

Inegavelmente o ato registral é da maior importância, tendo em vista que somente o registro é que vai fornecer segurança jurídica para os negócios imobiliários.

II – escritos particulares autorizados em lei, assinados pelas partes e testemunhas, com as firmas reconhecidas, dispensado o reconhecimento quando se tratar de atos praticados por entidades vinculadas ao Sistema Financeiro da Habitação;

III – atos autênticos de países estrangeiros, com força de instrumento público, legalizados e traduzidos na forma da lei, e registrados no cartório do Registro de Títulos e Documentos, assim como sentenças proferidas por tribunais estrangeiros após homologação pelo Supremo Tribunal Federal;

IV – cartas de sentença, formais de partilha, certidões e mandados extraídos de autos de processo.

V – contratos ou termos administrativos, assinados com a União, Estados, Municípios ou o Distrito Federal, no âmbito de programas de regularização fundiária e de programas habitacionais de interesse social, dispensado o reconhecimento de firma.

§ 1º Serão registrados os contratos e termos mencionados no inciso V do caput assinados a rogo com a impressão dactiloscópica do beneficiário, quando este for analfabeto ou não puder assinar, acompanhados da assinatura de 2 (duas) testemunhas.

§ 2º Os contratos ou termos administrativos mencionados no inciso V do caput poderão ser celebrados constando apenas o nome e o número de documento oficial do beneficiário, podendo sua qualificação completa ser efetuada posteriormente, no momento do registro do termo ou contrato, mediante simples requerimento do interessado dirigido ao registro de imóveis.

§ 3º Fica dispensada a apresentação dos títulos previstos nos incisos I a V do caput deste artigo quando se tratar de registro do projeto de regularização fundiária e da Constituição de direito real, sendo o ente público promotor da regularização fundiária urbana responsável pelo fornecimento das informações necessárias ao registro, ficando dispensada a apresentação de título individualizado, nos termos da legislação específica.

§ 4º Quando for requerida a prática de ato com base em título físico que tenha sido registrado, digitalizado ou armazenado, inclusive em outra serventia, será dispensada a reapresentação e bastará referência a ele ou a apresentação de certidão.

15. CC, Art. 1.246. O registro é eficaz desde o momento em que se apresentar o título ao oficial do registro, e este o prenotar no protocolo.

Todo o sistema de registro no Brasil está regulado na Lei nº 6.015/73, chamada de Lei dos Registros Públicos. No tocante ao registro de imóveis, referida lei disciplina a matéria nos arts. 167 a 259, que estabelecem que cada imóvel terá uma **matrícula** (como se fosse um registro de nascimento) e o **registro** (que sucede a matrícula e prova a cadeia sucessória com relação àquele determinado imóvel).

Além disso, todas as alterações afetas ao imóvel serão realizadas mediante **averbação**, que são anotações realizadas à margem do registro e poderão se referir ao nome da rua, à numeração, à edificação ou até mesmo à mudança de estado de seu proprietário.

Atenção: a matrícula é o primeiro registro da propriedade, na vigência da Lei nº 6.015/73 (ver LRP, art. 228).

7.2 Princípios do Direito Registral

Já falamos, mas vale a pena repetir que todos os ramos do direito têm seus princípios específicos. Assim também sucede com o registro de imóveis.

Nesse caso, os princípios gerais da Administração Pública, prevista no artigo 37 do CF, aplica-se ao sistema registral e, dentre outros, podemos destacar os seguintes princípios:

a) **Legalidade:**

Há uma presunção de legalidade porque, se o oficial efetivou o registro, é porque não encontrou nenhum vício. Recebido o título em cartório e feita a sua prenotação, deverá o oficial verificar de sua regularidade: estando tudo certo, deverá proceder ao registro; havendo divergência deverá o oficial suscitar dúvida para que o juiz competente decida a questão, observado o devido processo legal (LRP, art. 198).[16]

---

16. LRP, Art. 198. Se houver exigência a ser satisfeita, ela será indicada pelo oficial por escrito, dentro do prazo previsto no art. 188 desta Lei e de uma só vez, articuladamente, de forma clara e objetiva, com data, identificação e assinatura do oficial ou preposto responsável, para que: (Redação dada pela Lei nº 14.382, de 2022)

    I – (revogado); (Redação dada pela Lei nº 14.382, de 2022)

    II – (revogado); (Redação dada pela Lei nº 14.382, de 2022)

    III – (revogado); (Redação dada pela Lei nº 14.382, de 2022)

    IV – (revogado); (Redação dada pela Lei nº 14.382, de 2022)

    V – o interessado possa satisfazê-la; ou (Incluído pela Lei nº 14.382, de 2022)

    VI – caso não se conforme ou não seja possível cumprir a exigência, o interessado requeira que o título e a declaração de dúvida sejam remetidos ao juízo competente para dirimi-la. (Incluído pela Lei nº 14.382, de 2022)

    § 1º O procedimento da dúvida observará o seguinte: (Incluído pela Lei nº 14.382, de 2022)

b) Publicidade:

Este princípio é extremamente importante, porque ele serve para que todos tomem conhecimento do que pode estar acontecendo com aquela determinada propriedade. Por esse princípio qualquer pessoa pode ter acesso às informações sobre determinado imóvel, bastando para tanto requerer ao cartório competente (LRP, art. 17).[17]

c) Força probante:

Há a presunção de que aquele em cujo nome consta registrada a propriedade é o detentor do direito real. Essa presunção não é absoluta, pois admite prova em contrário. De toda sorte, vale afirmar que os registradores gozam de fé pública e os documentos por eles expedidos gozam de veracidade, que é presumida.

d) Territorialidade:

O imóvel deve ser registrado na circunscrição onde o mesmo se localiza (LRP, art. 169).[18] Isso tem toda uma lógica para assim ser, tendo em vista a facilidade para se averiguar a situação do imóvel.

I – no Protocolo, o oficial anotará, à margem da prenotação, a ocorrência da dúvida; (Incluído pela Lei nº 14.382, de 2022)

II – após certificar a prenotação e a suscitação da dúvida no título, o oficial rubricará todas as suas folhas; (Incluído pela Lei nº 14.382, de 2022)

III – em seguida, o oficial dará ciência dos termos da dúvida ao apresentante, fornecendo escrito, dentro do prazo previsto no art. 188 desta Lei e de uma só vez, articuladamente, de forma clara e objetiva, com data, identificação e assinatura do oficial ou preposto responsável, para que: (Redação dada pela Lei nº 14.382, de 2022)

§ 2º A inobservância do disposto neste artigo ensejará a aplicação das penas previstas no art. 32 da Lei nº 8.935, de 18 de novembro de 1994, nos termos estabelecidos pela Corregedoria Nacional de Justiça do Conselho Nacional de Justiça. (Incluído pela Lei nº 14.382, de 2022)

17. LRP, Art. 17. Qualquer pessoa pode requerer certidão do registro sem informar ao oficial ou ao funcionário o motivo ou interesse do pedido.

§ 1º O acesso ou o envio de informações aos registros públicos, quando realizados por meio da internet, deverão ser assinados com o uso de assinatura avançada ou qualificada de que trata o art. 4º da Lei nº 14.063, de 23 de setembro de 2020, nos termos estabelecidos pela Corregedoria Nacional de Justiça do Conselho Nacional de Justiça. (Incluído pela Lei nº 14.382, de 2022)

§ 2º Ato da Corregedoria Nacional de Justiça do Conselho Nacional de Justiça poderá estabelecer hipóteses de uso de assinatura avançada em atos que envolvam imóveis. (Incluído pela Lei nº 14.382, de 2022).

18. LRP, Art. 169. Todos os atos enumerados no art. 167 desta Lei são obrigatórios e serão efetuados na serventia da situação do imóvel, observado o seguinte: (Redação dada pela Lei nº 14.382, de 2022)

I – as averbações serão efetuadas na matrícula ou à margem do registro a que se referirem, ainda que o imóvel tenha passado a pertencer a outra circunscrição, observado o disposto no inciso I do § 1º e no § 18 do art. 176 desta Lei; (Redação dada pela Lei nº 14.382, de 2022)

II – para o imóvel situado em duas ou mais circunscrições, serão abertas matrículas em ambas as serventias dos registros públicos; e (Redação dada pela Lei nº 14.382, de 2022)

Não fosse assim e desejássemos saber a situação de um determinado imóvel, teríamos que fazer pesquisa em todos os cartórios do Brasil.

Atenção: a escritura pública (de compra e venda, de doação, de usufruto etc.) pode ser realizada em qualquer cartório de Notas.

e) Continuidade:

Por esse princípio somente se admite um registro de título por pessoa sobre determinado imóvel, de sorte a formar uma cadeia sucessória facilmente perceptível, tendo em vista que o alienante de hoje é o proprietário que será sucedido pelo novo adquirente a partir de amanhã (LRP, art. 195).[19] Isso quer dizer que a pessoa que transmite um direito tem que constar do registro como titular desse direito.

Exemplo: vamos supor que Janjão apresentou ao cartório uma escritura que prova que ele comprou um determinado imóvel de Jukalé. vamos ainda supor que Jukalé tenha comprado o referido imóvel de Aly Kathe, mas não tenha promovido a transferência para seu nome. Nesse caso, o cartório vai devolver a escritura para que seja providenciado primeiro o registro da escritura de venda de Aly Kathe para Jukalé, para que este possa então transmitir o imóvel para Janjão.

III – (revogado); (Redação dada pela Lei nº 14.382, de 2022)

IV – aberta matrícula na serventia da situação do imóvel, o oficial comunicará o fato à serventia de origem, para o encerramento, de ofício, da matrícula anterior. (Incluído pela Lei nº 14.382, de 2022)

§ 1º O registro do loteamento e do desmembramento que abranger imóvel localizado em mais de uma circunscrição imobiliária observará o disposto no inciso II do caput deste artigo, e as matrículas das unidades imobiliárias deverão ser abertas na serventia do registro de imóveis da circunscrição em que estiver situada a unidade imobiliária, procedendo-se às averbações remissivas. (Incluído pela Lei nº 14.382, de 2022)

§ 2º As informações relativas às alterações de denominação de logradouro e de numeração predial serão enviadas pelo Município à serventia do registro de imóveis da circunscrição onde estiver situado o imóvel, por meio do Serp, e as informações de alteração de numeração predial poderão ser arquivadas para uso oportuno e a pedido do interessado. (Incluído pela Lei nº 14.382, de 2022)

§ 3º Na hipótese prevista no inciso II do caput deste artigo, as matrículas serão abertas: (Incluído pela Lei nº 14.382, de 2022)

I – com remissões recíprocas; (Incluído pela Lei nº 14.382, de 2022)

II – com a prática dos atos de registro e de averbação apenas no registro de imóveis da circunscrição em que estiver situada a maior área, averbando-se, sem conteúdo financeiro, a circunstância na outra serventia; e (Incluído pela Lei nº 14.382, de 2022)

III – se a área for idêntica em ambas as circunscrições, adotar-se-á o mesmo procedimento e proceder-se-á aos registros e às averbações na serventia de escolha do interessado, averbada a circunstância na outra serventia, sem conteúdo financeiro. (Incluído pela Lei nº 14.382, de 2022)

19. LRP, Art. 195. Se o imóvel não estiver matriculado ou registrado em nome do outorgante, o oficial exigirá a prévia matrícula e o registro do título anterior, qualquer que seja a sua natureza, para manter a continuidade do registro.

f) Prioridade:

Implica dizer que aquele que chegar primeiro com o seu título para registro ou averbação será tido como titular do direito (LRP, art. 191).[20] O princípio da prioridade do registro constitui um dos pilares de nosso sistema registral, significando ele que, em concurso de direitos reais sobre um imóvel, estes se graduam por uma relação de precedência fundada na ordem cronológica de seu aparecimento.

g) Especialidade:

Por esse princípio, o cartório está obrigado a exigir daquele que pretenda realizar qualquer registro que apresente todos os dados que descrevam minuciosamente o imóvel, de sorte a individualizá-lo de forma perfeita (LRP, art. 225).[21]

h) Instância:

O princípio da instância significa, em última análise, que o registrador não pode agir de ofício. Quer dizer, ele só poderá praticar o ato de averbação ou de registro se solicitado pela pessoa interessada, por determinação judicial ou a requerimento do Ministério Público (LRP, art. 13).[22]

---

20. LRP, Art. 191. Prevalecerão, para efeito de prioridade de registro, quando apresentados no mesmo dia, os títulos prenotados no Protocolo sob número de ordem mais baixo, protelando-se o registro dos apresentados posteriormente, pelo prazo correspondente a, pelo menos, um dia útil.

21. LRP, Art. 225. Os tabeliães, escrivães e juizes farão com que, nas escrituras e nos autos judiciais, as partes indiquem, com precisão, os característicos, as confrontações e as localizações dos imóveis, mencionando os nomes dos confrontantes e, ainda, quando se tratar só de terreno, se esse fica do lado par ou do lado ímpar do logradouro, em que quadra e a que distância métrica da edificação ou da esquina mais próxima, exigindo dos interessados certidão do registro imobiliário.

    § 1º As mesmas minúcias, com relação à caracterização do imóvel, devem constar dos instrumentos particulares apresentados em cartório para registro.

    § 2º consideram-se irregulares, para efeito de matrícula, os títulos nos quais a caracterização do imóvel não coincida com a que consta do registro anterior.

    § 3º Nos autos judiciais que versem sobre imóveis rurais, a localização, os limites e as confrontações serão obtidos a partir de memorial descritivo assinado por profissional habilitado e com a devida Anotação de responsabilidade técnica – Art, contendo as coordenadas dos vértices definidores dos limites dos imóveis rurais, georreferenciadas ao sistema Geodésico brasileiro e com precisão posicional a ser fixada pelo INCRA, garantida a isenção de custos financeiros aos proprietários de imóveis rurais cuja somatória da área não exceda a quatro módulos fiscais.

22. LRP, Art. 13. salvo as anotações e as averbações obrigatórias, os atos do registro serão praticados:

    I – por ordem judicial;

    II – a requerimento verbal ou escrito dos interessados;

    III – a requerimento do Ministério Público, quando a lei autorizar.

    § 1º O reconhecimento de firma nas comunicações ao registro civil pode ser exigido pelo respectivo oficial.

    § 2º A emancipação concedida por sentença judicial será anotada às expensas do interessado.

8. AQUISIÇÃO PELA ACESSÃO

É a forma originária de aquisição da propriedade imóvel estabelecida na lei, pela qual tudo o que se incorpora a um determinado bem fica ao proprietário dele pertencendo.

Para isso exigem-se dois requisitos para caracterizar a acessão: a junção de duas coisas que antes estavam separadas; e que uma delas seja acessória em relação à outra.

O Código Civil prevê as seguintes formas de acessão: formação de ilhas; aluvião; avulsão; abandono de álveo; e plantações ou construções (CC, art. 1.248).[23] Vejamos cada uma delas.

a) **Formação de ilhas:**

É a formação que decorre de forças naturais, decorrente do acúmulo de areia e materiais carregados pela correnteza dos rios, podendo também ser formada por movimentos sísmicos. As regras quanto à distribuição das porções aos proprietários fronteiriços far-se-á nos moldes estabelecidos no art. 1.249 e seus incisos.[24]

b) **Aluvião:**

É o acréscimo formado de maneira natural, de forma quase imperceptível, pelo depósito de terra e detritos ao longo das margens dos rios, que fica pertencendo ao proprietário do terreno marginal, sem nenhuma indenização (CC, art. 1.250).[25]

---

23. CC, Art. 1.248. A acessão pode dar-se:

    I – por formação de ilhas;

    II – por aluvião;

    III – por avulsão;

    IV – por abandono de álveo;

    V – por plantações ou construções.

24. CC, Art. 1.249. As ilhas que se formarem em correntes comuns ou particulares pertencem aos proprietários ribeirinhos fronteiros, observadas as regras seguintes:

    I – as que se formarem no meio do rio consideram-se acréscimos sobrevindos aos terrenos ribeirinhos fronteiros de ambas as margens, na proporção de suas testadas, até a linha que dividir o álveo em duas partes iguais;

    II – as que se formarem entre a referida linha e uma das margens consideram-se acréscimos aos terrenos ribeirinhos fronteiros desse mesmo lado;

    III – as que se formarem pelo desdobramento de um novo braço do rio continuam a pertencer aos proprietários dos terrenos à custa dos quais se constituíram.

25. CC, Art. 1.250. Os acréscimos formados, sucessiva e imperceptivelmente, por depósitos e aterros naturais ao longo das margens das correntes, ou pelo desvio das águas destas, pertencem aos donos dos terrenos marginais, sem indenização.

c) Avulsão:

Forma-se pela força súbita e natural que arranca uma parte de um prédio e se faz juntar a outro. O dono do prédio ao qual a porção de terra veio a se juntar adquirirá a propriedade se indenizar o dono originário ou, sem indenização, se transcorrer um ano e ninguém reclamar (CC, art. 1.251).[26]

d) Álveo abandonado:

É o leito seco por onde antes passava um rio, córrego ou riacho. Nesse caso, fica pertencendo aos vizinhos das duas margens na proporção das respectivas testadas. O proprietário das terras por onde agora passa o rio não tem direito de indenização, nos termos do estatuído em lei (CC, art. 1.252).[27]

e) Construções e plantações:

São chamadas de acessões industriais ou artificiais, já que construídas pelo ser humano, fazendo presumir ser do mesmo proprietário do terreno onde se encontrem (CC, art. 1.253).[28]

9. AQUISIÇÃO POR DIREITO HEREDITÁRIO

Embora o atual Código Civil tenha desconsiderado este tipo de aquisição da propriedade imóvel, ousamos considerar que a sucessão hereditária é uma forma específica de aquisição da propriedade imóvel (e também móvel) tendo em vista que a morte do de *cujus* terá como consequência a transmissão imediata de seus bens para os herdeiros, sejam eles legítimos ou testamentários (ver CC, art. 1.784), cujo aperfeiçoamento se dará com o processo de inventário que permitirá aos herdeiros, com o formal de partilha em mãos, promover a transferência dos bens junto aos cartórios e órgãos Públicos competentes.

Parágrafo único. O terreno aluvial, que se formar em frente de prédios de proprietários diferentes, dividir-se-á entre eles, na proporção da testada de cada um sobre a antiga margem.

26. CC, Art. 1.251. Quando, por força natural violenta, uma porção de terra se destacar de um prédio e se juntar a outro, o dono deste adquirirá a propriedade do acréscimo, se indenizar o dono do primeiro ou, sem indenização, se, em um ano, ninguém houver reclamado. Parágrafo único. Recusando-se ao pagamento de indenização, o dono do prédio a que se juntou a porção de terra deverá aquiescer a que se remova a parte acrescida.

27. CC, Art. 1.252. O álveo abandonado de corrente pertence aos proprietários ribeirinhos das duas margens, sem que tenham indenização os donos dos terrenos por onde as águas abrirem novo curso, entendendo-se que os prédios marginais se estendem até o meio do álveo.

28. CC, Art. 1.253. toda construção ou plantação existente em um terreno presume-se feita pelo proprietário e à sua custa, até que se prove o contrário.

É bem provável que o atual legislador não considerou a aquisição decorrente do direito hereditário como uma forma específica de aquisição da propriedade imóvel porque essa forma de aquisição se encaixa dentre aquelas que classificamos como derivadas, tal qual a compra e venda, a doação, a dação em pagamento que, para seu aperfeiçoamento, necessita da transcrição do título no cartório de imóveis competente.

Ou seja, a aquisição da propriedade imóvel decorrente do direito hereditário não deixa de ser uma forma de aquisição pela transcrição do título no cartório competente.

LIÇÃO 9
FORMAS DE AQUISIÇÃO DA PROPRIEDADE MÓVEL

Sumário: I – Notas introdutórias – 1. Bens móveis – II – Usucapião – 2. Conceito de usucapião; 2.1 Aplicação da usucapião aos bens móveis; 2.2 Tipos de usucapião; 2.3 Exemplos práticos; 2.4 Soma das posses – III – Ocupação – 3. Conceito de ocupação; 3.1 Forma de aquisição originária; 3.2 Os tipos de ocupação – IV – Achado de tesouro – 4. Conceito de achado de tesouro; 4.1 Repartição do tesouro; 4.2 Utilidade do instituto – V – Tradição – 5. Conceito de tradição; 5.1 Esclareça-se sobre o contrato; 5.2 Tipos de tradição; 5.3 Traditio a non domino – VI – Especificação – 6. Conceito de especificação; 6.1 A quem fica pertencendo a criação – VII – Confusão – comistão – adjunção – 7. Conceito único para confusão, comistão e adjunção; 7.1 As três espécies; 7.2 Regime jurídico de solução.

I – NOTAS INTRODUTÓRIAS

1. BENS MÓVEIS

Importante relembrar que bens móveis são aqueles que podem se mover por força própria (semoventes) ou mesmo por força alheia, desde que isso não altere sua substância ou sua destinação econômico-social (ver CC, art. 82).

Verifica-se desde logo que na categoria de bens móveis vamos encontrar uma imensa gama de coisas que estão no mercado ou na natureza para a satisfação do ser humano. Assim, todos os produtos que se podem encontrar no mercado de consumo são bens móveis, desde os produtos duráveis (automóveis, geladeiras, televisores etc.) até os não duráveis (roupas, sapatos, produtos alimentícios etc.). Além dos produtos industrializados, são também bens móveis todos os produtos naturais, tanto os produzidos pelo ser humano quanto aqueles que se encontram na natureza.

O Código Civil disciplina seis formas de aquisição da propriedade móvel: usucapião; ocupação; achado de tesouro; tradição; especificação; e, por fim, confusão, comistão e adjunção, conforme veremos a seguir.

II – USUCAPIÃO

2. CONCEITO DE USUCAPIÃO

É uma das formas de aquisição da propriedade das coisas sem dono, que se materializa através da posse continuada, pelo lapso de tempo estabelecido em lei.

Os princípios que norteiam a usucapião das coisas móveis são os mesmos que norteiam a usucapião dos imóveis: há necessidade de um certo lapso de tempo estabelecido em lei; e a posse mansa, pacífica e continuada.

O objetivo do instituto é legitimar o direito de propriedade adquirido pelo decurso de tempo, emprestando juridicidade a situações de fato que se prolongaram no tempo e se consolidaram.

2.1 Aplicação da usucapião aos bens móveis

Em determinadas situações práticas o possuidor é obrigado a comprovar a propriedade do bem móvel, como condição para a venda e transferência daquele bem para outrem.

Nessas circunstâncias, se houver qualquer incerteza com relação ao domínio, o possuidor estará impossibilitado administrativamente de promover a transferência, como, por exemplo, em face de problemas da documentação de um veículo automotor. Nesse caso, a solução é a ação de usucapião visando conferir ao possuidor o título de propriedade.

2.2 Tipos de usucapião

O Código Civil prevê duas espécies de usucapião para as coisas móveis, vejamos quais são elas:

a) **Ordinária:**

Aplicável aos casos em que o possuidor está com a coisa há mais de três anos, contínua e incontestavelmente, possui justo título e a adquiriu de boa-fé (CC, art. 1.260).[1]

---

1. CC, Art. 1.260. Aquele que possuir coisa móvel como sua, contínua e incontestadamente durante três anos, com justo título e boa-fé, adquirir-lhe-á a propriedade.

LIÇÃO 9 • FORMAS DE AQUISIÇÃO DA PROPRIEDADE MÓVEL — 91

b) Extraordinário:

Esta prescinde de justo título e de boa-fé, porém exige um lapso de tempo maior, qual seja, cinco anos (CC, art. 1.261).[2]

2.3 Exemplos práticos

Embora o instituto da usucapião seja mais comum para os bens imóveis, nada obsta seja encontrada essa figura voltada para os bens móveis, tais como:

a) Veículos automotores, navios e aeronaves:

Estes bens têm registros em nome de seus proprietários em órgãos públicos e, embora possam ser vendidos, somente podem ser transferidos administrativamente se seus proprietários assinarem o documento hábil a realizar a transferência da titularidade junto ao órgão público encarregado da fiscalização e controle.

b) Semoventes:

Muitos animais de raça têm *pedigree* e alguns deles são registrados perante associações de criadores, a exemplo dos cavalos de raça que, por sinal, valem muito dinheiro.

Curiosidade: embora atualmente as linhas telefônicas fixas não tenham valor econômico, no passado elas valiam uma pequena fortuna. Se você adquirisse uma linha telefônica de um particular e depois, por qualquer que fosse a razão, ele não pudesse assinar o formulário de transferência da linha para seu nome, a solução era ingressar com ação de usucapião. Essa questão já foi tão importante que mereceu até uma súmula do STJ, a de nº 193, datada de 25-6-1997, que afirma: "O direito de uso de linha telefônica pode ser adquirido por usucapião."

2.4 Soma das posses

O possuidor do bem móvel poderá, para preencher o requisito de tempo necessário à obtenção do reconhecimento da usucapião, unir a sua posse à de seu antecessor, desde que ambas sejam contínuas e pacíficas. Aplicam-se também à usucapião de coisas móveis as mesmas regras quanto à prescrição referente à usucapião ordinária e extraordinária (CC, art. 1.262).[3]

---

2. CC, Art. 1.261. se a posse da coisa móvel se prolongar por cinco anos, produzirá usucapião, independentemente de título ou boa-fé.

3. CC, Art. 1.262. Aplica-se à usucapião das coisas móveis o disposto nos arts. 1.243 e 1.244.

III – OCUPAÇÃO

3. CONCEITO DE OCUPAÇÃO

A ocupação é uma forma de aquisição originária da propriedade móvel que ocorre quando alguém se apropria das coisas sem dono com a intenção de se tornar proprietário delas, sejam aquelas abandonadas, sejam aquelas que nunca tiveram dono, incluindo-se nisso os semoventes.

3.1 Forma de aquisição originária

Esse é o modo de aquisição originária por excelência, que recai sobre as coisas que são de ninguém *(res nullius)* ou sobre as coisas que tinham dono, mas foram abandonadas (res derelicta), nos termos como estatuído no Código Civil (art. 1.263).[4]

Essa era a forma natural de aquisição da propriedade no passado. É só imaginar que a raça humana, nos primórdios, ia se apropriando das coisas que achava na natureza necessárias à sua sobrevivência, e com a apreensão adquiria o domínio.

Por óbvio que atualmente essa forma de aquisição está muito restrita, tendo em vista que tudo que o homem moderno necessita para sua sobrevivência ele encontra no mercado de consumo e muito raramente vai encontrar alguma coisa que lhe possa ser útil e que tenha sido abandonada ou que não tenha dono.

3.2 Os tipos de ocupação

Podemos identificar dois tipos bem característicos de ocupação: a caça e a pesca.

a) **Caça:**

Pertence ao caçador o animal por ele apreendido ou ferido, se lhe for perseguir, mesmo que outrem o tenha apanhado. Pode ocorrer em terras públicas ou particulares com licença do proprietário.

b) **Pesca:**

É do pescador o peixe que ele pescar, arpar, farpar ou perseguir em curso de água, lagos ou mares de domínio público.

---

4. CC, Art. 1.263. Quem se assenhorear de coisa sem dono para logo lhe adquire a propriedade, não sendo essa ocupação defesa por lei.

LIÇÃO 9 • FORMAS DE AQUISIÇÃO DA PROPRIEDADE MÓVEL

Atenção: a descoberta e o achado de tesouro também são formas de ocupação, porém o Código Civil lhes deu tratamento em separado, por isso seguiremos a mesma sistemática.

IV – ACHADO DE TESOURO

4. CONCEITO DE ACHADO DE TESOURO

Podemos conceituar o instituto como sendo o achado de coisa de valor que se encontrava oculta em bem móvel ou imóvel, sem relação jurídica com o titular, não mais se sabendo quem seja o seu proprietário.

4.1 Repartição do tesouro

Se o tesouro for encontrado em propriedade alheia, deverá ser dividido meio a meio entre quem o encontrou e o proprietário do local onde foi encontrado, conforme estabelece nosso Código Civil (CC, art. 1.264).[5] Essa regra também se aplica a achado em terreno do enfiteuta (CC, art. 1.266).[6]

A regra acima só vale se o tesouro for achado por acaso porque, se o achado se deu por encomenda do proprietário do local, ou por pesquisa que ele tenha encomendado, o tesouro será exclusivamente seu (CC, art. 1.265).[7]

4.2 Utilidade do instituto

Podemos dizer que atualmente a utilidade desse instituto é praticamente nenhuma. Talvez no passado tenha tido importância levando em conta que as pessoas enterravam no solo ou escondiam em paredes o dinheiro, joias e pertences de valor para se proteger de saques, roubos ou furtos.

Comumente acontecia de essas pessoas morrerem sem dizer a ninguém sobre o esconderijo e, assim, seus tesouros ficavam perdidos até que alguém os encontrasse. Hoje as pessoas guardam seus valores em cofres, declaram no imposto de renda e seus familiares sabem onde estão os bens que compõem a riqueza de sua família.

---

5. CC, Art. 1.264. O depósito antigo de coisas preciosas, oculto e de cujo dono não haja memória, será dividido por igual entre o proprietário do prédio e o que achar o tesouro casualmente.
6. CC, Art. 1.266. Achando-se em terreno aforado, o tesouro será dividido por igual entre o descobridor e o enfiteuta, ou será deste por inteiro quando ele mesmo seja o descobridor.
7. CC, Art. 1.265. O tesouro pertencerá por inteiro ao proprietário do prédio, se for achado por ele, ou em pesquisa que ordenou, ou por terceiro não autorizado.

V – TRADIÇÃO

5. CONCEITO DE TRADIÇÃO

Tradição é a forma mais usual de aquisição da propriedade móvel e significa a entrega da coisa móvel ao adquirente, com a intenção de lhe transferir o domínio, em razão de um título translativo de propriedade.

5.1 Esclareça-se sobre o contrato

Já dissemos isso, mas vale reafirmar: no direito brasileiro o contrato por si só, tanto no que se refere a imóvel quanto a móvel, não tem o condão de transferir a propriedade, sendo necessário um ato complementar que é a tradição. No caso de bem imóvel, a tradição é representada pela transcrição do título aquisitivo no Cartório de Registro de Imóveis (CC, art. 1.245);[8] já no caso de coisa móvel, a tradição corresponde à entrega física da coisa (CC, art. 1.267, *caput*).[9]

5.2 Tipos de tradição

Tradição significa entregar, ceder, transferir. A tradição que transfere a propriedade é aquela que decorre de um negócio jurídico preexistente que visava alienar a coisa, como, por exemplo, a compra e venda.

É importante fazer esse registro porque existe tradição que não transfere a propriedade, como no caso de locação ou comodato, em que a coisa é entregue ao locatário ou comodatário para que use e depois devolva o bem ao titular.

No direito brasileiro podemos identificar três tipos de tradição, quais sejam:

a) **Real:**

Dizemos que a tradição é real quando ocorre a efetiva entrega do bem pelo alienante ao adquirente, isto é, ocorre a entrega material da coisa.

b) **Simbólica:**

A tradição é simbólica quando, ao invés de entregar a coisa, o alienante realiza um ato tão somente representativo da entrega, tal como na venda de um automóvel quando se entregam as chaves para que o adquirente retire o veículo em outro lugar.

---

8. CC, Art. 1.245. transfere-se entre vivos a propriedade mediante o registro do título translativo no registro de imóveis.

§ 1º Enquanto não se registrar o título translativo, o alienante continua a ser havido como dono do imóvel.

§ 2º Enquanto não se promover, por meio de ação própria, a decretação de invalidade do registro, e o respectivo cancelamento, o adquirente continua a ser havido como dono do imóvel.

9. CC, Art. 1.267. A propriedade das coisas não se transfere pelos negócios jurídicos antes da tradição.

LIÇÃO 9 • FORMAS DE AQUISIÇÃO DA PROPRIEDADE MÓVEL

c) Ficta:

A tradição será ficta quando não há propriamente a entrega da coisa, mas a lei faz presumir ter ocorrido a tradição, nas circunstâncias que exemplificamos abaixo:

Exemplo 1 – constituto possessório: ocorre quando o alienante continua na posse do bem, porém por outro título. Imagine que Jovelino resolveu vender seu Monza 82 e a pessoa que comprou é uma locadora de veículos. Jovelino resolve alugar o Monza enquanto espera a entrega do outro veículo que ele ganhou no consórcio. Veja-se que Jovelino vendeu, mas não entregou, porém a lei faz presumir que houve a tradição (ver CC, art. 1.267, parágrafo único, 1ª parte).

Exemplo 2 – direito de restituição da coisa: nesse caso o titular aliena a coisa que está em mãos de terceiro e, com isso, transfere para o novo titular a posse indireta da coisa e o direito de pedir a restituição da mesma. Isso pode ocorrer envolvendo a venda de coisa que se encontra alugada ou cedida em comodato (ver CC, art. 1.267, parágrafo único, parte intermédia).

Exemplo 3 – *traditio brevi manu*: este tipo de tradição ocorre quando a coisa que está sendo adquirida já se encontrava nas mãos do adquirente em razão de outro título, como no caso de alguém que alugava uma motocicleta e agora resolve comprá-la. Atente-se para o fato de que a coisa já estava com o adquirente na condição de locatário e agora ela continua com ele, porém com outro título, o de proprietário (ver CC, art. 1.267, parágrafo único, parte final).

d) Dispensa da tradição:

Em algumas situações, a pessoa passa a ser titular de uma propriedade (móvel ou imóvel) sem que tenha ocorrido a tradição, como no caso da abertura da sucessão legítima ou pelo casamento com comunhão universal de bens. Em ambos os casos, a pessoa passa a ser titular do direito sem que tenha ocorrido a entrega física da coisa.

5.3 Traditio a non domino

Vale rememorar regra comezinha de direito que diz: **"ninguém pode transferir mais direitos do que os que possui"**. Para que dúvidas não pairem, o Código Civil reafirma esse princípio ao afirmar que a tradição feita por quem não é proprietário não aliena a propriedade (CC, art. 1.268, caput, 1ª parte).[10]

---

10. CC, Art. 1.268. Feita por quem não seja proprietário, a tradição não aliena a propriedade, exceto se a coisa, oferecida ao público, em leilão ou estabelecimento comercial, for transferida em circunstâncias

Porém, como tudo no direito tem exceções, o retrocitado artigo diz em seguida que ainda que feita tradição por quem não é proprietário, mas se a coisa foi oferecida ao público, em leilão ou estabelecimento comercial, considerar-se-á válida a transferência tendo em vista que para o adquirente de boa-fé, assim como para qualquer pessoa, o alienante se afigurava como dono, dadas as circunstâncias (ver CC, art. 1.268, *caput,* parte final).

Nesse caso, o legislador prestigia a boa-fé do terceiro adquirente em detrimento do interesse do legítimo proprietário, tornando válida a tradição. Ao proprietário resta o direito de voltar-se contra o alienante de má-fé para se ver indenizado.

Fez consignar ainda o legislador que, se o alienante vier a adquirir posteriormente a coisa, considera-se realizada a transferência desde o momento em que ocorreu a tradição (ver CC, art. 1.268, § 1º).

No parágrafo segundo do citado artigo, o legislador ainda fez constar algo totalmente desnecessário, pois conforme já afirmamos várias vezes "o negócio nulo é um nada jurídico", logo é óbvio que a propriedade não se transfere pela tradição, quando tiver por título um negócio jurídico nulo (ver CC, art. 1.268, § 2º).

VI – ESPECIFICAÇÃO

6. CONCEITO DE ESPECIFICAÇÃO

É a forma de aquisição da propriedade por transformação de coisa móvel em espécie nova, como fruto do trabalho humano. Quer dizer, trabalhar uma matéria-prima e transformá-la em alguma coisa útil é forma de aquisição da propriedade.

Se a matéria-prima é própria, não há problemas. A questão ganha relevância quando a pessoa trabalha material alheio e consegue transformá-lo em algo útil ou valioso, como o artífice que transforma a pedra em utensílio, o pintor que pinta uma tela ou aquele que transforma o barro em uma escultura.

São exemplos de especificação a escultura em relação à pedra; o trabalho gráfico em relação ao papel; a pintura em relação à tela; o barro em relação ao objeto criado; etc.

---

tais que, ao adquirente de boa-fé, como a qualquer pessoa, o alienante se afigurar dono.

§ 1º se o adquirente estiver de boa-fé e o alienante adquirir depois a propriedade, considera-se realizada a transferência desde o momento em que ocorreu a tradição.

§ 2º Não transfere a propriedade a tradição, quando tiver por título um negócio jurídico nulo.

6.1 A quem fica pertencendo a criação

O Código Civil aponta para três soluções distintas, conforme esteja de boa-fé ou não o especificador, levando-se em conta ainda o valor da mão de obra se comparado ao da matéria-prima. Vejamos:

a) **A matéria-prima utilizada era em parte alheia:**

Nesse caso, se o especificador trabalhou em matéria-prima que em parte era alheia e se não puder voltar à forma anterior, a coisa nova que foi criada será dele. Se puder retornar à forma anterior, restabelece-se a coisa ao *status quo ante* (CC, art. 1.269).[11] No primeiro caso, deverá o especificador indenizar os valores correspondentes ao material utilizado que era alheio; e, no segundo, o retorno da coisa ao estado anterior será realizado à custa dele.

b) **Toda a matéria-prima era alheia:**

Se toda a matéria-prima era alheia e não se puder voltar à forma anterior, teremos que indagar se o especificador agiu de boa-fé ou de má-fé: se estava de boa-fé, a matéria nova será sua integralmente (CC, art. 1.270, *caput*);[12] se estava de má-fé, a obra criada será do dono da matéria-prima (ver CC, art. 1.270, § 1º).

c) **O preço da obra criada é maior do que o da matéria-prima:**

Se o valor da mão de obra for substancialmente maior do que o da matéria-prima utilizada, a obra será do especificador independente de ter agido de má-fé (ver CC, art. 1.270, § 2º). Evidentemente que deverá indenizar o proprietário da matéria-prima não só o material utilizado como também as eventuais perdas e danos (CC, art. 1.271).[13]

---

11. CC, Art. 1.269. Aquele que, trabalhando em matéria-prima em parte alheia, obtiver espécie nova, desta será proprietário, se não se puder restituir à forma anterior.
12. CC, Art. 1.270. se toda a matéria for alheia, e não se puder reduzir à forma precedente, será do especificador de boa-fé a espécie nova.
    § 1º sendo praticável a redução, ou quando impraticável, se a espécie nova se obteve de má-fé, pertencerá ao dono da matéria-prima.
    § 2º Em qualquer caso, inclusive o da pintura em relação à tela, da escultura, escritura e outro qualquer trabalho gráfico em relação à matéria-prima, a espécie nova será do especificador, se o seu valor exceder consideravelmente o da matéria-prima.
13. CC, Art. 1.271. Aos prejudicados, nas hipóteses dos arts. 1.269 e 1.270, se ressarcirá o dano que sofrerem, menos ao especificador de má-fé, no caso do § 1º do artigo antecedente, quando irredutível a especificação.

VII – CONFUSÃO – COMISTÃO – ADJUNÇÃO

7. CONCEITO ÚNICO PARA CONFUSÃO, COMISTÃO E ADJUNÇÃO

São formas de aquisição da propriedade móvel em que as coisas, pertencentes a pessoas diferentes, são confundidas, misturadas ou ajuntadas, de tal sorte que não se possam separá-las.

Vale destacar desde logo: as regras que vamos estudar somente se aplicam se o evento ocorreu de forma acidental, isto é, involuntária, tendo em vista que se foi promovido pelos respectivos proprietários das coisas as regras a serem aplicadas serão as contratuais.

7.1 As três espécies

São três as espécies diferentes de aquisição da propriedade móvel, sendo que em duas delas ocorre efetivamente uma mistura (confusão e comistão), e na outra ocorre a agregação de uma peça a outra da qual não se poderá destacar, sem risco de prejudicar uma ou ambas. Vejamos:

a) **Confusão:**

Estaremos diante do instituto da confusão quando houver mistura de coisas líquidas como, por exemplo, vinagre e óleo ou água e vinho.

Atenção: não confundir com a confusão de direitos (CC, art. 381),[14] pois aqui a confusão é de coisas.

b) **Comistão:**

Já a comistão é a mistura de coisas sólidas tais como a mistura de arroz e feijão ou cimento e cal.

Atenção: houve um erro gráfico na redação do Código Civil e saiu constando "comissão", quando deveria ser "comistão".

c) **Adjunção:**

É a união de coisas, isto é, a justaposição de uma coisa sobre a outra, tornando impossível de serem destacadas sem deterioração de uma ou de outra, ou de ambas. Nesse caso teremos uma coisa principal e a outra acessória.

---

14. CC, Art. 381. Extingue-se a obrigação, desde que na mesma pessoa se confundam as qualidades de credor e devedor.

Exemplos: selo raro colado num álbum; a incrustação de uma pedra preciosa num anel; a montagem de peça acrílica numa estrutura metálica, formando uma escultura etc.

7.2 Regime jurídico de solução

Conforme tenha ocorrido a confusão, comistão ou adjunção, a solução poderá ser diferente, conforme seja o caso. Senão, vejamos.

a) **As coisas podem ser separadas:**

Nesse caso, em se podendo separar as coisas sem deterioração, elas voltam aos seus respectivos donos e o problema está resolvido (CC, art. 1.272).[15]

b) **Não podem ser separadas ou a separação é dispendiosa:**

Nesse caso, formar-se-á um condomínio *pro indiviso* e os donos das matérias-primas serão proprietários da coisa misturada na proporção do valor da matéria-prima original de cada um (ver CC, art. 1.272, § 1º).

c) **Uma coisa é principal em relação à outra:**

Se da adjunção puder ser identificado qual é a coisa principal e qual é a acessória, o dono da principal permanece proprietário dela, agora acrescida da acessória, devendo ele indenizar ao outro proprietário o valor da coisa que foi agregada (ver CC, art. 1.272, § 2º).

Para entender melhor: Mary Juka pintou seu Fiat 147 com a tinta que era do Aly Kathe. Como o Fiat é principal em relação à tinta, Mary Juka continuará dona do Fiat e da tinta que foi a ele agregada, porém deverá indenizar Aly Kathe pelo valor da tinta utilizada.

d) **A mistura resulta de má-fé de um dos donos:**

Se isto ocorreu, a parte que estava de boa-fé poderá escolher entre ficar com a coisa resultante, indenizando a parte que não era sua; ou, renunciar à sua parte exigindo a devida indenização pela sua coisa incorporada (CC, art. 1.273).[16]

---

15. CC, Art. 1.272. As coisas pertencentes a diversos donos, confundidas, misturadas ou adjuntadas sem o consentimento deles, continuam a pertencer-lhes, sendo possível separá-las sem deterioração.

    § 1º Não sendo possível a separação das coisas, ou exigindo dispêndio excessivo, subsiste indiviso o todo, cabendo a cada um dos donos quinhão proporcional ao valor da coisa com que entrou para a mistura ou agregado.

    § 2º se uma das coisas puder considerar-se principal, o dono sê-lo-á do todo, indenizando os outros.

16. CC, Art. 1.273. se a confusão, comissão ou adjunção se operou de má-fé, à outra parte caberá escolher entre adquirir a propriedade do todo, pagando o que não for seu, abatida a indenização que lhe for devida, ou renunciar ao que lhe pertencer, caso em que será indenizado.

e) Da confusão, comistão ou adjunção surgiu coisa nova:

Se da união de matérias de natureza diversa se formar espécie nova, aplicam-se as regras contidas nos arts. 1.272 e 1.273 (CC, art. 1.274).[17]

---

17. CC, Art. 1.274. se da união de matérias de natureza diversa se formar espécie nova, à confusão, comissão ou adjunção aplicam-se as normas dos arts. 1.272 e 1.273.

LIÇÃO 10
PERDA DA PROPRIEDADE

> **Sumário:** 1. Noções introdutórias – 2. Hipótese de perda da propriedade – 3. Bens imóveis vagos.

1. NOÇÕES INTRODUTÓRIAS

O direito de propriedade (móvel ou imóvel) tende à perpetuidade, de sorte que o seu titular somente o perderá, via de regra, por sua própria vontade, isto é, voluntariamente como ocorre com a alienação, a renúncia e o abandono, ou, excepcionalmente, de maneira involuntária por alguma causa natural como o perecimento, ou ainda por decorrência de lei, como é o caso da desapropriação (CC, art. 1.275).[1]

Essas são as causas enumeradas de maneira exemplificativa no Código Civil, tendo em vista a existência de outras causas de perda da propriedade tais como a usucapião, a acessão, a dissolução da sociedade conjugal quando se trata de comunhão universal, por exemplo.

Advirta-se que o não uso por si só não é causa de perda da propriedade, porque pode passar anos sem que o titular faça uso da coisa e ainda assim ela permanecerá sendo dele. Assim, o que faz perder a propriedade não é a prescrição extintiva (não uso pelo proprietário), mas sim a prescrição aquisitiva (uso continuado por terceiro, sem oposição do titular).

---

1. CC, Art. 1.275. Além das causas consideradas neste Código, perde-se a propriedade:
   I – por alienação;
   II – pela renúncia;
   III – por abandono;
   IV – por perecimento da coisa;
   V – por desapropriação.
   Parágrafo único. Nos casos dos incisos I e II, os efeitos da perda da propriedade imóvel serão subordinados ao registro do título transmissivo ou do ato renunciativo no registro de imóveis.

2. HIPÓTESE DE PERDA DA PROPRIEDADE

Conforme vimos acima, o Código Civil enumera algumas causas de perda da propriedade, pouco importando se os bens são móveis ou imóveis.

Vejamos cada uma delas:

a) **Alienação:**

É o meio pelo qual o proprietário, por vontade própria, realiza a transferência de sua propriedade para outrem, através de um negócio jurídico gratuito (doação) ou oneroso (compra e venda, troca ou dação em pagamento).

Atenção: há ainda uma forma de alienação compulsória que ocorre pela arrematação ou adjudicação, que nada mais é do que a perda do bem pelo devedor inadimplente que teve o mesmo penhorado e, de duas, uma: foi praceado e arrematado por terceiro interessado (**arrematação**) ou o próprio credor manifestou interesse em ficar com o bem e o juiz deferiu (**adjudicação**). Em ambos os casos haverá para o devedor a perda da propriedade e o novo adquirente receberá do juízo, conforme for o caso, a carta de adjudicação ou de arrematação, que lhe permitirá transferir a propriedade para seu nome junto ao cartório de imóveis.[2]

b) **Renúncia:**

Ocorre a renúncia quando o titular manifesta sua vontade de forma expressa declarando que abre mão de seu direito sobre a coisa em questão. É, pois um ato unilateral e irrevogável que independe de qualquer outra vontade para se aperfeiçoar.

Atenção: quando a renúncia versar sobre bens imóveis de valor superior a 30 salários-mínimos ou sobre a sucessão aberta, deverá ser realizada

---

2. LRP, Art. 221. somente são admitidos a registro:

I – escrituras públicas, inclusive as lavradas em consulados brasileiros;

II – escritos particulares autorizados em lei, assinados pelas partes e testemunhas, com as firmas reconhecidas, dispensado o reconhecimento quando se tratar de atos praticados por entidades vinculadas ao sistema Financeiro de Habitação;

III – atos autênticos de países estrangeiros, com força de instrumento público, legalizados e traduzidos na forma da lei, e registrados no cartório de registro de títulos e documentos, assim como sentenças proferidas por tribunais estrangeiros após homologação pelo supremo tribunal Federal;

IV – cartas de sentença, formais de partilha, certidões e mandados extraídos de autos de processo.

V – contratos ou termos administrativos, assinados com a União, Estados, Municípios ou o Distrito Federal, no âmbito de programas de regularização fundiária e de programas habitacionais de interesse social, dispensado o reconhecimento de firma.

(omissis)...

por instrumento público (ver CC, art. 108 e art. 1.806). Neste último caso, admite-se seja realizada por termo nos autos do inventário.

c) **Abandono ou derrelição:**

É também ato unilateral que, embora parecido com a renúncia, com ela não deve ser confundido, pois os dois institutos são diferentes. No abandono, o titular abre mão de seu direito sem nenhuma manifestação, simplesmente deixa a coisa de lado; enquanto que a renúncia deve ser expressa.

Atenção: também haverá presunção de abandono, e de modo absoluto, quando, cessados os atos de posse, o proprietário deixar de satisfazer os ônus fiscais incidentes sobre o imóvel (ver CC, art. 1.276, § 2º).

Exemplo: Mary Juka, não querendo mais o imóvel de veraneio da família em Long beach, abandona-o e deixa de pagar os impostos incidentes sobre o mesmo. Conclusão: irá perdê-lo por abandono.

d) **Perecimento da coisa:**

Pode ocorrer de a coisa se deteriorar, vindo a perecer em decorrência, por exemplo, de um incêndio que destrói a edificação ou de fortes chuvas que causem desabamento decorrente da erosão do terreno. É forma involuntária de perda da propriedade que tanto pode ocorrer por forças da natureza quanto por atividade humana.

e) **Desapropriação:**

Este é outro modo involuntário de perda da propriedade, tendo em vista que o interesse público é que vai determinar a intervenção unilateral do Estado na propriedade do particular, mediante a devida e justa indenização em dinheiro (ver CF, art. 5º, XIV). É um modo de transferência compulsória da propriedade do domínio do particular para o domínio de um ente estatal.

Retrocessão: é a obrigação que incumbe ao Poder Público de oferecer o imóvel desapropriado para o ex-proprietário pelo seu preço atual, se o mesmo não for utilizado para obras ou serviços públicos no prazo de 5 (cinco) anos (CC, art. 519).[3] É um tipo de direito de preferência que cabe ao antigo expropriado.

---

3. CC, Art. 519. se a coisa expropriada para fins de necessidade ou utilidade pública, ou por interesse social, não tiver o destino para que se desapropriou, ou não for utilizada em obras ou serviços públicos, caberá ao expropriado direito de preferência, pelo preço atual da coisa.

Atenção: os tribunais têm entendido que, se o ente público der destinação diferente ou mesmo não utilizar o imóvel para os fins que motivaram a desapropriação, e não respeitar o direito de preferência, não cabe ao proprietário reivindicar o imóvel, mas tão somente pleitear judicialmente as perdas e danos.

3. BENS IMÓVEIS VAGOS

Diz o Código Civil que "o imóvel urbano que o proprietário abandonar, com a intenção de não mais o conservar em seu patrimônio, e que se não encontrar na posse de outrem, poderá ser arrecadado, como bem vago, e passar, três anos depois, à propriedade do Município ou à do Distrito Federal, se se achar nas respectivas circunscrições" (CC, art. 1.276).[4]

O mesmo se aplica também aos imóveis rurais que poderão ser arrecadados, como bens vagos, e passar, três anos depois, à propriedade da União, onde quer que eles se localizem (ver CC, art. 1.276, § 1º).

---

4. CC, Art. 1.276. O imóvel urbano que o proprietário abandonar, com a intenção de não mais o conservar em seu patrimônio, e que se não encontrar na posse de outrem, poderá ser arrecadado, como bem vago, e passar, três anos depois, à propriedade do Município ou à do distrito Federal, se se achar nas respectivas circunscrições.

§ 1º O imóvel situado na zona rural, abandonado nas mesmas circunstâncias, poderá ser arrecadado, como bem vago, e passar, três anos depois, à propriedade da União, onde quer que ele se localize.

§ 2º Presumir-se-á de modo absoluto a intenção a que se refere este artigo, quando, cessados os atos de posse, deixar o proprietário de satisfazer os ônus fiscais.

Lição 11
DIREITOS DE VIZINHANÇA E DE CONSTRUIR

Sumário: 1. O direito de vizinhança – 2. Obrigações decorrentes do direito de vizinhança – 3. Características do direito de vizinhança – 4. Uso anormal da propriedade; 4.1 Critérios para identificar o uso anormal; 4.2 Ação à disposição do vizinho prejudicado – 5. Árvores limítrofes – 6. Passagem forçada – 7. Passagem de cabos e tubulações – 8. Destinos das águas – 9. Limites entre prédios e direito de tapagem – 10. Direito de construir; 10.1 A tutela da intimidade; 10.2 As proibições quanto a beirais, paredes divisórias; 10.3 Condomínio de parede-meia; 10.4 Proibição de encostar coisa na parede divisória; 10.5 Obrigação de fazer obras acautelatórias; 10.6 Uso da propriedade vizinha.

1. O DIREITO DE VIZINHANÇA

Já vimos que o direito de propriedade, embora seja o mais amplo dos direitos concedidos ao ser humano, sofre diversas limitações ao seu exercício, tendo em vista o interesse social e a necessidade de conciliar o direito de propriedade com as demais relações do ser humano que vive em sociedade.

Nesse contexto, os direitos de vizinhança se inserem também entre aqueles limitativos do direito de propriedade, tendo em vista condenar o uso nocivo da propriedade bem como por disciplinar as árvores limítrofes, a passagem forçada, os limites entre prédios, o direito de tapagem e o direito de construir.

Quando falamos no direito de vizinhança, estamos nos referindo a um conjunto de normas que têm como maior finalidade harmonizar o convívio social entre os proprietários que são vizinhos, em nome da paz e do sossego de quem vive em comunidades.

As obrigações decorrentes do direito de vizinhança são daquelas chamadas de *propter rem*. Quer dizer, é um tipo de obrigação que adere e é transmitida juntamente com a propriedade. Em síntese, transmitida a propriedade, transmite-se a obrigação incidente sobre ela para o novo adquirente.

Quando falamos em direito de vizinhança as pessoas são levadas a pensar em prédios vizinhos, porém deve ser entendido como estando no mesmo bairro, pois juridicamente vizinhos não significa estar lado a lado, ser contíguo ou limítrofe. Isso fica mais facilmente compreensível se você atentar para os exemplos abaixo.

Exemplo 1: se for instalada uma fábrica que emita gases ou outros poluentes líquidos, numa determinada propriedade, isso irá causar incômodos e transtornos em todo o bairro e não somente aos vizinhos de porta.

Exemplo 2: da mesma forma se alguém utiliza a sua propriedade para atos que atentem contra a moral (instalação de uma casa da "Luz Vermelha", por exemplo). Não há dúvidas de que isso irá causar transtornos em todo o bairro e não somente para o vizinho contíguo.

Exemplo 3: o barulho provocado por um bar, boate ou casa de show acaba por ser um incômodo que atinge, sem importar a distância, toda a vizinhança e não somente os moradores do prédio do lado ou da frente.

2. OBRIGAÇÕES DECORRENTES DO DIREITO DE VIZINHANÇA

Do direito de vizinhança emanam diversas obrigações, todas elas restritivas do poder do proprietário em relação à sua propriedade e, dentre estas, cabe destacar as seguintes:

a) **Obrigações de sujeição:**

São aquelas que obrigam o proprietário a se submeter a um determinado sacrifício, tolerando uma interferência em seu domínio. Dentre elas cabe destacar aquela que obriga a conceder passagem para o dono do prédio encravado (CC, art. 1.285);[1] a que obriga o dono do prédio inferior a dar passagem para as águas do terreno superior (CC, art. 1.288);[2] ou a imposição de permitir ao vizinho que adentre em seu terreno e dele faça

---

1. CC, Art. 1.285. O dono do prédio que não tiver acesso a via pública, nascente ou porto, pode, mediante pagamento de indenização cabal, constranger o vizinho a lhe dar passagem, cujo rumo será judicialmente fixado, se necessário.

§ 1º sofrerá o constrangimento o vizinho cujo imóvel mais natural e facilmente se prestar à passagem.

§ 2º se ocorrer alienação parcial do prédio, de modo que uma das partes perca o acesso a via pública, nascente ou porto, o proprietário da outra deve tolerar a passagem.

§ 3º Aplica-se o disposto no parágrafo antecedente ainda quando, antes da alienação, existia passagem através de imóvel vizinho, não estando o proprietário deste constrangido, depois, a dar uma outra.

2. CC, Art. 1.288. O dono ou o possuidor do prédio inferior é obrigado a receber as águas que correm naturalmente do superior, não podendo realizar obras que embaracem o seu fluxo; porém a condição

LIÇÃO 11 • DIREITOS DE VIZINHANÇA E DE CONSTRUIR **107**

uso, se imprescindível, para a realização de obras ou serviços de manutenção em seu imóvel; ou, ainda, para reaver coisas ou animais que ali se encontrem casualmente (CC, art. 1.313, I e II).[3]

b) **Obrigações de abstenção:**

São regras que determinam proibições de procedimentos ao proprietário ou possuidor no sentido de conter o eventual mau uso da sua propriedade. Assim, deverá se abster de usar a propriedade em atividades que possam prejudicar a saúde, o sossego ou a segurança do vizinho (CC, art. 1.277);[4] ou a proibição de realizar construções que possam poluir ou inutilizar o uso de águas de poço ou nascente alheias, já existentes ao tempo da edificação (CC, art. 1.309),[5] ou ainda não realizar obras e serviços que possam provocar desmoronamento ou deslocamento de terras que comprometam o prédio vizinho (CC, art. 1.311).[6]

3. CARACTERÍSTICAS DO DIREITO DE VIZINHANÇA

A principal característica é que esse é um **direito recíproco**. Quer dizer, o que você não pode fazer, seu vizinho também não poderá. Outra característica é que, sendo uma obrigação de natureza real (embora não seja direito real), isto é, vinculada à coisa, as limitações se aplicam àquele que esteja usando a coisa, pouco importando se a ocupa na condição de proprietário, inquilino ou até mesmo detentor.

---

natural e anterior do prédio inferior não pode ser agravada por obras feitas pelo dono ou possuidor do prédio superior.

3. CC, Art. 1.313. O proprietário ou ocupante do imóvel é obrigado a tolerar que o vizinho entre no prédio, mediante prévio aviso, para:

I – dele temporariamente usar, quando indispensável à reparação, construção, reconstrução ou limpeza de sua casa ou do muro divisório;

II – apoderar-se de coisas suas, inclusive animais que aí se encontrem casualmente.

4. CC, Art. 1.277. O proprietário ou o possuidor de um prédio tem o direito de fazer cessar as interferências prejudiciais à segurança, ao sossego e à saúde dos que o habitam, provocadas pela utilização de propriedade vizinha.

Parágrafo único. Proíbem-se as interferências considerando-se a natureza da utilização, a localização do prédio, atendidas as normas que distribuem as edificações em zonas, e os limites ordinários de tolerância dos moradores da vizinhança.

5. CC, Art. 1.309. são proibidas construções capazes de poluir, ou inutilizar, para uso ordinário, a água do poço, ou nascente alheia, a elas preexistentes.

6. CC, Art. 1.311. Não é permitida a execução de qualquer obra ou serviço suscetível de provocar desmoronamento ou deslocação de terra, ou que comprometa a segurança do prédio vizinho, senão após haverem sido feitas as obras acautelatórias.

Parágrafo único. O proprietário do prédio vizinho tem direito a ressarcimento pelos prejuízos que sofrer, não obstante haverem sido realizadas as obras acautelatórias.

Além das normas de direito privado, previstas no Código Civil, que regulam a matéria, a Administração Pública também edita postura e regulamentos administrativos visando à harmonização dos interesses dos indivíduos e da coletividade.

4. USO ANORMAL DA PROPRIEDADE

Qualquer prejuízo que o vizinho cause ao outro poderá gerar o dever indenizatório, com base na doutrina dos atos ilícitos insculpidos no arts. 186 e 187 c/c art. 927 do Código Civil.

Quando o Código Civil prevê a possibilidade de o vizinho fazer cessar a atividade que lhe seja nociva à segurança, ao sossego e à saúde, implica dizer que a proteção preconizada pela lei diz respeito tanto aos direitos patrimoniais (materiais) quanto aos extrapatrimoniais (morais). Assim, protegem-se os danos eventualmente causados tanto ao prédio vizinho quanto à incolumidade física e psíquica do proprietário ou possuidor do imóvel.

O uso anormal da propriedade pode ser classificado em ilegal, abusivo ou lesivo conforme o caso. Senão, vejamos.

a) **Ilegais:**

São os atos que podem ser enquadrados como ilícitos (CC, arts. 186 e 187) que, tendo gerado um dano (material ou moral), obrigarão o causador a indenizar os prejuízos (CC, art. 927, *caput*).[7] Podemos citar como exemplo, o vizinho que danifica plantações de seu confinante.

b) **Abusivos:**

São atos praticados em desconformidade com o uso normal da propriedade. São atos que podem ser realizados dentro da propriedade, porém com propagação para os vizinhos. Exemplo disso são os barulhos excessivos.

c) **Lesivos:**

São atos praticados dentro da legalidade, mas que causam transtornos ou embaraços ao vizinho, obrigando aqueles que estão no entorno a suportar. Ainda assim, eles poderão exigir, no mínimo, a sua redução ou a eliminação se isso for possível (CC, art. 1.279).[8]

---

7. CC Art. 927. Aquele que, por ato ilícito (arts. 186 e 187), causar dano a outrem, fica obrigado a repará-lo.
8. CC, Art. 1.279. Ainda que por decisão judicial devam ser toleradas as interferências, poderá o vizinho exigir a sua redução, ou eliminação, quando estas se tornarem possíveis.

4.1 Critérios para identificar o uso anormal

O critério de identificação do ato prejudicial deve ser objetivo. Conforme ensina Orlando Gomes, o uso nocivo da propriedade determina-se relativamente, mas não se condiciona à intenção do ato praticado pelo proprietário. O propósito de prejudicar, ou incomodar, pode até não existir e, ainda assim, haver mau uso da propriedade.[9]

Assim, ainda que a norma tenha certa subjetividade, caberá ao juiz, frente ao caso concreto, usar do bom senso e adotar algumas regras objetivas para aferir se, naquelas circunstâncias, existe anormalidade ou não.

Vejamos algumas regras sugeridas pela doutrina.

a) **Anterioridade da instalação:**

É o critério de saber quem chegou primeiro. Se alguém vai morar ao lado de uma fábrica já instalada, não pode querer fazer cessar essa atividade que já era dele conhecida. isso não impede que se possa exigir sejam minimizados os incômodos com a instalação de filtros para fumaça ou a instalação de revestimento acústico para barulhos, por exemplo.

b) **Grau do incômodo causado:**

Deve também o julgador verificar qual o grau de incômodo que o vizinho está causando para aferir se naquelas circunstâncias estaria extrapolando os limites do razoável. Deve ser levado em consideração que é impossível existir uma vizinhança sem que dela decorra algum incômodo. O que deve ser punido é o excesso.

c) **Localização do bairro ou da cidade:**

Saber qual é a finalidade preponderante do bairro onde surgiu o conflito pode também servir de critério para se medir as interferências. Se o bairro é residencial, comercial, industrial ou misto, o grau de tolerância pode variar. Da mesma forma se estiver numa pacata cidade do interior ou na turbulenta capital do Estado (ver CC, art. 1.277, parágrafo único).

d) **Verificar se há interesse público:**

Quando há interesse público envolvido, ainda que a atividade seja nociva, os vizinhos são obrigados a tolerar os incômodos dela decorrentes, tais como a atividade de uma escola cujo barulho incomoda; ou a instalação de um hospital que servirá à comunidade 24 horas por dia. Ressalve-se

---

9. *Direitos reais*, p. 224.

que, conforme o caso, poderá o vizinho exigir a devida indenização ou a redução e até a eventual eliminação das interferências, se isso for possível (ver CC, art. 1.278 c/c art. 1.279).

4.2 Ação à disposição do vizinho prejudicado

Existem duas ações muito próprias que podem ser manejadas preventivamente pelo vizinho que tenha sido eventualmente prejudicado: a ação de dano infecto e a ação de obra nova.

Além dessas, se a obra já foi realizada o prejudicado poderá manejar a ação demolitória para obrigar o vizinho a desfazer a obra realizada em desconformidade com a lei.

Vejamos cada uma delas.

a) **Dano infecto:**

É a ação utilizada para fazer cessar ou reprimir as atitudes nocivas provocadas pelo proprietário ou possuidor do prédio vizinho. Essa ação tem como principal finalidade proteger o proprietário ou possuidor de um determinado imóvel de prejuízo eventual, porém possível ou eminente que pode decorrer de barulho excessivo, criação irregular de animais, armazenamento de produtos nocivos ou perigosos, ameaça de ruína do prédio vizinho, dentre várias outras.

b) **Ação de nunciação de obra nova:**

Esta é uma ação de rito comum, cuja finalidade é impedir a realização de obra nova em imóvel vizinho que possa, de alguma forma, causar prejuízo à sua propriedade, aos fins a que a mesma se destina ou, ainda, às servidões. A finalidade principal dessa ação é embargar a obra.

Atenção: essa ação também pode ser manejada pelo condômino para impedir que o coproprietário realize obra com prejuízo ou alteração da coisa comum; e, também pelo Município, para impedir que o particular construa em desconformidade com a lei, regulamento ou postura.

c) **Ação demolitória:**

A finalidade dessa ação é garantir direitos ao proprietário de um imóvel de poder obrigar seu vizinho a demolir a obra que tenha sido realizada em desconformidade com o que prevê a legislação, cujos vícios sejam insanáveis e que causem prejuízos para os prédios vizinhos. É uma medida de caráter excepcional que somente será concedida quando ficar robustamente provado o perigo de dano efetivo e real.

5. ÁRVORES LIMÍTROFES

Presume-se em condomínio a árvore que estiver plantada na linha divisória entre duas propriedades (CC, art. 1.282).[10] Dessa forma, sendo propriedade comum a árvore, pertencerão a ambos os confrontantes tanto os frutos como o tronco da mesma, de tal sorte que um não poderá arrancá-la sem a autorização do outro.

Em se tratando de árvore cujo tronco esteja na propriedade vizinha e que seus galhos e raízes tenham adentrado na propriedade alheia, pode o dono do terreno invadido cortá-los no limite da divisa dos terrenos (CC, art. 1.283).[11]

Os frutos caídos de forma natural são de propriedade da pessoa em cujo solo eles caíram, se este for de propriedade particular, de acordo com o que prescreve o Código Civil (art. 1.284).[12] Se o terreno vizinho for público, os frutos aí caídos continuam a ser de propriedade do dono da árvore.

6. PASSAGEM FORÇADA

Este instituto visa garantir uma saída para o proprietário de prédio encravado, que se necessário, será realizada mediante intervenção judicial para obrigar o dono do prédio a ceder passagem, mediante a devida e justa indenização (CC, art. 1.285).[13]

Tendo em vista que a esse direito não pode o vizinho resistir, muitos autores dizem que a passagem forçada é uma verdadeira **desapropriação no interesse privado.**

Apesar de o vizinho não poder resistir, cabe-lhe, todavia, discutir onde deverá ser fixado o caminho, tendo em conta que, mesmo sendo fixado judicial-

---

10. CC, Art. 1.282. A árvore, cujo tronco estiver na linha divisória, presume-se pertencer em comum aos donos dos prédios confinantes.
11. CC, Art. 1.283. As raízes e os ramos de árvore, que ultrapassarem a estrema do prédio, poderão ser cortados, até o plano vertical divisório, pelo proprietário do terreno invadido.
12. CC, Art. 1.284. Os frutos caídos de árvore do terreno vizinho pertencem ao dono do solo onde caíram, se este for de propriedade particular.
13. CC, Art. 1.285. O dono do prédio que não tiver acesso a via pública, nascente ou porto, pode, mediante pagamento de indenização cabal, constranger o vizinho a lhe dar passagem, cujo rumo será judicialmente fixado, se necessário.

    § 1º sofrerá o constrangimento o vizinho cujo imóvel mais natural e facilmente se prestar à passagem.

    § 2º se ocorrer alienação parcial do prédio, de modo que uma das partes perca o acesso a via pública, nascente ou porto, o proprietário da outra deve tolerar a passagem.

    § 3º Aplica-se o disposto no parágrafo antecedente ainda quando, antes da alienação, existia passagem através de imóvel vizinho, não estando o proprietário deste constrangido, depois, a dar uma outra.

mente, deverá ser realizado de forma menos prejudicial ao prédio serviente (ver CC, art. 1.285, § 1º).

Cumpre esclarecer que prédio encravado é aquele, urbano ou rural, que não tenha uma saída para via pública, fonte ou porto. Nesse sentido, vale registrar que se o imóvel tem uma saída, mas ela é mais dificultada, por qualquer que seja a razão, isso não autoriza ao proprietário o manejo do direito de passagem, porque esse instituto não visa atender maior comodidade ou melhor conveniência para o vizinho.

Justifica-se o instituto da passagem forçada no fato de que a propriedade imóvel precisa ter uma saída de contato com o mundo, seja para as pessoas transitarem, seja para o escoamento dos bens de produção, seja para o recebimento dos bens de consumo. Sem uma saída que conecte a propriedade ao resto do mundo, podemos afirmar que ela é inútil.

O Código Civil disciplina ainda a possibilidade de o prédio se tornar encravado em face de seu proprietário ter vendido parte do imóvel para outrem e, em razão disso, ter ficado com o restante do terreno sem saída (ver CC, art. 1.285, § 2º).

Nesse caso, não pode pretender que outro vizinho lhe dê passagem, ainda que anteriormente existisse uma passagem (ver CC, art. 1.285, § 3º). Deverá voltar-se somente contra aquele que lhe vendeu parte de seu imóvel para obter o direito à passagem que antes existia.

7. PASSAGEM DE CABOS E TUBULAÇÕES

O proprietário é obrigado a permitir a passagem através de seu imóvel de cabos e tubulações de serviços públicos para servir ao vizinho que não tenha outro meio de receber tais serviços, devendo ser indenizado na proporção da desvalorização ocorrida (CC, art. 1.286),[14] podendo inclusive exigir sejam feitas obras de segurança necessárias à preservação de seu imóvel (CC, art. 1.287).[15]

---

14. CC, Art. 1.286. Mediante recebimento de indenização que atenda, também, à desvalorização da área remanescente, o proprietário é obrigado a tolerar a passagem, através de seu imóvel, de cabos, tubulações e outros condutos subterrâneos de serviços de utilidade pública, em proveito de proprietários vizinhos, quando de outro modo for impossível ou excessivamente onerosa.

    Parágrafo único. O proprietário prejudicado pode exigir que a instalação seja feita de modo menos gravoso ao prédio onerado, bem como, depois, seja removida, à sua custa, para outro local do imóvel.

15. CC, Art. 1.287. se as instalações oferecerem grave risco, será facultado ao proprietário do prédio onerado exigir a realização de obras de segurança.

8. DESTINOS DAS ÁGUAS

Embora o Código Civil estabeleça alguns procedimentos relativos às águas, esse bem indispensável à vida humana na terra, de domínio público e recurso natural por excelência está regulado pelo Decreto nº 24.643/34 (Código de Águas).

Porém, estão disciplinados no Código Civil os aspectos mais importantes que possam envolver os vizinhos em face de problemas oriundos de águas.

Dessa forma, estabelece que o "dono ou o possuidor do prédio inferior é obrigado a receber as águas que correm naturalmente do superior, não podendo realizar obras que embaracem o seu fluxo; porém a condição natural e anterior do prédio inferior não pode ser agravada por obras feitas pelo dono ou possuidor do prédio superior" (CC, art. 1.288).

Nos artigos seguintes o legislador trata das questões voltadas para o uso pacífico da água, prevendo questões atinentes às nascentes, poluição, direito de construção de barragens, canais e até mesmo aquedutos (ver CC, arts. 1.290 a 1.296); vejamos:

a) **Proibição de desvio das águas:**

O proprietário de nascente, ou do solo onde caem águas pluviais, satisfeitas as necessidades de seu consumo, não pode impedir, ou desviar o curso natural das águas remanescentes que abasteçam os vizinhos de prédios inferiores (CC, art. 1.290).[16] Quer dizer, o proprietário pode se servir à vontade, porém não pode desviar as sobras de água.

b) **Poluição das águas:**

O possuidor do imóvel superior não poderá poluir as águas indispensáveis às primeiras necessidades da vida dos possuidores dos imóveis inferiores; se poluir, deverá recuperá-las, ressarcindo os danos que estes sofrerem, se não for possível a recuperação ou o desvio do curso artificial das águas (CC, art. 1291).[17]

c) **Direito de construir obras de represamento e canais:**

O proprietário tem o direito de construir barragens, açudes e outras obras de represamento de água para seu uso, podendo ser responsabilizado

---

16. CC, Art. 1.290. O proprietário de nascente, ou do solo onde caem águas pluviais, satisfeitas as necessidades de seu consumo, não pode impedir, ou desviar o curso natural das águas remanescentes pelos prédios inferiores.

17. CC, Art. 1.291. O possuidor do imóvel superior não poderá poluir as águas indispensáveis às primeiras necessidades da vida dos possuidores dos imóveis inferiores; as demais, que poluir, deverá recuperar, ressarcindo os danos que estes sofrerem, se não for possível a recuperação ou o desvio do curso artificial das águas.

pelos danos eventualmente causados aos outros vizinhos, descontado o eventual benefício obtido (CC, art. 1.292).[18]

d) **Direito ao desvio das águas:**

O interessado poderá construir canais através de prédios alheios, mediante prévia indenização aos proprietários prejudicados, de sorte que possa receber águas a que tenha direito para as necessidades básicas da vida, desde que não cause prejuízos aos serviços da agricultura ou da indústria, escoamento de águas supérfluas ou acumuladas, ou a drenagem de terrenos (CC, art. 1.293, *caput*).[19]

e) **Direito de construir aquedutos:**

O Código Civil também disciplina a utilização de aqueduto ou canalização das águas, mandando aplicar no que couber as normas atinentes à passagem de cabos e tubulação (CC, art. 1.294).[20] Quer dizer, além dos canais mencionados no item anterior, o legislador também fez prever que, se necessário, o vizinho prejudicado possa exigir sejam canalizadas as águas a que o outro tem direito, construindo-se o aqueduto com todas as cautelas de sorte a causar o menor embaraço possível aos prédios pelos quais passe e às expensas de seu dono, a quem cabe também o dever de manutenção e conservação (ver CC, art. 1.293, § 2º e § 3º). O aqueduto deverá ser construído de forma que não impeça aos proprietários cercar seus imóveis ou mesmo construir sobre ele (CC, art. 1.295).[21]

---

18. CC, Art. 1.292. O proprietário tem direito de construir barragens, açudes, ou outras obras para represamento de água em seu prédio; se as águas represadas invadirem prédio alheio, será o seu proprietário indenizado pelo dano sofrido, deduzido o valor do benefício obtido.

19. CC, Art. 1.293. É permitido a quem quer que seja, mediante prévia indenização aos proprietários prejudicados, construir canais, através de prédios alheios, para receber as águas a que tenha direito, prejudicados, construir canais, através de prédios alheios, para receber as águas a que tenha direito, indispensáveis às primeiras necessidades da vida, e, desde que não cause prejuízo considerável à agricultura e à indústria, bem como para o escoamento de águas supérfluas ou acumuladas, ou a drenagem de terrenos.

    § 1º Ao proprietário prejudicado, em tal caso, também assiste direito a ressarcimento pelos danos que de futuro lhe advenham da infiltração ou irrupção das águas, bem como da deterioração das obras destinadas a canalizá-las.

    § 2º O proprietário prejudicado poderá exigir que seja subterrânea a canalização que atravessa áreas edificadas, pátios, hortas, jardins ou quintais.

    § 3º O aqueduto será construído de maneira que cause o menor prejuízo aos proprietários dos imóveis vizinhos, e a expensas do seu dono, a quem incumbem também as despesas de conservação.

20. CC, Art. 1.294. Aplica-se ao direito de aqueduto o disposto nos arts. 1.286 e 1.287.

21. CC, Art. 1.295. O aqueduto não impedirá que os proprietários cerquem os imóveis e construam sobre ele, sem prejuízo para a sua segurança e conservação; os proprietários dos imóveis poderão usar das águas do aqueduto para as primeiras necessidades da vida.

f) Direito de uso das sobras:

Havendo no aqueduto águas supérfluas, outros poderão canalizá-las, mediante pagamento de indenização aos proprietários prejudicados e ao dono do aqueduto, de importância equivalente às despesas que então seriam necessárias para a canalização das águas até o ponto de derivação, tendo preferência nesse direito os proprietários dos imóveis pelos quais passa o aqueduto (CC, art. 1.296).[22]

9. LIMITES ENTRE PRÉDIOS E DIREITO DE TAPAGEM

O proprietário tem o direito de demarcar seu imóvel e de obrigar o vizinho a concorrer com as despesas na proporção do que caiba a cada um (CC, art. 1.297, *caput*).[23] Os marcos de limites entre os prédios vizinhos, sejam realizados por cercas vivas, cercas de arame ou madeira, por valas ou muros, enfim qualquer que seja o marco divisor utilizado, presume-se pertencerem a ambos os confrontantes e as despesas de construção e manutenção devem ser suportadas em partes iguais por ambos os vizinhos (ver CC, art. 1.297, § 1º).

Excetuam-se dessa regra os casos de tapumes especiais que visem impedir a passagem de animais de pequeno porte ou para outro fim.

A construção desses tapumes pode ser exigida de quem provocou a necessidade deles, quando então as despesas obrigarão somente os donos ou detentores dos animais (ver CC, art. 1.297, § 3º).

Feita a demarcação por qualquer que seja a forma, a tapagem pertence aos proprietários confinantes nos termos da lei civil (ver CC, art. 1.297, § 1º). Quer dizer, **forma-se um condomínio** (por imposição legal) e nenhum dos vizinhos isoladamente pode promover alteração sem a anuência do outro (CC, art. 1.314, parágrafo único).[24]

---

22. CC, Art. 1.296. Havendo no aqueduto águas supérfluas, outros poderão canalizá-las, para os fins previstos no art. 1.293, mediante pagamento de indenização aos proprietários prejudicados e ao dono do aqueduto, de importância equivalente às despesas que então seriam necessárias para a condução das águas até o ponto de derivação.

23. CC, Art. 1.297. O proprietário tem direito a cercar, murar, valar ou tapar de qualquer modo o seu prédio, urbano ou rural, e pode constranger o seu confinante a proceder com ele à demarcação entre os dois prédios, a aviventar rumos apagados e a renovar marcos destruídos ou arruinados, repartindo-se proporcionalmente entre os interessados as respectivas despesas.

24. CC, Art. 1.314. cada condômino pode usar da coisa conforme sua destinação, sobre ela exercer todos os direitos compatíveis com a indivisão, reivindicá-la de terceiro, defender a sua posse e alhear a respectiva parte ideal, ou gravá-la.

    Parágrafo único. Nenhum dos condôminos pode alterar a destinação da coisa comum, nem dar posse, uso ou gozo dela a estranhos, sem o consenso dos outros.

Se o vizinho não concordar em fazer amigavelmente a demarcação, o interessado poderá manejar a **ação demarcatória** com a finalidade de constrangê-lo a participar da fixação dos limites e do custeio das despesas (ver CPC, arts. 569 a 587).

10. DIREITO DE CONSTRUIR

O proprietário tem o direito de usar da propriedade como bem lhe aprouver, nele incluído o direito de construir, ocupando a superfície do solo, o subsolo e o espaço aéreo naquilo que lhe for útil e não seja contrário aos limites legalmente estabelecidos (CC, art. 1.299).[25]

Como já exaustivamente falado, nenhum direito é absoluto tendo em vista que outros valores devem ser protegidos. No caso do direito de construir, deverão ser respeitados os interesses privados representados pelos direitos de vizinhança (ver como exemplo o CC, arts. 1.300 e 1.308), bem como os interesses da coletividade que estarão representados pelos regulamentos e posturas administrativas (interesse público).

Tenha-se em mente que as regras que regulam o direito de construir visam garantir, basicamente, o direito à intimidade e à segurança dos vizinhos, além de outros, como veremos a seguir.

Além do Código Civil, diversas outras limitações, urbanísticas ou rurais, estarão disciplinadas em regulamentos administrativos da municipalidade onde se localize a propriedade (plano diretor), podendo impor limitações quanto à altura dos prédios, tamanho máximo da construção, recuos, ocupação etc.

Também o Estado poderá impor outras limitações administrativas quanto ao uso e forma de construções, tendo em vista que lhe compete preservar o meio ambiente e o patrimônio histórico e cultural.

Também os particulares, através de convenções, podem impor limites ao direito de construir como ocorre, por exemplo, em condomínios nos quais o proprietário não pode edificar ou mesmo reformar em desconformidade com as regras estabelecidas na convenção de condomínio.

Advirta-se que no conceito de construção devem ser entendidas as obras de edificação propriamente dita, mas também as reformas, as demolições, o levantamento de muros, as escavações, os aterros etc.

---

25. CC, Art. 1.299. O proprietário pode levantar em seu terreno as construções que lhe aprouver, salvo o direito dos vizinhos e os regulamentos administrativos.

10.1 A tutela da intimidade

Quando o Código Civil determina uma proibição no tocante à abertura de janelas, feitura de eirado, terraço ou varanda a menos de metro e meio do terreno contíguo, está com isso assegurando um mínimo de privacidade para o vizinho (CC, art. 1.301).[26]

Também quando estabelece a distância mínima de três metros de afastamento da construção em relação à linha divisória, quando tratar-se de edificação na zona rural (CC, art. 1.303).[27]

Em ambos os casos o legislador procura garantir um mínimo de privacidade.

Se a obra está sendo realizada desrespeitando essa metragem cabe ao vizinho prejudicado embargar a construção através da ação de nunciação de obra nova.

Se a obra já estiver construída, poderá exigir a demolição com base no estatuído no art. 1.302 do *Civile Codex*, desde que o faça até ano e dia após a conclusão da obra. Advirta-se que esse prazo é decadencial e, não manejada a ação nesse lapso temporal, presume-se que o vizinho anuiu com a construção irregular e agora terá que suportá-la *ad eternum* (CC, art. 1.302).[28]

O direito de intimidade tem perdido espaço frente às necessidades que surgem nos grandes conglomerados urbanos. Os amontoados de residências térreas convivendo com os edifícios de apartamento ou escritórios são exemplos típicos disso.

10.2 As proibições quanto a beirais, paredes divisórias

Diz o Código Civil que "o proprietário construirá de maneira que o seu prédio não despeje águas, diretamente, sobre o prédio vizinho" (art. 1.300).

---

26. CC, Art. 1.301. É defeso abrir janelas, ou fazer eirado, terraço ou varanda, a menos de metro e meio do terreno vizinho.

    § 1º As janelas cuja visão não incida sobre a linha divisória, bem como as perpendiculares, não poderão ser abertas a menos de setenta e cinco centímetros.

    § 2º As disposições deste artigo não abrangem as aberturas para luz ou ventilação, não maiores de dez centímetros de largura sobre vinte de comprimento e construídas a mais de dois metros de altura de cada piso.

27. CC, Art. 1.303. Na zona rural, não será permitido levantar edificações a menos de três metros do terreno vizinho.

28. CC, Art. 1.302. O proprietário pode, no lapso de ano e dia após a conclusão da obra, exigir que se desfaça janela, sacada, terraço ou goteira sobre o seu prédio; escoado o prazo, não poderá, por sua vez, edificar sem atender ao disposto no artigo antecedente, nem impedir, ou dificultar, o escoamento das águas da goteira, com prejuízo para o prédio vizinho.

    Parágrafo único. Em se tratando de vãos, ou aberturas para luz, seja qual for a quantidade, altura e disposição, o vizinho poderá, a todo tempo, levantar a sua edificação, ou contramuro, ainda que lhes vede a claridade.

Significa dizer que o proprietário não poderá estender o beiral do seu telhado até o limite divisório do terreno tendo em vista que o vizinho não é obrigado a receber estas águas de goteiras. Desrespeitada essa norma caberá ao vizinho prejudicado o manejo da ação para exigir o desfazimento da obra irregular (ver CC, art. 1302).

10.3 Condomínio de parede-meia

A nossa legislação civil prevê a possibilidade de o proprietário de um terreno construir utilizando a parede anteriormente construída pelo vizinho confinante.

Nas cidades, vilas e povoados cuja edificação deva obedecer a um determinado alinhamento, o dono de um terreno pode nele edificar, madeirando ou travejando na parede divisória do prédio vizinho, se ela suportar a nova construção; mas terá a obrigação de pagar ao vizinho metade do valor da parede e do chão correspondentes, formando assim um condomínio legal (CC, art. 1.304).[29]

Logicamente que a parede nova somente poderá ser assentada sobre a parede da construção antiga se esta tiver condições de suportar, porque se for madeirada e depois vier a ruir ou causar danos ao proprietário do imóvel antigo, o construtor deverá indenizar, independentemente de culpa.

Situação similar é aquela em que, existindo dois terrenos vagos pertencentes a donos diferentes, se um deles resolver construir primeiro está autorizado a assentar a parede até meia espessura no terreno vizinho sem que, por isso, perca o seu direito de ser indenizado pelo valor de metade dela, se o vizinho nessa parede travejar (CC, art. 1.305).[30]

Contudo, o vizinho não poderá travejar (assentar traves) se a parede divisória não tiver condições de suportar, assim como não poderá fazer alicerce ao pé da parede se isso oferecer risco à construção já existente (ver CC, art. 1.305, parágrafo único).

Em ambos os casos forma-se um **condomínio do tipo legal sobre a parede-meia**, de sorte que qualquer alteração somente poderá ser realizada se

---

29. CC, Art. 1.304. Nas cidades, vilas e povoados cuja edificação estiver adstrita a alinhamento, o dono de um terreno pode nele edificar, madeirando na parede divisória do prédio contíguo, se ela suportar a nova construção; mas terá de embolsar ao vizinho metade do valor da parede e do chão correspondentes.

30. CC, Art. 1.305. O confinante, que primeiro construir, pode assentar a parede divisória até meia espessura no terreno contíguo, sem perder por isso o direito a haver meio valor dela se o vizinho a travejar, caso em que o primeiro fixará a largura e a profundidade do alicerce.

    Parágrafo único. Se a parede divisória pertencer a um dos vizinhos, e não tiver capacidade para ser travejada pelo outro, não poderá este fazer-lhe alicerce ao pé sem prestar caução àquele, pelo risco a que expõe a construção anterior.

LIÇÃO 11 • DIREITOS DE VIZINHANÇA E DE CONSTRUIR | **119**

de comum acordo (CC, art. 1.314),[31] podendo cada condômino utilizá-la até ao meio da espessura, não pondo em risco a segurança ou a separação dos dois prédios, e avisando previamente o outro condômino das obras que ali tenciona fazer; não pode sem consentimento do outro fazer, na parede-meia, armários, ou obras semelhantes, correspondendo a outras, da mesma natureza, já feitas do lado oposto (CC, art. 1.306).[32]

Apesar de formar um condomínio, qualquer dos confinantes pode levantar a altura da parede divisória, se necessário reconstruindo-a ou reforçando-a, para suportar o alteamento; porém, arcará com todas as despesas, inclusive as de conservação, ou com metade, se o vizinho adquirir meação também na parte aumentada (CC, art. 1.307).[33]

10.4 Proibição de encostar coisa na parede divisória

Proíbe o Código Civil que o vizinho encoste na parede-meia chaminés, fogões, fornos ou quaisquer aparelhos ou depósitos suscetíveis de produzir infiltrações ou interferências prejudiciais ao vizinho (CC, art. 1.308).[34]

A proibição tem lógica porque a função principal da parede divisória é demarcar a separação entre os terrenos vizinhos. Qualquer coisa que seja encostada nessa parede pode trazer repercussão negativa no que diz respeito ao sossego e à segurança do vizinho, significando um mau uso da propriedade.

Excetuam-se dessa regra as chaminés ordinárias e os fogões de cozinha, em razão de sua utilidade para aquecer ou para cozer os alimentos da residência familiar vizinha (ver CC, art. 1.308, parágrafo único).

---

31. CC , Art. 1.314. Cada condômino pode usar da coisa conforme sua destinação, sobre ela exercer todos os direitos compatíveis com a indivisão, reivindicá-la de terceiro, defender a sua posse e alhear a respectiva parte ideal, ou gravá-la.
   Parágrafo único. Nenhum dos condôminos pode alterar a destinação da coisa comum, nem dar posse, uso ou gozo dela a estranhos, sem o consenso dos outros.
32. CC , Art. 1.306. O condômino da parede-meia pode utilizá-la até ao meio da espessura, não pondo em risco a segurança ou a separação dos dois prédios, e avisando previamente o outro condômino das obras que ali tenciona fazer; não pode sem consentimento do outro, fazer, na parede-meia, armários, ou obras semelhantes, correspondendo a outras, da mesma natureza, já feitas do lado oposto.
33. CC, Art. 1.307. Qualquer dos confinantes pode altear a parede divisória, se necessário reconstruindo-a, para suportar o alteamento; arcará com todas as despesas, inclusive de conservação, ou com metade, se o vizinho adquirir meação também na parte aumentada.
34. CC, Art. 1.308. Não é lícito encostar à parede divisória chaminés, fogões, fornos ou quaisquer aparelhos ou depósitos suscetíveis de produzir infiltrações ou interferências prejudiciais ao vizinho.
   Parágrafo único. A disposição anterior não abrange as chaminés ordinárias e os fogões de cozinha.

10.5 Obrigação de fazer obras acautelatórias

Ninguém pode construir ou reformar colocando em risco a estabilidade da propriedade vizinha bem como a incolumidade das pessoas que nela habitem, bem como de suas necessidades.

Dessa forma, o Código Civil estabelece algumas proibições visando ao bem--estar do proprietário vizinho, tais como a proibição de construções capazes de poluir, ou inutilizar para uso ordinário, a água do poço ou nascente alheia a elas preexistente (CC, art. 1.309).[35] Também fixa que é proibido fazer escavações ou quaisquer obras que tirem ao poço ou à nascente de outrem a água indispensável às suas necessidades normais (CC, art. 1.310).[36]

Ademais, visando à segurança do prédio vizinho, estabelece ainda que é proibida a execução de qualquer obra ou serviço suscetível de provocar desmoronamento ou deslocação de terra, ou que comprometa a segurança do prédio vizinho, senão após haverem sido feitas as obras acautelatórias, sob pena de ter que indenizar pelos danos eventualmente causados (CC, art. 1.311).[37]

10.6 Uso da propriedade vizinha

Considerando que nas áreas urbanas normalmente existe um adensamento e a ocupação dos espaços territoriais muitas vezes não deixa margem de acesso livre a cada uma das propriedades, o legislador fez prever o direito de acesso pela propriedade vizinha para aquele que, tendo necessidade de fazer algum tipo de obras ou reparo, conservação, construção ou mesmo limpeza em sua casa ou muro divisório, se somente puder ter acesso através da propriedade contígua (CC, art. 1.313)[38]

---

35. CC, Art. 1.309. são proibidas construções capazes de poluir, ou inutilizar, para uso ordinário, a água do poço, ou nascente alheia, a elas preexistentes.
36. CC, Art. 1.310. Não é permitido fazer escavações ou quaisquer obras que tirem ao poço ou à nascente de outrem a água indispensável às suas necessidades normais.
37. CC, Art. 1.311. Não é permitida a execução de qualquer obra ou serviço suscetível de provocar desmoronamento ou deslocação de terra, ou que comprometa a segurança do prédio vizinho, senão após haverem sido feitas as obras acautelatórias.

    Parágrafo único. O proprietário do prédio vizinho tem direito a ressarcimento pelos prejuízos que sofrer, não obstante haverem sido realizadas as obras acautelatórias.
38. CC, Art. 1.313. O proprietário ou ocupante do imóvel é obrigado a tolerar que o vizinho entre no prédio, mediante prévio aviso, para:

    I – dele temporariamente usar, quando indispensável à reparação, construção, reconstrução ou limpeza de sua casa ou do muro divisório;

    II – apoderar-se de coisas suas, inclusive animais que aí se encontrem casualmente.

    § 1º O disposto neste artigo aplica-se aos casos de limpeza ou reparação de esgotos, goteiras, aparelhos higiênicos, poços e nascentes e ao aparo de cerca viva.

Também poderá utilizar desse direito para apoderar-se de coisas suas, inclusive animais que aí se encontrem casualmente, ressalvado o direito à indenização se da intromissão do vizinho restarem danos (ver CC, art. 1.313, §§ 1º e 3º).

---

§ 2º Na hipótese do inciso II, uma vez entregues as coisas buscadas pelo vizinho, poderá ser impedida a sua entrada no imóvel.

§ 3º se do exercício do direito assegurado neste artigo provier dano, terá o prejudicado direito a ressarcimento.

LIÇÃO 12
DO CONDOMÍNIO

Sumário: I – Do condomínio tradicional – 1. Conceito e características do condomínio em geral – 2. Espécies de condomínio; 2.1 Quanto à origem; 2.2 Quanto ao objeto; 2.3 Quanto à divisibilidade; 2.4 Quanto à forma – 3. Direitos dos condôminos – 4. Deveres dos condôminos – 5. Sobre as dívidas do condomínio – 6. Da administração do condomínio – 7. Extinção do condomínio – II – Condomínio edilício – 8. Conceito de condomínio edilício – 9. Características do condomínio edilício – 10. Instituição – 11. Convenção – 12. Extinção do condomínio edilício – 13. Novidades da lei nº 13.465/17; 13.1 O condomínio de lotes – 13.2 O condomínio urbano simples – 14. Do condomínio em multipropriedade.

I – DO CONDOMÍNIO TRADICIONAL

1. CONCEITO E CARACTERÍSTICAS DO CONDOMÍNIO EM GERAL

Condomínio é a propriedade de uma mesma coisa por mais de uma pessoa, cabendo a cada uma delas igual direito, idealmente considerado, sobre o todo e cada uma de suas partes, podendo recair em coisas móveis ou imóveis, divisíveis ou indivisíveis.

Ainda que as partes não sejam proprietárias de quotas iguais, cada um dos consortes pode exercer individualmente seu direito sobre a totalidade da coisa, inclusive defendendo-a e reivindicando-a de quem a injustamente tente possuir (CC, art. 1.314).[1]

Qualitativamente falando, cada condômino age perante terceiros como se fosse o proprietário, podendo exercer o direito de propriedade na sua plenitude.

---

1. CC, Art. 1.314. cada condômino pode usar da coisa conforme sua destinação, sobre ela exercer todos os direitos compatíveis com a indivisão, reivindicá-la de terceiro, defender a sua posse e alhear a respectiva parte ideal, ou gravá-la.

    Parágrafo único. Nenhum dos condôminos pode alterar a destinação da coisa comum, nem dar posse, uso ou gozo dela a estranhos, sem o consenso dos outros.

Já o elemento quantitativo, isto é, a questão relativa à quota-parte de cada um, somente interessa aos próprios condôminos para resolver questões internas como a divisão de frutos e despesas, bem como a repartição dos valores atinente à sua parte no momento da alienação da propriedade comum.

Além disso, cada um dos coproprietários é livre para dar a sua quota-parte em garantia ou mesmo dela dispor. Sendo a coisa indivisível, deverá respeitar o direito de preferência dos demais condôminos (CC, art. 504).[2]

O condomínio cria uma situação jurídica peculiar que é também chamada de comunhão, indivisão ou compropriedade.

2. ESPÉCIES DE CONDOMÍNIO

Com relação às espécies de condomínio, a doutrina classifica as espécies conforme suas peculiaridades; vejamos.

2.1 Quanto à origem

Se tomarmos como referência a sua formação, isto é, a sua origem, o condomínio pode ser das seguintes espécies:

a) **Convencional ou voluntário:**

Que decorre da livre vontade das partes quando, por exemplo, duas ou mais pessoas, por contrato, adquirem uma coisa em comum, para dela usar, gozar e fruir conjuntamente.

b) **incidente ou eventual:**

Quando o condomínio resulta não da vontade das partes envolvidas, mas por decorrência de uma situação jurídica peculiar como ocorre, por exemplo, com a sucessão hereditária, na eventualidade de existir mais de um herdeiro (CC, art. 1.791),[3] e nas doações de uma mesma coisa para

---

2. CC, Art. 504. Não pode um condômino em coisa indivisível vender a sua parte a estranhos, se outro consorte a quiser, tanto por tanto. O condômino, a quem não se der conhecimento da venda, poderá, depositando o preço, haver para si a parte vendida a estranhos, se o requerer no prazo de cento e oitenta dias, sob pena de decadência.

Parágrafo único. Sendo muitos os condôminos, preferirá o que tiver benfeitorias de maior valor e, na falta de benfeitorias, o de quinhão maior. se as partes forem iguais, haverão a parte vendida os comproprietários, que a quiserem, depositando previamente o preço.

3. CC, Art. 1.791. A herança defere-se como um todo unitário, ainda que vários sejam os herdeiros.

Parágrafo único. Até a partilha, o direito dos co-herdeiros, quanto à propriedade e posse da herança, será indivisível, e regular-se-á pelas normas relativas ao condomínio.

mais de uma pessoa (CC, art. 551).[4] Veja-se que nessas situações as pessoas passam a ser coproprietárias da coisa inventariada ou doada, juntamente com outras, não por terem desejado isso, mas por imposição de lei no primeiro caso; e, no segundo, por imposição da vontade do doador.

c) **Legal ou necessário:**

Este se forma em função de uma determinação legal, tem caráter permanente e é indivisível, como no caso de muros, paredes, cercas e valas divisórias (ver CC, arts. 1.327 a 1.330). Também pode ocorrer nos casos de confusão, comistão e adjunção quando não for possível separar as coisas e elas sejam pertencentes a donos diversos (CC, art. 1.272).[5]

2.2 Quanto ao objeto

Quanto ao objeto e os frutos, o condomínio pode ser classificado como:

a) **Universal:**

Será universal quando recair sobre uma universalidade de bens ou de direitos, recaindo o direito de cada condômino sobre a própria coisa e todos os seus frutos e rendimentos, na proporção de suas respectivas quotas.

Exemplo: a participação dos herdeiros no conjunto dos bens e direitos deixados de herança pelo de *cujus*.

b) **Singular:**

Quando recair sobre um determinado bem ou um conjunto de bens, sobre o qual cada condômino tem uma quota-parte definida.

Exemplo: a árvore utilizada como marco divisório entre duas propriedades (CC, art. 1.282).[6]

---

4. CC, Art. 551. salvo declaração em contrário, a doação em comum a mais de uma pessoa entende-se distribuída entre elas por igual.

   Parágrafo único. se os donatários, em tal caso, forem marido e mulher, subsistirá na totalidade a doação para o cônjuge sobrevivo

5. CC, Art. 1.272. As coisas pertencentes a diversos donos, confundidas, misturadas ou adjuntadas sem o consentimento deles, continuam a pertencer-lhes, sendo possível separá-las sem deterioração.

   § 1º Não sendo possível a separação das coisas, ou exigindo dispêndio excessivo, subsiste indiviso o todo, cabendo a cada um dos donos quinhão proporcional ao valor da coisa com que entrou para a mistura ou agregado.

   § 2º se uma das coisas puder considerar-se principal, o dono sê-lo-á do todo, indenizando os outros.

6. CC, Art. 1.282. A árvore, cujo tronco estiver na linha divisória, presume-se pertencer em comum aos donos dos prédios confinantes.

2.3 Quanto à divisibilidade

No que diz respeito à divisibilidade do bem, podemos classificar o condomínio em:

a) *Pro diviso*:

É aquele condomínio em que cada um dos proprietários se instala, cerca e demarca sua área, além de respeitar as áreas dos outros, mas permanece a gleba toda como indivisível por mera conveniência dos condôminos. Nesse caso, a coisa pode ser perfeitamente dividida e entregue a cada um dos coproprietários suas respectivas quotas, para que cada um possa regularizar a propriedade junto ao registro imobiliário. Quer dizer, o condomínio é somente aparente, porque a qualquer momento os condôminos podem pôr fim a essa aparente indivisão.

Consequência: aquele que não mais pretender manter a indivisibilidade poderá provocar os demais condôminos e assim promover a divisão (CC, art. 1.320).[7]

b) *Pro indiviso*:

Este é o verdadeiro condomínio, porque ou a coisa é indivisível propriamente dita ou torna-se indivisível por questões de uso ou de valor econômico. Quer dizer, ainda que uma coisa possa ser dividida, pode ocorrer que seu fracionamento possa alterar suas substâncias ou qualidades, de sorte que é conveniente do ponto de vista econômico e de utilidade mantê-la indivisa. Nesse caso existe uma comunhão de fato e de direito, de sorte a afirmar que os condôminos não têm a posse de determinada parcela da coisa, porque, a um só tempo, tudo é de todos.

Consequência: qualquer um dos condôminos pode adquirir a coisa para si, indenizando os demais na proporção de suas respectivas quotas-parte. Podem também deliberar em vender a coisa comum repartindo os valores entre os interessados e, nesse caso, haverá preferência dos condôminos em relação a estranhos e, entre estes, aquele que tiver realizado as benfeitorias mais valiosas. Se nenhum dos condôminos realizou benfeitorias e participam em partes iguais,

---

7. CC, Art. 1.320. A todo tempo será lícito ao condômino exigir a divisão da coisa comum, respondendo o quinhão de cada um pela sua parte nas despesas da divisão.

§ 1º Podem os condôminos acordar que fique indivisa a coisa comum por prazo não maior de cinco anos, suscetível de prorrogação ulterior.

§ 2º Não poderá exceder de cinco anos a indivisão estabelecida pelo doador ou pelo testador.

§ 3º A requerimento de qualquer interessado e se graves razões o aconselharem, pode o juiz determinar a divisão da coisa comum antes do prazo.

ainda assim terá a preferência, pois a coisa será oferecida a estranhos mediante licitação, porém, antes de ser adjudicada àquele que ofereceu maior lance, deverá ser realizado um concurso entre os condôminos, a fim de que a coisa seja adjudicada ao que melhor lance oferecer, preferindo-se, em condições iguais, o condômino ao estranho (CC, art. 1.322).[8]

2.4   Quanto à forma

Quanto à forma, podemos classificar o condomínio em transitório ou permanente; vejamos:

a) **Transitório:**

Pode ocorrer no condomínio do tipo convencional tendo em vista que, a qualquer momento, pode ser extinto por iniciativa de qualquer dos coproprietários. Pode também ocorrer no eventual, pois a herança cria uma situação de comunhão transitória que se encerrará quando da expedição do formal de partilha.

b) **Permanente:**

É aquele que decorre da imposição de lei, que irá durar pelo tempo em que a situação que o determina existir, tal como ocorre no condomínio por meação de paredes, cercas, muros e valas (CC, art. 1.327).[9]

3.   DIREITOS DOS CONDÔMINOS

Vejamos agora quais são os direitos dos condôminos.

a) **Usar livremente a coisa:**

Cada condomínio, independentemente de sua quota-parte, poderá usar a coisa conforme seja a sua destinação (ver CC, art. 1.314).

---

8. CC, Art. 1.322. Quando a coisa for indivisível, e os consortes não quiserem adjudicá-la a um só, indenizando os outros, será vendida e repartido o apurado, preferindo-se, na venda, em condições iguais de oferta, o condômino ao estranho, e entre os condôminos aquele que tiver na coisa benfeitorias mais valiosas, e, não as havendo, o de quinhão maior.

Parágrafo único. Se nenhum dos condôminos tem benfeitorias na coisa comum e participam todos do condomínio em partes iguais, realizar-se-á licitação entre estranhos e, antes de adjudicada a coisa àquele que ofereceu maior lanço, proceder-se-á à licitação entre os condôminos, a fim de que a coisa seja adjudicada a quem afinal oferecer melhor lanço, preferindo, em condições iguais, o condômino ao estranho.

9. CC, Art. 1.327. O condomínio por meação de paredes, cercas, muros e valas regula-se pelo disposto neste Código (arts. 1.297 e 1.298; 1.304 a 1.307).

b) Alienar ou dar em garantia sua quota-parte:

Cada condômino pode vender, doar ou mesmo dar em pagamento a sua parte ideal, respeitando o direito de preferência dos demais condôminos, bem como poderá oferecer sua parte em garantia, fazendo recair sobre ela, por exemplo, uma hipoteca ou uma caução (ver CC, art. 1.314, *caput*, parte final).

c) Defender a coisa comum:

Cada condômino tem legitimidade para defender a propriedade comum, bem como tem o direito de reivindicá-la de quem quer que a injustamente possua (ver CC, art. 1.314).

d) Defesa da posse:

Qualquer dos condôminos pode promover as ações tendentes a defender a posse comum contra outrem (ver CC, art. 1.314).

e) Direito de regresso:

Se um condômino assumir dívida em proveito da comunhão, responde pessoalmente pelo compromisso perante o credor, mas tem ação regressiva contra os demais condôminos (CC, art. 1.318).[10]

f) Direito de divisão:

É também direito de cada condômino, a todo tempo, exigir a divisão da coisa comum, respondendo o quinhão de cada um pela sua parte nas despesas da divisão (ver CC, art. 1.320).

4. DEVERES DOS CONDÔMINOS

Os condôminos têm diversas obrigações entre si, decorrentes da condição de proprietários da coisa em comum. Vejamos.

a) Concorrer com as despesas comuns:

Essa é uma das principais obrigações e deve ocorrer na proporção das respectivas quotas-partes, tanto no que diz respeito às despesas de conservação quanto às taxas e impostos e, até mesmo, para as despesas de divisão (CC, art. 1.315).[11]

---

10. CC, Art. 1.318. As dívidas contraídas por um dos condôminos em proveito da comunhão, e durante ela, obrigam o contratante; mas terá este ação regressiva contra os demais.

11. CC, Art. 1.315. O condômino é obrigado, na proporção de sua parte, a concorrer para as despesas de conservação ou divisão da coisa, e a suportar os ônus a que estiver sujeita.
    Parágrafo único. Presumem-se iguais as partes ideais dos condôminos.

Atenção: o condômino pode se eximir do pagamento das dívidas, renunciando à sua parte ideal (CC, art. 1.316).[12]

b) **Quanto aos frutos percebidos:**

Cada condômino responde aos demais pelos frutos que perceber da coisa comum, bem como pelos danos que lhe cause (CC, art. 1.319).[13]

c) **Quanto ao uso da coisa:**

Embora cada um dos coproprietários possa usar a coisa comum, não poderá alterar a coisa comum sem consentimento dos demais (ver CC, art. 1.314, parágrafo único).

d) **Uso por terceiros:**

Sem prévio consentimento dos demais, não poderá nenhum dos condôminos dar posse, uso ou gozo da propriedade comum a estranhos (ver CC, art. 1.314, parágrafo único).

5. SOBRE AS DÍVIDAS DO CONDOMÍNIO

Quando o condomínio é *pro diviso*, cada qual assumirá as despesas decorrentes da parte que usa. Já no *pro indiviso*, se a dívida houver sido contraída por todos os condôminos, sem se discriminar a parte de cada um na obrigação, nem se estipular solidariedade, entende-se que cada qual se obrigou proporcionalmente ao seu quinhão na coisa comum (CC, art. 1.317).[14]

Se as dívidas foram contraídas por um dos condôminos em favor da comunhão, ele ficará obrigado por ela perante quem contratou, mas terá direito de regresso contra os demais condôminos na proporção da quota de cada um deles (CC, art. 1.318).[15]

---

12. CC, Art. 1.316. Pode o condômino eximir-se do pagamento das despesas e dívidas, renunciando à parte ideal.

    § 1º se os demais condôminos assumem as despesas e as dívidas, a renúncia lhes aproveita, adquirindo a parte ideal de quem renunciou, na proporção dos pagamentos que fizerem.

    § 2º se não há condômino que faça os pagamentos, a coisa comum será dividida.

13. CC, Art. 1.319. cada condômino responde aos outros pelos frutos que percebeu da coisa e pelo dano que lhe causou

14. CC, Art. 1.317. Quando a dívida houver sido contraída por todos os condôminos, sem se discriminar a parte de cada um na obrigação, nem se estipular solidariedade, entende-se que cada qual se obrigou proporcionalmente ao seu quinhão na coisa comum.

15. CC, Art. 1.318. As dívidas contraídas por um dos condôminos em proveito da comunhão, e durante ela, obrigam o contratante; mas terá este ação regressiva contra os demais.

6. DA ADMINISTRAÇÃO DO CONDOMÍNIO

Os condôminos devem se reunir e por maioria absoluta de votos podem decidir sobre a forma de administração da coisa comum, bem como podem escolher aquele que será o administrador, que poderá inclusive ser pessoa estranha ao condomínio (CC, art. 1.323).[16]

Não havendo deliberação sobre quem deva administrar, presumir-se-á administrador aquele que estiver à frente do negócio, sem oposição dos demais, como se tivesse dos outros condôminos uma procuração tácita (CC, art. 1.324).[17]

Se a maioria deliberar que a coisa deva ser alugada, preferir-se-á o condômino que revele interesse ao invés de pessoa estranha à comunhão (ver CC, art. 1.323, parte final).

Todas as demais deliberações de condomínio serão tomadas por maioria absoluta pelo valor dos quinhões (mais da metade do valor do imóvel). Se houver empate ou não se chegar a um consenso, poder-se-á requerer ao Judiciário a solução do litígio (CC, art. 1.325).[18]

> **Curiosidade**: pode ocorrer de as deliberações serem tomadas apenas por um dos condôminos, bastando para tanto que ele seja proprietário de mais da metade da propriedade condominial. Contra os eventuais desmandos dessa "ditadura", a minoria pode alegar abuso de direito (CC, art. 187).[19]

7. EXTINÇÃO DO CONDOMÍNIO

Quando se trata de condomínio voluntário, a permanência das pessoas ligadas pelo direito comum sobre a propriedade é considerada um estado transitório, que pode ser desfeito pelas seguintes formas:

---

16. CC, Art. 1.323. deliberando a maioria sobre a administração da coisa comum, escolherá o administrador, que poderá ser estranho ao condomínio; resolvendo alugá-la, preferir-se-á, em condições iguais, o condômino ao que não o é.
17. CC, Art. 1.324. O condômino que administrar sem oposição dos outros presume-se representante comum.
18. CC, Art. 1.325. A maioria será calculada pelo valor dos quinhões.
    § 1º As deliberações serão obrigatórias, sendo tomadas por maioria absoluta.
    § 2º Não sendo possível alcançar maioria absoluta, decidirá o juiz, a requerimento de qualquer condômino, ouvidos os outros.
    § 3º Havendo dúvida quanto ao valor do quinhão, será este avaliado judicialmente.
19. CC, Art. 187. também comete ato ilícito o titular de um direito que, ao exercê-lo, excede manifestamente os limites impostos pelo seu fim econômico ou social, pela boa-fé ou pelos bons costumes.

a) **Se a coisa for divisível:**

Pode qualquer condômino exigir a divisão da coisa comum (CC, art. 1.320).[20] Tal processo pode ser amigável ou litigioso.

b) **Se for indivisa:**

Se os consortes não quiserem adjudicá-la, será vendida em hasta pública e cada um receberá sua quota-parte (CC, art. 1.322).[21]

Atenção 1: essas regras não valem para o condomínio edilício, conforme veremos a seguir.

Atenção 2: manda o Código Civil que sejam aplicadas à divisão do condomínio, no que couber, as regras da partilha de herança nos moldes dos arts. 2013 a 2.022 (CC, art. 1.321).[22]

II – CONDOMÍNIO EDILÍCIO[23]

8. CONCEITO DE CONDOMÍNIO EDILÍCIO

É a forma de propriedade privada onde coexistem, de forma orgânica e indissolúvel, a propriedade exclusiva, que recai sobre uma unidade autônoma (apartamento, por exemplo); e a propriedade comum sobre determinadas partes na forma de condomínio (área comum, por exemplo), numa perfeita simbiose.

---

20. CC, Art. 1.320. A todo tempo será lícito ao condômino exigir a divisão da coisa comum, respondendo o quinhão de cada um pela sua parte nas despesas da divisão.

§ 1º Podem os condôminos acordar que fique indivisa a coisa comum por prazo não maior de cinco anos, suscetível de prorrogação ulterior.

§ 2º Não poderá exceder de cinco anos a indivisão estabelecida pelo doador ou pelo testador.

§ 3º A requerimento de qualquer interessado e se graves razões o aconselharem, pode o juiz determinar a divisão da coisa comum antes do prazo.

21. CC, Art. 1.322. Quando a coisa for indivisível, e os consortes não quiserem adjudicá-la a um só, indenizando os outros, será vendida e repartido o apurado, preferindo-se, na venda, em condições iguais de oferta, o condômino ao estranho, e entre os condôminos aquele que tiver na coisa benfeitorias mais valiosas, e, não as havendo, o de quinhão maior.

Parágrafo único. Se nenhum dos condôminos tem benfeitorias na coisa comum e participam todos do condomínio em partes iguais, realizar-se-á licitação entre estranhos e, antes de adjudicada a coisa àquele que ofereceu maior lanço, proceder-se-á à licitação entre os condôminos, a fim de que a coisa seja adjudicada a quem afinal oferecer melhor lanço, preferindo, em condições iguais, o condômino ao estranho.

22. CC, Art. 1.321. Aplicam-se à divisão do condomínio, no que couber, as regras de partilha de herança (arts. 2.013 a 2.022).

23. O Código Civil de 2002 revogou parcialmente a Lei nº 4.591/64, que regulava a matéria. Atenção: as incorporações imobiliárias continuam reguladas por essa lei.

O condomínio edilício é nova denominação do instituto da propriedade de apartamento, escritório, lojas ou sobrelojas construídas em prédios ou edifícios. Encontra-se integralmente regulado no Código Civil, aplicando-se subsidiariamente a Lei nº 4.591/64, que dispõe sobre o condomínio em edificações e as incorporações imobiliárias.

Curiosidade: independente de qualquer imperfeição técnica de linguagem, denomina-se tradicionalmente este condomínio como vertical para diferenciá-lo do condomínio de casas que é chamado de horizontal.

9. CARACTERÍSTICAS DO CONDOMÍNIO EDILÍCIO

As principais características do condomínio edilício vêm insculpidas no art. 1.331 do Código Civil, que são duas; Vejamos:

a) **Partes de uso exclusivo:**

Cada condômino exerce com exclusividade seu direito de propriedade sobre a unidade da qual é titular, seja um apartamento, escritório, salas, lojas, sobrelojas ou garagem, podendo dela dispor ou gravar sem necessidade de dar nenhuma satisfação aos demais condôminos, exceto os abrigos para veículos, que não poderão ser alienados ou alugados a pessoas estranhas ao condomínio, salvo autorização expressa na convenção de condomínio (CC, art. 1.331, § 1º).[24]

b) **Partes que são comuns a todos:**

Neste caso o direito de cada um fica subordinado ao conceito geral de condomínio, tipo indiviso. Integram essa comunhão o solo, a estrutura

---

24. CC, Art. 1.331. Pode haver, em edificações, partes que são propriedade exclusiva, e partes que são propriedade comum dos condôminos.

§ 1º As partes suscetíveis de utilização independente, tais como apartamentos, escritórios, salas, lojas e sobrelojas, com as respectivas frações ideais no solo e nas outras partes comuns, sujeitam-se a propriedade exclusiva, podendo ser alienadas e gravadas livremente por seus proprietários, exceto os abrigos para veículos, que não poderão ser alienados ou alugados a pessoas estranhas ao condomínio, salvo autorização expressa na convenção de condomínio.

§ 2º O solo, a estrutura do prédio, o telhado, a rede geral de distribuição de água, esgoto, gás e eletricidade, a calefação e refrigeração centrais, e as demais partes comuns, inclusive o acesso ao logradouro público, são utilizados em comum pelos condôminos, não podendo ser alienados separadamente, ou divididos.

§ 3º A cada unidade imobiliária caberá, como parte inseparável, uma fração ideal no solo e nas outras partes comuns, que será identificada em forma decimal ou ordinária no instrumento de instituição do condomínio.

§ 4º Nenhuma unidade imobiliária pode ser privada do acesso ao logradouro público.

§ 5º O terraço de cobertura é parte comum, salvo disposição contrária da escritura de Constituição do condomínio do prédio, o telhado, a rede geral de distribuição de água, esgoto, gás e eletricidade, a calefação e refrigeração centrais e as demais partes comuns, inclusive o acesso aos logradouros públicos, que são utilizados em comum pelos condôminos, não podendo ser alienados separadamente ou divididos (ver CC, art. 1.331, § 2º).

Atenção: embora o terraço seja, como regra, parte comum, pode se estabelecer na Constituição do condomínio como parte autônoma, naquilo que é chamado de "apartamento de cobertura" (ver CC, art. 1.331, § 5º).

10. INSTITUIÇÃO

O condomínio edilício para ser criado e regularizado deve ter, obrigatoriamente, a ata que instituiu o condomínio, a convenção e o regulamento interno. Depois deverá ser levado a registro perante o Cartório de Registro de Imóveis da região (CC, art. 1.332).[25]

O condomínio edilício pode ser instituído pelas seguintes formas:

a) **Por ato *inter vivos*:**

Várias pessoas se associam e compram um edifício; vários proprietários de um terreno constroem um edifício; uma pessoa física ou jurídica promove a incorporação de imóveis, constrói um edifício e aliena cada quota a uma pessoa.

b) **Por ato *causa mortis*:**

Este tipo de condomínio pode ser instituído por testamento. Mas também pode decorrer da herança legítima, em face do falecimento do proprietário de um edifício cujos herdeiros terão como herança alguns apartamentos do prédio, formando-se assim uma propriedade coletiva cujo condomínio será instituído pelos vários herdeiros.

11. CONVENÇÃO

É o ato de Constituição do condomínio edilício, devendo esse documento estipular os direitos e deveres de cada condômino, ser subscrito por pelo menos

---

25. CC, Art. 1.332. institui-se o condomínio edilício por ato entre vivos ou testamento, registrado no Cartório de Registro de Imóveis, devendo constar daquele ato, além do disposto em lei especial:

I – a discriminação e individualização das unidades de propriedade exclusiva, estremadas uma das outras e das partes comuns;

II – a determinação da fração ideal atribuída a cada unidade, relativamente ao terreno e partes comuns;

III – o fim a que as unidades se destinam.

dois terços das frações ideais e ser levado a registro no Cartório do Registro de Imóveis para ter validade contra terceiros (CC, art. 1.333).[26]

12. EXTINÇÃO DO CONDOMÍNIO EDILÍCIO

Diferentemente do condomínio tradicional, o condomínio edilício é feito para perpetuar-se no tempo, não sendo possível, via de regra, extingui-lo por convenção, nem pela via judicial.

Pode, porém, ser extinto por motivos casuais, tais como:

a) **Destruição:**

Pode ocorrer que o edifício venha a ser destruído ou ficar condenado à demolição em razão de alguma catástrofe tal como um incêndio, terremoto, inundação etc. (CC, art. 1.357, 1ª parte).[27]

b) **interdição pública:**

Pode também ocorrer que um edifício de condomínio venha a ser interditado pela autoridade pública em razão de questões urbanísticas, de segurança, salubridade ou mesmo por ameaça de ruína.

c) **Desapropriação:**

Pode também ocorrer de o prédio vir a ser desapropriado para atender determinado interesse público, e nesse caso, a indenização será repartida entre os condôminos (CC, art. 1.358).[28]

d) **Confusão:**

Na eventual ocorrência de aquisição de todas as unidades pela mesma pessoa.

---

26. CC, Art. 1.333. A convenção que constitui o condomínio edilício deve ser subscrita pelos titulares de, no mínimo, dois terços das frações ideais e torna-se, desde logo, obrigatória para os titulares de direito sobre as unidades, ou para quantos sobre elas tenham posse ou detenção.

    Parágrafo único. Para ser oponível contra terceiros, a convenção do condomínio deverá ser registrada no Cartório de Registro de Imóveis.

27. CC, Art. 1.357. se a edificação for total ou consideravelmente destruída, ou ameace ruína, os condôminos deliberarão em assembleia sobre a reconstrução, ou venda, por votos que representem metade mais uma das frações ideais.

    § 1º deliberada a reconstrução, poderá o condômino eximir-se do pagamento das despesas respectivas, alienando os seus direitos a outros condôminos, mediante avaliação judicial.

    § 2º realizada a venda, em que se preferirá, em condições iguais de oferta, o condômino ao estranho, será repartido o apurado entre os condôminos, proporcionalmente ao valor das suas unidades imobiliárias.

28. CC, Art. 1.358. se ocorrer desapropriação, a indenização será repartida na proporção a que se refere o § 2º do artigo antecedente.

13. NOVIDADES DA LEI Nº 13.465/17

A Lei nº 13.465/2017 fez uma revolução na questão fundiária no Brasil. Dentre as inúmeras novidades, criou o direito de laje, além de regulamentar o usucapião extrajudicial; o condomínio de lotes; o condomínio urbano simples e o loteamento de acesso controlado.

Até o advento de referida lei, era conhecido no Brasil apenas dois tipos de condomínio, ambos regulados no Código Civil: o tradicional, também chamado de geral, tratado nos arts. 1.314 e ss; e, o edilício, regulamentado a partir do art. 1.331, conforme já vimos nesta lição.

Com a Lei nº 13.465/17, de 11 de julho de 2017 surgiram dois novos tipos de condomínio: o condomínio de lotes (ver CC, art. 1.358-A) e o condomínio urbano simples, que foi disciplinado pelos arts. 61 a 63 da referida lei.

13.1 O condomínio de lotes

O condomínio de lotes está disciplinado no art. 1.358-A[29] do Código Civil e não precisou de muitas regras porque, a bem da verdade, trata-se de um condomínio edilício ainda que não sejam unidades situadas em prédio ou edifício, de sorte que a ele se aplica todas as regras já estudadas referentes ao condomínio edilício.

Essa foi a forma encontrada pelo legislador para criar um mecanismo legal para regularizar os chamados "loteamento fechado irregulares". Veja-se que se o loteamento fechado já é regular, aprovado pela municipalidade e com o devido registro no Cartório de Registro de Imóveis da circunscrição imobiliária competente, obviamente não se aplicam as regras do condomínio de lotes.

13.2 O condomínio urbano simples

Por uma falha legislativa esse tipo de condomínio não foi incorporado ao Código Civil, ficando regulado pela Lei nº 13.465/17 em seus artigos 61 a 63, aplicando-se subsidiariamente o disciplinamento constante do Código Civil para o condomínio edilício (arts. 1.331 a 1.358).

---

29. CC, Art. 1.358-A. Pode haver, em terrenos, partes designadas de lotes que são propriedade exclusiva e partes que são propriedade comum dos condôminos.

§ 1º A fração ideal de cada condômino poderá ser proporcional à área do solo de cada unidade autônoma, ao respectivo potencial construtivo ou a outros critérios indicados no ato de instituição.

§ 2º Aplica-se, no que couber, ao condomínio de lotes o disposto sobre condomínio edilício neste Capítulo, respeitada a legislação urbanística.

§ 3º Para fins de incorporação imobiliária, a implantação de toda a infraestrutura ficará a cargo do empreendedor.

Trata-se de possibilitar a individualização de propriedade quando num mesmo lote de terreno urbano encontrarem-se duas ou mais edificações. Quer dizer, agora existe a possibilidade jurídica de tornar cada uma das construções uma unidade condominial autônoma. É o típico caso da casa construída nos fundos do terreno. Agora a casa da frente pode ter uma matricula e a casa dos fundos outra que assim poderão ser comercializadas uma independente da outra.

Para que dúvidas não pairem o art. 61, *caput*, da lei em comento foi taxativa: "Quando um mesmo imóvel contiver construções de casas ou cômodos, poderá ser instituído, inclusive para fins de Reurb, condomínio urbano simples, respeitados os parâmetros urbanísticos locais, e serão discriminadas, na matrícula, a parte do terreno ocupada pelas edificações, as partes de utilização exclusiva e as áreas que constituem passagem para as vias públicas ou para as unidades entre si".

14. DO CONDOMÍNIO EM MULTIPROPRIEDADE

A recente Lei nº 13.777, de 20 de dezembro de 2018, incorporou ao Código Civil os artigos 1.358-B a 1.358-U para disciplinar, definitivamente, o instituto da multipropriedade imobiliária.

O instituto já era conhecido na vida prática brasileira e diversos autores escreveram sobre o tema merecendo destaque o conceito que o mestre Gustavo Tepedino, já nos idos de 1993, utilizava e definia a multipropriedade como sendo "relação jurídica de aproveitamento econômico de uma coisa móvel ou imóvel, repartida em unidades fixas de tempo, de modo que diversos titulares possam, cada qual a seu turno, utilizar-se da coisa com exclusividade e de maneira perpétua".[30]

Muito já se falou desse instituto que é popularmente conhecido pela expressão em inglês de "time sharing" (tempo compartilhado), muito utilizado para compartilhamento de propriedades em áreas turísticas, especialmente resorts.

Por oportuno cabe destacar que o Superior Tribunal de Justiça (STJ) já teve oportunidade de apreciar a questão e reconheceu como direito real em julgado ocorrido em 2016.[31]

Nos termos como consta do Código Civil a "multipropriedade é o regime de condomínio em que cada um dos proprietários de um mesmo imóvel é titular de uma fração de tempo, à qual corresponde a faculdade de uso e gozo, com exclusividade, da totalidade do imóvel, a ser exercida pelos proprietários de forma alternada" (ver CC, art. 1.358-C).

---

30. Multipropriedade imobiliária. São Paulo: Saraiva, 1993, p. 1.
31. STJ, REsp 1.546.165, rel. Min. João Otávio de Noronha, 3ª Turma, j. 24.6.2016.

LIÇÃO 13
DA PROPRIEDADE RESOLÚVEL
E DA PROPRIEDADE FIDUCIÁRIA

Sumário: I – Da propriedade resolúvel – 1. Propriedade resolúvel – 2. Resolução pelo implemento da condição ou advento do termo – 3. Resolução por causa superveniente – II – Da propriedade fiduciária – 4. Conceito de propriedade fiduciária – 5. É uma propriedade resolúvel – 6. Características.

I – DA PROPRIEDADE RESOLÚVEL

1. PROPRIEDADE RESOLÚVEL

Dizemos que a propriedade é resolúvel quando as partes celebram o negócio jurídico e inserem no título de aquisição uma cláusula subordinando a sua eficácia a uma condição resolutiva ou mesmo ao advento de um termo.

Veja-se que nesse caso a propriedade não é absoluta, ficando subordinada à realização da condição ou ao advento do termo extintivo como no caso do direito de superfície, por exemplo (CC, art. 1.369).[1]

2. RESOLUÇÃO PELO IMPLEMENTO DA CONDIÇÃO OU ADVENTO DO TERMO

Se no título aquisitivo consta alguma condição ou termo condicionando a eficácia do negócio à sua eventual ocorrência, o novo adquirente não poderá

---

1. CC, Art. 1.369. O proprietário pode conceder a outrem o direito de construir ou de plantar em seu terreno, por tempo determinado, mediante escritura pública devidamente registrada no Cartório de Registro de Imóveis.
Parágrafo único. O direito de superfície não autoriza obra no subsolo, salvo se for inerente ao objeto da concessão.

alegar que foi prejudicado na eventualidade de perda da propriedade, tendo em vista que, de duas, uma: ou foi negligente ou assumiu o risco.

Nesse caso, a resolução se opera *ex tunc*, isto é, sua eficácia retroage e os efeitos que foram gerados durante a pendência da causa resolutiva ou do termo serão como se nunca tivessem existido.

São exemplos de propriedade resolúvel:

a) **Retrovenda:**

Se alguém adquirir imóvel que foi alienado ao antecessor com o pacto de retrovenda, antes de três anos não poderá se opor se o primeiro alienante resolver reclamar seu direito de retrato (CC, art. 505).[2]

Exemplo: Mary Ana tem um imóvel no Jardim Robru e está necessitando de dinheiro urgente. Resolve vender o imóvel, mas pretende tê-lo de volta tão logo sua situação financeira melhore. Dessa forma, vende o imóvel para Amâncio Pinto, coloca a cláusula de retrovenda no contrato e assim terá o prazo de três anos para comprar o imóvel de volta pelo mesmo valor. Se Amâncio Pinto resolver vender o imóvel para terceiro antes de esgotado o prazo de três anos, este terceiro estará correndo o risco de perder a propriedade se Mary Ana resolver exercer seu direito de retrato.

Atenção: naturalmente, tal contrato deverá estar averbado junto à matrícula do imóvel junto ao Cartório de Registro de Imóveis para ter efeito *erga omnes*.

b) **Venda de quota-parte de condomínio a estranho:**

Não pode o condômino de coisa indivisa alienar sua quota-parte sem antes oferecer, tanto por tanto, sua quota aos demais condôminos. Se assim o fez, o novo adquirente poderá vir a perder a propriedade porque qualquer um dos condôminos preteridos pode resolver fazer uso de seu direito de preferência, no prazo de seis meses e, se assim o fizer, resolver-se-á a propriedade do estranho ao condomínio (CC, art. 504).[3]

---

2. CC, Art. 505. O vendedor de coisa imóvel pode reservar-se o direito de recobrá-la no prazo máximo de decadência de três anos, restituindo o preço recebido e reembolsando as despesas do comprador, inclusive as que, durante o período de resgate, se efetuaram com a sua autorização escrita, ou para a realização de benfeitorias necessárias.

3. CC, Art. 504. Não pode um condômino em coisa indivisível vender a sua parte a estranhos, se outro consorte a quiser, tanto por tanto. O condômino, a quem não se der conhecimento da venda, poderá, depositando o preço, haver para si a parte vendida a estranhos, se o requerer no prazo de cento e oitenta dias, sob pena de decadência.

Parágrafo único. Sendo muitos os condôminos, preferirá o que tiver benfeitorias de maior valor e, na falta de benfeitorias, o de quinhão maior. Se as partes forem iguais, haverão a parte vendida os comproprietários, que a quiserem, depositando previamente o preço.

c) Retorno ou reversão da doação:

Na doação com cláusula de reversão, se o doador sobreviver ao donatário, os bens retornam ao patrimônio do doador. Nesse caso, se o donatário vender o bem e falecer antes do doador, o adquirente da propriedade irá perdê-la para o antigo doador (CC, art. 547).[4]

d) Fideicomisso:

O testador (fideicomitente) pode impor uma cláusula testamentária pela qual a propriedade da herança que ele vai deixar passe para as mãos de determinada pessoa (fiduciário) para depois ser transmitida a outra determinada pessoa (fideicomissário) nas condições que estabelecer. Nesse caso, a propriedade da primeira é resolúvel, tendo em vista que, verificando-se o termo (morte ou vencimento do prazo), resolver-se-á a propriedade com a transmissão ao fideicomissário (CC, art. 1.951).[5]

Exemplo: Juka bill está muito doente e um dos seus filhos, o Juvêncio, é viciado em sexo, drogas e *rock and roll*. No testamento, Juka institui o fideicomisso em favor do tio Karl, visando com isso evitar que seu filho transforme tudo em pó, estabelecendo o termo final "quando o filho se formar em direito". Juka (fideicomitente) falece, a propriedade é transferida ao Karl (fiduciário), que a entregará a Juvêncio quando este se formar na faculdade de direito. Se Karl vender a propriedade, o adquirente poderá perdê-la se Juvêncio se formar e reivindicar a mesma.

e) Venda a contento ou sujeito à prova:

Este também é um tipo de propriedade resolúvel porque o comprador pode inserir a cláusula de venda a contento, com determinado prazo de resolução. Nesse período, se ele não gostar, devolverá a propriedade resolvendo o contrato (CC, art. 509).[6]

---

4. CC, Art. 547. O doador pode estipular que os bens doados voltem ao seu patrimônio, se sobreviver ao donatário.
   Parágrafo único. Não prevalece cláusula de reversão em favor de terceiro.
5. CC, Art. 1.951. Pode o testador instituir herdeiros ou legatários, estabelecendo que, por ocasião de sua morte, a herança ou o legado se transmita ao fiduciário, resolvendo-se o direito deste, por sua morte, a certo tempo ou sob certa condição, em favor de outrem, que se qualifica de fideicomissário.
6. CC, Art. 509. A venda feita a contento do comprador entende-se realizada sob condição suspensiva, ainda que a coisa lhe tenha sido entregue; e não se reputará perfeita, enquanto o adquirente não manifestar seu agrado.

3. RESOLUÇÃO POR CAUSA SUPERVENIENTE

O Código Civil também disciplina a resolução da propriedade por causa superveniente ao estabelecer que, se a propriedade se resolver por outra causa superveniente, o possuidor, que a tiver adquirido por título anterior à sua resolução, será considerado proprietário perfeito, restando à pessoa, em cujo benefício houve a resolução, ação contra aquele cuja propriedade se resolveu para haver a própria coisa ou o seu valor (CC, art. 1.360).[7]

> **Exemplo**: vamos imaginar que alguém recebeu como doação uma propriedade e depois a vendeu a um terceiro. Depois da venda, o doador resolve revogar a doação por ingratidão do donatário (CC, art. 557).[8]

Nesse caso, ainda que a ingratidão seja efetivamente reconhecida e a doação seja revogada, isso não prejudicará o direito do adquirente porque a causa é superveniente e ele não podia prevê-la.[9]

II – DA PROPRIEDADE FIDUCIÁRIA

4. CONCEITO DE PROPRIEDADE FIDUCIÁRIA

É o contrato pelo qual alguém, necessitando de um bem móvel ou imóvel, procura uma financeira que irá financiar essa aquisição, cuja posse direta do bem alienado fiduciariamente passará às mãos do adquirente (fiduciante) que a poderá usar, ficando a posse indireta e o domínio como garantia do agente financeiro (fiduciário).

Nesse caso, embora no título de propriedade conste o nome do devedor, ele não tem a propriedade plena da coisa, tendo em vista que dela poderá usar e gozar, mas não poderá dispor, pois a propriedade plena está condicionada

---

7. CC, Art. 1.360. se a propriedade se resolver por outra causa superveniente, o possuidor, que a tiver adquirido por título anterior à sua resolução, será considerado proprietário perfeito, restando à pessoa, em cujo benefício houve a resolução, ação contra aquele cuja propriedade se resolveu para haver a própria coisa ou o seu valor.
8. CC, Art. 557. Podem ser revogadas por ingratidão as doações:
   I – se o donatário atentou contra a vida do doador ou cometeu crime de homicídio doloso contra ele;
   II – se cometeu contra ele ofensa física;
   III– se o injuriou gravemente ou o caluniou;
   IV – se, podendo ministrá-los, recusou ao doador os alimentos de que este necessitava.
9. Carlos Roberto Gonçalves. Direito civil, v. 5, p. 435.

LIÇÃO 13 • DA PROPRIEDADE RESOLÚVEL E DA PROPRIEDADE FIDUCIÁRIA

ao cumprimento integral do contrato, quando então o proprietário fiduciário retirará a restrição e o adquirente fiduciante terá a propriedade plena da coisa.[10]

5. É UMA PROPRIEDADE RESOLÚVEL

A alienação fiduciária é também uma forma de propriedade resolúvel qualquer que seja o ângulo por que se analise o contrato, senão vejamos.

O domínio do credor é resolúvel tendo em vista que o adquirente terá a propriedade plena da coisa, independentemente de nova declaração, bastando para isso o pagamento integral das prestações assumidas (condição resolutiva).

Da mesma forma, no caso de o adquirente não adimplir regularmente as prestações, o credor poderá considerar todas as demais prestações vencidas antecipadamente e ajuizar a ação de busca e apreensão para retomada do bem, que ensejará ao vendedor fiduciário a consolidação da propriedade plena da coisa, sem a necessidade de nenhuma formalidade adicional.

Cinco dias depois da execução da medida liminar de reintegração de posse, consolidar-se-á a propriedade e a posse plena e exclusiva do bem no patrimônio do credor fiduciário, cabendo às repartições competentes, quando for o caso, expedir novo certificado de registro de propriedade em nome do credor, ou de terceiro por ele indicado, livre do ônus da propriedade fiduciária (ver Decreto-Lei nº 911/69, art. 3º, § 1º).

Por uma questão de lógica e coerência, o devedor fiduciante poderá, no prazo da contestação (15 dias), pagar a integralidade da dívida pendente, segundo os valores apresentados pelo credor fiduciário na inicial, hipótese na qual o bem lhe será restituído totalmente livre de ônus (ver Decreto-Lei nº 911/69, art. 3º, §§ 2º e 3º).

6. CARACTERÍSTICAS

A alienação fiduciária apresenta as seguintes características:

a) **Objeto do negócio:**

A alienação fiduciária **pode recair tanto sobre coisa móvel quanto imóvel.** Se sobre coisa móvel, exige-se que a mesma seja infungível (art. 1.361).[11]

---

10. Ver leis especiais: sobre coisa móvel (Dec.-lei nº 911/69) e para coisas imóveis (Lei nº 9.514/97).
11. CC, Art. 1.361. Considera-se fiduciária a propriedade resolúvel de coisa móvel infungível que o devedor, com escopo de garantia, transfere ao credor.

Atenção: o Código Civil disciplina apenas a alienação fiduciária de bens móveis, mas existe também a alienação fiduciária de bens imóveis que é regulado pela Lei nº 9.514/97.

b) Negócio solene:

É negócio formal porque deverá ser realizado por instrumento público ou particular e solene porque o contrato deverá ser registrado no Cartório de Títulos e Documentos (quando se tratar de móveis) ou Cartório de Registro de Imóveis (para o caso de imóveis) e, se recair sobre veículos, deverá ainda ser anotado junto ao certificado no Detran para com isso evitar a transferência (ver CC, art. 1.361, § 1º).

Atenção: o contrato também deverá conter, por imposição legal, o total da dívida ou sua estimativa; o prazo ou a época de pagamento; a taxa de juros; e a descrição da coisa com elementos suficientes à sua perfeita identificação (CC, art. 1.362).[12]

c) Quanto à posse:

Nesse caso, ocorre o desdobramento da posse, pois o devedor passa a ter a posse direta do bem, enquanto o credor fiduciário terá a posse indireta (ver CC, art. 1.361, § 2º).

d) Posição do adquirente:

Enquanto não quitar todo o débito garantido, o **adquirente cumprirá a função de depositário** e, embora possa usar a coisa livremente, deverá empregar toda a diligência na guarda e conservação da coisa e, se não for paga a dívida, entregá-la ao credor (CC, art. 1.363).[13]

---

§ 1º constitui-se a propriedade fiduciária com o registro do contrato, celebrado por instrumento público ou particular, que lhe serve de título, no Registro de Títulos e Documentos do domicílio do devedor, ou, em se tratando de veículos, na repartição competente para o licenciamento, fazendo-se a anotação no certificado de registro.

§ 2º com a Constituição da propriedade fiduciária, dá-se o desdobramento da posse, tornando-se o devedor possuidor direto da coisa.

§ 3º A propriedade superveniente, adquirida pelo devedor, torna eficaz, desde o arquivamento, a transferência da propriedade fiduciária.

12. CC, Art. 1.362. O contrato, que serve de título à propriedade fiduciária, conterá:

I – o total da dívida, ou sua estimativa;

II – o prazo, ou a época do pagamento;

III – a taxa de juros, se houver;

IV – a descrição da coisa objeto da transferência, com os elementos indispensáveis à sua identificação.

13. CC, Art. 1.363. Antes de vencida a dívida, o devedor, a suas expensas e risco, pode usar a coisa segundo sua destinação, sendo obrigado, como depositário:

I – a empregar na guarda da coisa a diligência exigida por sua natureza;

II – a entregá-la ao credor, se a dívida não for paga no vencimento.

e) Ocorrendo inadimplemento do comprador:

Vencida a dívida e não paga, o credor poderá promover a busca do bem através da ação de busca e apreensão e depois vender o bem em leilão judicial ou extrajudicial, aplicando os valores auferidos no abatimento da dívida (incluídas as despesas) e, caso haja sobra, devolvê-la ao devedor (CC, art. 1.364).[14] Se o produto arrecadado for insuficiente para quitar o débito, o devedor continuará obrigado pelo restante da dívida (CC, art. 1.366).[15]

f) Pacto comissório:

É proibido ao credor ficar com a coisa, no caso de inadimplemento (CC, art. 1.365).[16] Se essa cláusula constar do contrato, será considerada nula de pleno direito.

---

14. CC, Art. 1.364. Vencida a dívida, e não paga, fica o credor obrigado a vender, judicial ou extrajudicialmente, a coisa a terceiros, a aplicar o preço no pagamento de seu crédito e das despesas de cobrança, e a entregar o saldo, se houver, ao devedor.
15. CC, Art. 1.366. Quando, vendida a coisa, o produto não bastar para o pagamento da dívida e das despesas de cobrança, continuará o devedor obrigado pelo restante.
16. CC, Art. 1.365. É nula a cláusula que autoriza o proprietário fiduciário a ficar com a coisa alienada em garantia, se a dívida não for paga no vencimento.
    Parágrafo único. O devedor pode, com a anuência do credor, dar seu direito eventual à coisa em pagamento da dívida, após o vencimento desta.

PARTE IV
DIREITOS REAIS SOBRE COISA ALHEIA

Lição 14
DIREITO DE LAJE

Sumário: 1. Um novo direito real – laje – 2. Conceito e características do novo instituto – 3. Diferenças com outros institutos similares; 3.1 Diferença com condomínio; 3.2 Diferença com a superfície – 4. Do registro imobiliário – 5. Usucapião – 6. O texto do código civil que trata do tema.

1. UM NOVO DIREITO REAL – LAJE

No dia 11 de julho de 2017, foi publicada a Lei 13.465/17[1] que, dentre outras medidas, procurou disciplinar um novo instituto jurídico – o direito real de laje, com a finalidade precípua de facilitar a regularização fundiária rural e urbana.

É importante esclarecer que a referida lei tratou dos mais variados aspectos da regularização fundiária urbana e rural e regulamentou outras questões como, por exemplo, o usucapião extrajudicial; a criação de um sistema destinado a operacionalizar o registro eletrônico de imóveis (art. 76); e, até mesmo a questão de juros e do levantamento de valores nas desapropriações (arts. 2º e 104).

Naquilo que interessa para a presente lição cabe destacar que a primeira alteração foi a inclusão do inciso XIII no artigo 1.225 do Código Civil (Lei nº 10.406/02), para acrescer o direito real de laje entre os direitos reais.[2]

---

1. Referida Lei resulta da conversão da Medida Provisória nº 759/2016.
2. CC, Art. 1.225. São direitos reais:
   I – a propriedade;
   II – a superfície;
   III – as servidões;
   IV – o usufruto;
   V – o uso;
   VI – a habitação;
   VII – o direito do promitente comprador do imóvel;
   VIII – o penhor;
   IX – a hipoteca;
   X – a anticrese.

Vale rememorar que os direitos reais, somente podem ser criados por lei (princípio da legalidade), diferentemente dos direitos obrigacionais ou pessoais que podem ser criados livremente pelas partes.

Exatamente em face disso é que se fez necessário a Lei nº 13.465/17 ter cuidado de alterar o teor do art. 1.225 do Código Civil, para nele acrescer o inciso XIII, criando assim o direito real de laje.

2. CONCEITO E CARACTERÍSTICAS DO NOVO INSTITUTO

O conceito e as principais características do novo instituto encontram-se no Código Civil que teve, por força da nova lei, a inclusão dos novos artigos 1.510-A a 1.510-E.

Diz o § 1º do art. 1.510-A: "O direito real de laje contempla o espaço aéreo ou o subsolo de terrenos públicos ou privados, tomados em projeção vertical, como unidade imobiliária autônoma, não contemplando as demais áreas edificadas ou não pertencentes ao proprietário da construção-base".

É importante destacar que o direito de laje pode envolver a construção de uma unidade habitacional acima do piso térreo da construção originária, como também pode ser construída na superfície inferior da construção-base.

Assim, o proprietário de uma construção-base poderá ceder a superfície superior ou inferior de sua construção a fim de que o titular da laje mantenha unidade distinta daquela originalmente construída sobre o solo (*caput* do art. 1.510-A).

Outra característica que releva comentar é o fato de poder ser instituída várias lajes sucessivas, nos termos como disposto no § 6º do art. 1.510-A, *in verbis*: "O titular da laje poderá ceder a superfície de sua construção para a instituição de um sucessivo direito real de laje, desde que haja autorização expressa dos titulares da construção-base e das demais lajes, respeitadas as posturas edilícias e urbanísticas vigentes".

3. DIFERENÇAS COM OUTROS INSTITUTOS SIMILARES

Diz a lei que a "instituição do direito real de laje não implica a atribuição de fração ideal de terreno ao titular da laje ou a participação proporcional em áreas já edificadas" (CC, art. 1.510-A, § 4º).

XI – a concessão de uso especial para fins de moradia; (Incluído pela Lei nº 11.481, de 2007)

XIII – a concessão de direito real de uso; e (Redação dada pela Lei nº 13.465, de 2017)

XIII – a laje. (Incluído pela Lei nº 13.465, de 2017)

3.1 Diferença com condomínio

O titular do direito de laje não terá direito as chamadas "áreas comuns" como jardim ou quintal, nem muito menos à "fração ideal do terreno", logo difere da propriedade condominial por estas duas características.

Apesar da diferença de tratamento jurídico da laje em relação ao condomínio é obvio que na vida prática muita semelhança existirá entre os dois institutos. Basta atentar para o fato de que tanto o concedente quanto o beneficiário irão compartilhar uma mesma estrutura física básica; uma mesma via de acesso; deverão ratear despesas de IPTU, muitas vezes água e luz e assim por diante.

3.2 Diferença com a superfície

O novo instituto também difere da superfície principalmente porque a superfície sempre será instituída por tempo determinado, enquanto o direito de laje não fica condicionado a tempo nenhum.

Por isso dizermos que o direito de superfície é uma espécie de direito de propriedade resolúvel, isto é, extingue-se com o advento do termo fixado no contrato. Já quando se trata da laje, não cabe espaço para fixação de prazo para o exercício desse direito.

4. DO REGISTRO IMOBILIÁRIO

A Lei nº 13.465/17 também tratou de alterar a Lei de Registros Públicos para nela fazer incluir o parágrafo 9º, ao artigo 176, que ficou com a seguinte redação: "Art. 176, § 9º. A instituição do direito real de laje ocorrerá por meio da abertura de uma matrícula própria no registro de imóveis e por meio da averbação desse fato na matrícula da construção base e nas matrículas de lajes anteriores, com remissão recíproca."

Assim, passa a ser perfeitamente possível a coexistência individualizada e autônoma tanto do solo quanto da construção autônoma da laje. Ambos terão matrículas diferentes e poderão ser comercializadas uma independente da outra.

5. USUCAPIÃO

Embora o texto de lei fale que "o proprietário de uma construção-base poderá ceder a superfície superior ou inferior de sua construção a fim de que o titular da laje mantenha unidade distinta", entendemos que é perfeitamente possível a aquisição do direito de laje através de usucapião, tanto judicial quanto extrajudicial.

Basta imaginar que o titular da construção base cede informalmente a sua laje para que um parente nela possa edificar sua moradia. Depois de algum tempo o cedente vende seus direitos sobre a unidade base para terceiros, sem que tenha havido a regularização do direito de laje. Vamos imaginar ainda que o novo adquirente se recuse a contratualmente reconhecer o direito de laje para aquele que já a ocupava quando ele adquiriu a construção base. Neste caso, a única solução para regularizar o direito de laje será o usucapião, observados os requisitos legais da prescrição aquisitiva.

6. O TEXTO DO CÓDIGO CIVIL QUE TRATA DO TEMA

Transcrevemos abaixo o inteiro teor dos artigos 1.510-A ao art. 1.510-E para uma completa visualização do novo direito real de laje, incluído pela Lei nº 13.465, de 2017:

Art. 1.510-A. O proprietário de uma construção-base poderá ceder a superfície superior ou inferior de sua construção a fim de que o titular da laje mantenha unidade distinta daquela originalmente construída sobre o solo.

§ 1º O direito real de laje contempla o espaço aéreo ou o subsolo de terrenos públicos ou privados, tomados em projeção vertical, como unidade imobiliária autônoma, não contemplando as demais áreas edificadas ou não pertencentes ao proprietário da construção-base.

§ 2º O titular do direito real de laje responderá pelos encargos e tributos que incidirem sobre a sua unidade.

§ 3º Os titulares da laje, unidade imobiliária autônoma constituída em matrícula própria, poderão dela usar, gozar e dispor.

§ 4º A instituição do direito real de laje não implica a atribuição de fração ideal de terreno ao titular da laje ou a participação proporcional em áreas já edificadas.

§ 5º Os Municípios e o Distrito Federal poderão dispor sobre posturas edilícias e urbanísticas associadas ao direito real de laje.

§ 6º O titular da laje poderá ceder a superfície de sua construção para a instituição de um sucessivo direito real de laje, desde que haja autorização expressa dos titulares da construção-base e das demais lajes, respeitadas as posturas edilícias e urbanísticas vigentes.

Art. 1.510-B. É expressamente vedado ao titular da laje prejudicar com obras novas ou com falta de reparação a segurança, a linha arquitetônica ou o arranjo estético do edifício, observadas as posturas previstas em legislação local.

Art. 1.510-C. Sem prejuízo, no que couber, das normas aplicáveis aos condomínios edilícios, para fins do direito real de laje, as despesas necessárias à conservação e fruição das partes que sirvam a todo o edifício e ao pagamento de serviços de interesse comum serão partilhadas entre o proprietário da construção-base e o titular da laje, na proporção que venha a ser estipulada em contrato.

§ 1º São partes que servem a todo o edifício:

LIÇÃO 14 • DIREITO DE LAJE

I – os alicerces, colunas, pilares, paredes-mestras e todas as partes restantes que constituam a estrutura do prédio;

II – o telhado ou os terraços de cobertura, ainda que destinados ao uso exclusivo do titular da laje;

III – as instalações gerais de água, esgoto, eletricidade, aquecimento, ar condicionado, gás, comunicações e semelhantes que sirvam a todo o edifício; e

IV – em geral, as coisas que sejam afetadas ao uso de todo o edifício.

§ 2º É assegurado, em qualquer caso, o direito de qualquer interessado em promover reparações urgentes na construção na forma do parágrafo único do art. 249 deste Código.

Art. 1.510-D. Em caso de alienação de qualquer das unidades sobrepostas, terão direito de preferência, em igualdade de condições com terceiros, os titulares da construção-base e da laje, nessa ordem, que serão cientificados por escrito para que se manifestem no prazo de trinta dias, salvo se o contrato dispuser de modo diverso.

§ 1º O titular da construção-base ou da laje a quem não se der conhecimento da alienação poderá, mediante depósito do respectivo preço, haver para si a parte alienada a terceiros, se o requerer no prazo decadencial de cento e oitenta dias, contado da data de alienação.

§ 2º Se houver mais de uma laje, terá preferência, sucessivamente, o titular das lajes ascendentes e o titular das lajes descendentes, assegurada a prioridade para a laje mais próxima à unidade sobreposta a ser alienada.

Art. 1.510-E. A ruína da construção-base implica extinção do direito real de laje, salvo:

I – se este tiver sido instituído sobre o subsolo;

II – se a construção-base for reconstruída no prazo de cinco anos.

Parágrafo único. O disposto neste artigo não afasta o direito a eventual reparação civil contra o culpado pela ruína.

Lição 15
DIREITO DE SUPERFÍCIE

Sumário: 1. Breve histórico do instituto – 2. Conceito – 3. Denominação das partes – 4. Características – 5. Modos de constituição – 6. Transferência – 7. Propriedade resolúvel – 8. Formas de extinção – 9. Averbação junto ao CRI – 10. Outros institutos similares – 11. Importância da superfície.

1. BREVE HISTÓRICO DO INSTITUTO

Até o período clássico, prevalecia em Roma a tese de que tudo que ao solo fosse incorporado (plantações e construções) ao dono deste pertencia. Quer dizer, vigorava a regra do *superficies solo cedit*, determinando que tudo que emergia do solo ao dono deste pertencia.

No período clássico, surge o direito de superfície no Direito Romano como uma necessidade do Estado em ocupar as terras conquistadas, e assim era concedido ao cidadão romano (superficiário) o direito de construir em solo público. Houve, por assim dizer, um desmembramento já que o solo continuava sendo do Estado, mas a superfície poderia ser utilizada pelo particular.

Mais tarde, passou a ser admitido em solo particular, não próprio, mediante o pagamento de certa quantia anual ao proprietário do terreno.

Surgiu como forma de se contrapor ao princípio de que "tudo que fosse edificado sobre o solo pertencia exclusivamente ao seu proprietário".

Embora tenha tal antecedente, a superfície não foi incorporada ao Código Civil Napoleônico (1804), assim como não foi incluído no BGB (1900), o mesmo ocorrendo com o nosso Código Civil de 1916. Todos ignoraram a existência do instituto da superfície.

Modernamente, foi a partir do Código Civil italiano, datado de 1942, que a matéria passou a ser disciplinada. Depois o Código Civil português de 1966 e, por influência dessas duas legislações, o direito brasileiro acolheu através do Estatuto da Cidade (Lei nº 10.257/01 – arts. 20 e 21)[1] e, finalmente, o Código Civil, que regulou inteiramente a matéria (ver CC, arts. 1.369 a 1.377).

Podemos dizer que o instituto da superfície veio para substituir, com vantagens, a ultrapassada figura da enfiteuse.[2]

2. CONCEITO

É o direito real e autônomo sobre coisa alheia (ver CC, art. 1.225, II), pelo qual o proprietário concede a outrem o direito de construir ou plantar em seu terreno, por tempo determinado, realizado mediante instrumento público registrado no Cartório de Registro de Imóveis (CC, art. 1.369),[3] podendo ser gratuito ou oneroso (CC, art. 1.370).[4]

É uma ficção legal que possibilita, por assim dizer, destacar a superfície do solo do próprio solo e assim permite sejam instituídos dois direitos reais sobre a mesma coisa: um principal, que é o direito de propriedade; e outro, acessório, que é o direito de superfície.

A doutrina refere-se à obra ou plantação que foi edificada/plantada com o nome de implante. Quer dizer "**implante**" e a obra ou plantação que decorre do direito de superfície.

O direito de superfície não autoriza a exploração do subsolo, a não ser que seja inerente ao objeto da própria concessão como, por exemplo, a construção de estacionamento subterrâneo para o atendimento da demanda do prédio construído ou a abertura de um poço artesiano para utilização da água em irrigação das plantações realizadas no local (ver CC, art. 1.369, parágrafo único).

A lei nada fala sobre o espaço aéreo, de sorte a concluir que neste aspecto não há limitações de uso pelo superficiário.

---

1. Estes artigos foram tacitamente revogados pelo Código Civil de 2002, que regulamentou toda a matéria.
2. A enfiteuse é o direito real sobre coisa alheia, que constava no Código Civil de 1916 (arts. 678 a 694), pelo qual o proprietário podia transferir a outrem, por tempo indeterminado, o domínio útil sobre um imóvel, pelo qual recebia um pagamento anual. É um instituto em franca decadência, tanto que o novo Código Civil deixou de discipliná-la. Atualmente não se pode mais fazer esse tipo de negócio jurídico, porém permanecem preservados os já existentes à época da edição do atual Código Civil (ver art. 2.038).
3. CC, Art. 1.369. O proprietário pode conceder a outrem o direito de construir ou de plantar em seu terreno, por tempo determinado, mediante escritura pública devidamente registrada no Cartório de Registro de Imóveis.
   Parágrafo único. O direito de superfície não autoriza obra no subsolo, salvo se for inerente ao objeto da concessão.
4. CC, Art. 1.370. A concessão da superfície será gratuita ou onerosa; se onerosa, estipularão as partes se o pagamento será feito de uma só vez, ou parceladamente.

3. DENOMINAÇÃO DAS PARTES

Nesse tipo de contrato o proprietário do imóvel será o **concedente** (alguns chamam de fundieiro) e o adquirente do direito de uso será chamado de **superficiário**.

4. CARACTERÍSTICAS

Analisando o instituto, podemos destacar algumas características que lhe são próprias; vejamos.

a) **Temporariedade:**

A concessão deve ser realizada por prazo determinado, não se admitindo seja perpétua ou por prazo indeterminado (ver CC, art. 1.369).

b) **Solenidade:**

É um contrato solene, tendo em vista que a lei impõe seja o mesmo realizado mediante escritura pública, com subsequente registro junto ao Cartório de Registro de Imóveis (ver CC, 1.369, *in fine*).

c) **Objeto:**

Podem ter por objeto tanto o direito de plantar quanto o de construir (ver CC, art. 1.369, 1ª parte). Nada impede possa o superficiário construir e plantar, porque a disjuntiva "ou" não deve ser interpretada no sentido restritivo. Ademais, nada obsta possa ser constituída sobre construção ou plantação já existente no imóvel.

d) **Direito autônomo:**

É um direito real autônomo em relação ao direito de propriedade do titular do imóvel. Quer dizer, a superfície é uma propriedade separada do solo.

e) **Pode ser onerosa ou gratuita:**

Pode ser instituída de forma onerosa ou mesmo gratuita. Sendo onerosa, deverá ser estipulada no contrato a forma pela qual se dará a remuneração, que pode ser parcelada (periódica ou mediante participação nos frutos naturais ou civis) ou por quantia certa de uma só vez, antecipadamente ou não (ver CC, art. 1.370).

f) **Direito de preferência:**

No caso de alienação, seja do terreno seja dos direitos de superfície, tanto o proprietário quanto o superficiário têm direito de preferência tanto por tanto. A lei estipula uma espécie de **direito recíproco de preferência** (CC, art. 1.373).[5]

g) Responsabilidade pelos encargos:

A responsabilidade pelos encargos incidentes sobre o imóvel, bem como sobre o que nele for edificado ou plantado, será do superficiário (CC, art. 1.371).[6] Porém, nada obsta que as partes convencionem de forma diferente.[7]

5. MODOS DE CONSTITUIÇÃO

O direito de superfície é constituído a partir do momento em que o título hábil é levado a registro perante o Cartório de Registro de Imóveis (CC, art. 1.227).[8] Esse registro será feito na própria matrícula do imóvel.

Enquanto não registrado no Cartório de Registro de Imóveis, não existirá o direito real. Haverá entre as partes apenas direitos obrigacionais, isso porque, **no Direito brasileiro, o contrato por si só não transfere a propriedade.**

Os títulos hábeis a promover a Constituição do direito de superfície são:

a) Escritura pública:

Essa é a regra geral pela qual as partes entabulam o negócio, de aquisição ou mesmo transferência, e o finalizam através da lavratura da competente escritura junto ao Cartório de Notas.

b) Carta de sentença:

Pode também ocorrer de o direito de superfície resultar de uma aquisição em processo judicial (acordo, adjudicação ou arrematação) quando, então, a carta de sentença cumprirá o papel da escritura pública.

c) Formal de partilha:

Poderá também o direito de superfície ser transferido aos herdeiros do *de cujus*, por testamento ou pela legítima, em processo de inventário

---

5. CC, Art. 1.373. Em caso de alienação do imóvel ou do direito de superfície, o superficiário ou o proprietário tem direito de preferência, em igualdade de condições.

6. CC, Art. 1.371. O superficiário responderá pelos encargos e tributos que incidirem sobre o imóvel.

7. Enunciado 94 aprovado pela Jornada de Direito Civil, em setembro 2002, promovida pelo Centro de Estudos Jurídicos do Conselho de Justiça Federal, fixou a seguinte orientação: "As partes têm plena liberdade para deliberar, no contrato respectivo, sobre o rateio dos encargos e tributos que incidirão sobre a área objeto da concessão do direito de superfície."

8. CC, Art. 1.227. Os direitos reais sobre imóveis constituídos, ou transmitidos por atos entre vivos, só se adquirem com o registro no Cartório de Registro de Imóveis dos referidos títulos (arts. 1.245 a 1.247), salvo os casos expressos neste código.

cujo formal de partilha será o instrumento hábil à transferência junto ao Cartório de Registro de Imóveis.

Atenção: não há previsão em nossa legislação da possibilidade de aquisição do direito de superfície por usucapião, com o que a doutrina concorda.

6. TRANSFERÊNCIA

Como vimos acima, a transferência do direito de superfície pode ocorrer por negócio jurídico com terceiros *(inter vivos)* ou decorrer do direito sucessório *(causa mortis)*, nos termos como instituído em lei (CC, art. 1.372).[9]

Estipula ainda o Código Civil que não poderá o concedente, isto é, o proprietário do terreno, exigir nenhum pagamento em razão da transferência do direito de superfície (ver CC, art. 1.372, § único).

Ademais, no caso de alienação conforme já mencionamos, seja do terreno, seja dos direitos de superfície, tanto o proprietário quanto o superficiário têm direito de preferência tanto por tanto (ver CC, art. 1.373).

7. PROPRIEDADE RESOLÚVEL

É importante registrar que o direito de superfície é resolúvel. Quer dizer, tendo sido instituído esse direito, ele somente perdurará pelo prazo estipulado no contrato (CC, art. 1.369).[10] Com o advento do termo, o contrato se resolve.

Se no curso da execução do contrato o superficiário transfere seus direitos a outrem, seja por ato *inter vivos* ou *causa mortis*, quem recebe esse direito como novo adquirente recebê-lo-á subordinado à condição resolutiva (ver CC, art. 1.372).

---

9. CC, Art. 1.372. O direito de superfície pode transferir-se a terceiros e, por morte do superficiário, aos seus herdeiros.

   Parágrafo único. Não poderá ser estipulado pelo concedente, a nenhum título, qualquer pagamento pela transferência.

10. CC, Art. 1.369. O proprietário pode conceder a outrem o direito de construir ou de plantar em seu terreno, por tempo determinado, mediante escritura pública devidamente registrada no Cartório de Registro de Imóveis.

    Parágrafo único. O direito de superfície não autoriza obra no subsolo, salvo se for inerente ao objeto da concessão.

8. FORMAS DE EXTINÇÃO

Várias são as formas de extinção do direito de superfície, algumas previstas no próprio Código Civil, outras que decorrem da própria natureza do negócio. Vejamos.

a) **Fim do prazo contratual:**

Vindo a ocorrer o prazo final pelo qual o contrato foi firmado, findo estará o mesmo em face do decurso de tempo (advento do termo), independentemente de qualquer notificação ou interpelação.

Prorrogação: alguns autores entendem que, se as partes quedarem silentes e o superficiário permanecer no imóvel, o contrato estará prorrogado, agora por prazo indeterminado (não concordamos).

Esbulho: se o superficiário permanecer no imóvel depois de findo o prazo contratual, estará cometendo esbulho, e isso autoriza que o proprietário possa manejar a respectiva ação de reintegração de posse.

b) **Mudança da destinação:**

Significa dizer que, se o superficiário plantar coisa diversa do combinado ou construir algo diferente do contratado, estará dando causa à extinção do contrato (CC, art. 1.374),[11] independentemente de qualquer indenização.

c) **Falta de pagamento das prestações:**

Se o contrato de superfície é do tipo oneroso, a falta de pagamento das prestações (que é chamada de **canon** ou **solarium**) é motivo, logicamente, de rescisão.

d) **Pelo descumprimento dos encargos:**

Se o superficiário não pagar os impostos e outros encargos incidentes sobre o imóvel, isso também poderá dar ensejo à rescisão do contrato, especialmente se esses encargos constaram no contrato como sendo de sua responsabilidade.

e) **Pela desapropriação:**

Nesse caso, tanto o proprietário do imóvel quanto o superficiário deverão ser indenizados na proporção do valor correspondente ao direito real de cada um (CC, art. 1.376).[12]

---

11. CC, Art. 1.374. Antes do termo final, resolver-se-á a concessão se o superficiário der ao terreno destinação diversa daquela para que foi concedida.
12. CC, Art. 1.376. No caso de extinção do direito de superfície em consequência de desapropriação, a indenização cabe ao proprietário e ao superficiário, no valor correspondente ao direito real de cada um.

f) Pela confusão:

Ocorrendo a concentração do direito do solo com o direito de superfície na mesma pessoa, também estará extinto o contrato.

g) Descumprimento de cláusulas:

O contrato pode prever diversos tipos de obrigações que, descumpridas, poderão ser motivos para rescisão unilateral do contrato como, por exemplo, a não construção ou plantação num determinado espaço de tempo.

h) Renúncia do superficiário:

Vale lembrar que a renúncia é ato unilateral e nesse caso deverá ser manifestada expressamente pela mesma forma como se constituiu a superfície, isto é, por instrumento público.

i) Resilição bilateral:

Dentro da liberdade outorgada às partes em face da autonomia da vontade, nada obsta possam as partes, de comum acordo, colocar fim ao contrato de superfície a qualquer momento (distrato).

Atenção: extinto o contrato de superfície, por qualquer que seja a forma, a plantação ou a construção que tenha sido plantada/edificada incorporam-se novamente ao solo em caráter definitivo e, como regra, passam a ser do proprietário do imóvel, independentemente de indenização, a não ser que as partes tenham convencionado de forma diferente (CC, art. 1.375).[13]

9. AVERBAÇÃO JUNTO AO CRI

Qualquer que seja a forma de extinção do direito de superfície, deverá ser averbada à margem da matrícula do imóvel junto ao Cartório de Registro de Imóveis.

Embora isso não conste do Código Civil, a necessidade de averbação da extinção do contrato de superfície decorre da própria lógica das coisas, até porque, enquanto não for cancelado o registro da superfície, ela continuará como se ainda existisse.

---

13. CC, Art. 1.375. Extinta a concessão, o proprietário passará a ter a propriedade plena sobre o terreno, construção ou plantação, independentemente de indenização, se as partes não houverem estipulado o contrário.

10. OUTROS INSTITUTOS SIMILARES

Não se deve confundir o contrato de superfície com outros institutos similares tais como a locação, o comodato, a parceria, o arrendamento ou mesmo o uso e usufruto.

Da mesma forma, não se pode confundir com locação, com o comodato, com a parceria ou o arrendamento, porque a superfície é um direito real enquanto esses outros institutos são direitos obrigacionais. Isso já é o suficiente para mostrar a importância da superfície frente aos outros casos.[14]

Embora o uso e o usufruto sejam também direitos reais sobre coisa alheia, não se confundem com a superfície porque o uso e o usufruto não se transferem, em face do seu caráter de direito personalíssimo, nem por ato *inter vivos* (CC, art. 1.393)[15] nem por decorrência da morte do usuário ou usufrutuário (ver CC, art. 1.410, I).[16] Já o direito de superfície é perfeitamente transferível por qualquer tipo de negócio (compra e venda, doação, dação em pagamento, herança etc.).

> **Em síntese**: o direito de superfície, por ser direito real, é muito mais seguro, solene e duradouro do que os direitos obrigacionais (locação, comodato, parceria, arrendamento). Além disso, é oponível *erga omnes* e atribui ao seu titular o direito de sequela. Mesmo quando comparado ao direito de uso ou usufruto, ainda assim as diferenças são gritantes, especialmente porque estes não são transferíveis, nem por negócio jurídico nem por ato sucessório, devido ao seu caráter *intuitu personae*.

11. IMPORTÂNCIA DA SUPERFÍCIE

O direito de superfície é de grande importância se tomarmos como referência a função social da propriedade. Além dos grandes benefícios sociais, tanto proprietário quanto superficiário podem obter vantagens com a realização desse tipo de negócio.

Basta imaginar alguém que seja proprietário de uma grande extensão de terra, porém não tenha capital para investir num empreendimento, rural ou urbano. Nessa situação, poderá se "associar" com alguém que tenha capital e assim

---

14. Para melhor medir a importância do direito real se comparado ao direito obrigacional, remetemos o leitor à Lição 1, item 3.
15. CC, Art. 1.393. Não se pode transferir o usufruto por alienação; mas o seu exercício pode ceder-se por título gratuito ou oneroso.
16. Art. 1.410. O usufruto extingue-se, cancelando-se o registro no Cartório de Registro de Imóveis:
    I – pela renúncia ou morte de usufrutuário;
    (Omissis)...

poderá ver seu terreno ser utilizado com a vantagem de, ao final, ficar com as acessões que tenham sido realizadas, sem ônus nenhum.

De outro lado, para o superficiário também poderá ser vantajoso tendo em vista o baixo custo do empreendimento, já que não necessitará adquirir a propriedade do solo para nele plantar ou edificar.

> **Exemplo**: vamos imaginar que Rolando Kaio da Rocha é proprietário de um terreno vazio no Jardim Robru e não tem recurso para nele edificar nada. De outro lado, a empresa Treckos & Thralhas precisa de um centro de distribuição, exatamente na Zona Leste de São Paulo. Ambos poderão firmar um contrato de superfície e assim Rolando Kaio dará utilidade ao seu imóvel recebendo o *canon* pelo uso e a empresa Treckos & Thralhas terá o seu centro de distribuição construído a menor custo, por não envolver a compra do imóvel.

LIÇÃO 16
DAS SERVIDÕES

Sumário: 1. Conceito – 2. Natureza jurídica – 3. Modos de constituição – 4. Espécies de servidões – 5. Características – 6. Classificação das servidões; 6.1 Quanto à natureza dos prédios; 6.2 Quanto à situação de uso; 6.3 Quanto à visibilidade; 6.4 Quanto ao modo de exercício – 7. Usucapião – 8. Do exercício das servidões – 9. Ações relativas às servidões – 10. Remoção das servidões – 11. Extinção – 12. Servidões administrativas.

1. CONCEITO

É o direito real sobre coisa alheia, voluntariamente constituído em favor de um prédio chamado de dominante, recaindo sobre outro prédio dito serviente, pertencentes a donos diversos, com a finalidade de aumentar a utilidade do prédio dominante, implicando, como consequência, restrições ao prédio serviente.

A servidão tradicional é a predial, também chamada de real ou simplesmente servidão, que é aquela que, em última análise, implica em um aumento de possibilidade de uso e comodidade pelo prédio dominante, com a consequente restrição que passa a recair sobre o prédio serviente.

2. NATUREZA JURÍDICA

É um direito real de gozo e uso sobre coisa alheia (CC, art. 1.225, III),[1] de caráter acessório, perpétuo e indivisível, oponível *erga omnes*, cabendo destacar os seguintes aspectos:

---

1. CC, Art. 1.225. São direitos reais:
   (omissis)...
   III – as servidões; (...).

a) Poder de sequela:

Sendo um direito real, o seu titular tem também ação real e, por conseguinte, o poder de sequela, como decorrência do direito sobre a coisa de outrem.

b) Oponível *erga omnes:*

Instituída a servidão, ela prende-se à coisa e a acompanha nas mãos de quem quer que sejam os novos donos dos prédios em questão.

c) Acessoriedade:

É direito acessório porque implica na existência prévia de um direito dito principal.

d) Perpetuidade:

A servidão é perpétua no sentido de que durará enquanto não ocorrer uma das causas de sua extinção. Alguns doutrinadores preferem dizer que ela é de duração indefinida.

e) Indivisibilidade:

É indivisível porque ela se constitui num todo único que continua a gravar o prédio serviente mesmo que um ou outro seja dividido (CC, art. 1.386).[2]

3. MODOS DE CONSTITUIÇÃO

Pode ser instituída por negócio jurídico *inter vivos ou causa mortis,* por documento público ou particular ou até por testamento, porém para ter validade como direito real, deve sempre ser registrada no Cartório de Registro de Imóveis (CC, art. 1.378).[3]

Pode também ser instituída a partir do uso contínuo através da usucapião, que deverá ser declarada por sentença e também levada a registro no cartório de Registros de imóveis para ter eficácia real e validade *erga omnes* (CC, art. 1.379).[4]

---

2. CC, Art. 1.386. As servidões prediais são indivisíveis, e subsistem, no caso de divisão dos imóveis, em benefício de cada uma das porções do prédio dominante, e continuam a gravar cada uma das do prédio serviente, salvo se, por natureza, ou destino, só se aplicarem a certa parte de um ou de outro.

3. CC, Art. 1.378. A servidão proporciona utilidade para o prédio dominante, e grava o prédio serviente, que pertence a diverso dono, e constitui-se mediante declaração expressa dos proprietários, ou por testamento, e subsequente registro no Cartório de Registro de Imóveis.

4. CC, Art. 1.379. O exercício incontestado e contínuo de uma servidão aparente, por dez anos, nos termos do art. 1.242, autoriza o interessado a registrá-la em seu nome no Registro de Imóveis, valendo-lhe como título a sentença que julgar consumada a usucapião.

Além desses dois modos de Constituição previstos no Código Civil, há um outro previsto no Código de Processo Civil decorrente do processo de divisão de terras particulares que poderá ser constituído pela sentença que homologar a divisão (ver CPC, art. 596, II).

Existem ainda **dois outros modos de Constituição de servidão que não estão previstos em lei**, mas são criações doutrinárias e jurisprudenciais, quais sejam:

a) **Servidão por destinação do proprietário:**

Esta pode ser constituída quando o proprietário de dois prédios institui uma serventia a favor de um dos prédios em prejuízo do uso e utilidade do outro. Se depois o proprietário desses dois prédios aliena um deles, estará automaticamente constituída a servidão.

b) **Servidão por fato humano:**

Esta somente é aplicável às servidões de trânsito e significa que, embora de trânsito, são elas aparentes, isto é, com marcas visíveis de utilização tais como aterros, bueiros, pontes e outras obras. Esse é o direito que no futuro irá materializar-se na usucapião, mas mesmo antes disso já assegura ao usuário o direito de proteção possessória.

Atenção: se o caminho utilizado não tem demarcação visível, não dará direito a essa proteção, pois entende-se como mera tolerância do proprietário do prédio serviente.

4. ESPÉCIES DE SERVIDÕES

Quando se fala de servidões o leigo só consegue imaginar as servidões de passagens (caminhos), porém as servidões podem ser de várias espécies cabendo destacar as seguintes:

a) **De trânsito ou de passagem:**

É a mais conhecida e de muita utilidade e que permite passagem pela propriedade vizinha quando o proprietário do terreno dominante não tem uma saída direta para a via ou logradouro.

b) **De aqueduto:**

É a possibilidade de fazer-se canalização de água através de prédio rústico alheio, desde que subterrânea, em se tratando de chácara, sítio, quintal, pátio, horta ou jardim, para permitir a exploração agrícola ou industrial do prédio dominante, como também para permitir o escoamento de águas.

c) De ventilação e iluminação (de ar e luz):

É aquela que impõe ao dono do prédio serviente o dever de não impedir através de construções, o acesso à iluminação e ventilação do prédio dominante.

d) De pastagem ou de pasto:

É o direito que assiste ao proprietário do prédio dominante de ter acesso a propriedade vizinha para alimentar seus animais, no pasto do prédio serviente.

e) De visão ou de vista:

É o dever que tem o dono do prédio serviente de não construir em altura tal que possa obstruir a vista do proprietário do prédio dominante. Significa dizer que o proprietário do prédio dominante não será prejudicado tendo garantido direito de ver a paisagem a partir de sua própria construção.

5. CARACTERÍSTICAS

Dentre as características que marcam o instituto, vamos destacar as seguintes:

a) Prédios de proprietários diversos:

Se os dois prédios pertencem à mesma pessoa, não há como instituir a servidão, em face da expressão contida no art. 1.378 que diz que "os prédios devem pertencer a donos diferentes". A lógica está em que, se os prédios forem do mesmo proprietário, haverá quando muito uma serventia porque, sendo ele proprietário dos dois prédios, deterá o uso integral dos dois prédios e pode dar a destinação que quiser a um ou outro ou às suas partes.

b) Prédios devem ser vizinhos:

Como as servidões se caracterizam por um prédio se beneficiar de algum tipo de utilidade do outro, há necessariamente que os dois prédios sejam próximos.

Atenção: quando dizemos que os prédios devem ser vizinhos, não significa necessariamente que sejam contíguos.

c) Utilidade para o prédio dominante:

Tem que existir alguma utilidade para o prédio dominante com a consequente restrição de uso do prédio serviente.

Atenção: não é necessário haver uma utilidade econômica, pois o critério é da utilidade e da comodidade como, por exemplo, a servidão de vista para o mar ou de paisagem.

d) Mobilidade:

A servidão pode ser removida de um local para outro, tanto pelo dono do prédio serviente quanto pelo do prédio dominante, desde que haja uma causa que justifique, tal como o aumento da utilidade (CC, art. 1.384).[5]

e) Interpretação:

Ao apreciar qualquer conflito decorrente do exercício do direito de servidão, o intérprete deve fazer uma interpretação de forma restritiva, evitando onerar em demasia o prédio serviente.

f) Quanto à onerosidade:

As servidões podem ser instituídas de forma onerosa, que é o que mais comumente acontece, mas também pode ser instituída a título gratuito.

g) Servidão não se presume:

A servidão não se presume, tendo em vista que ela só se constitui mediante declaração expressa dos proprietários, ou por testamento, e por posterior registro no Cartório de Imóveis (ver CC, art. 1378).

h) A servidão serve a coisa, não ao dono:

A servidão serve à coisa e não ao proprietário, restringindo a liberdade natural da coisa e não sofre alteração em razão da troca de titularidade seja do prédio dominante ou do serviente.

6. CLASSIFICAÇÃO DAS SERVIDÕES

Para efeito de estudos, vamos classificar as servidões, tomando como referência fundamentalmente o seu exercício. Vejamos.

6.1 Quanto à natureza dos prédios

Nessa classificação, levamos em conta a localização dos terrenos e assim classificamos em rústicas e urbanas:

---

5. CC, Art. 1.384. A servidão pode ser removida, de um local para outro, pelo dono do prédio serviente e à sua custa, se em nada diminuir as vantagens do prédio dominante, ou pelo dono deste e à sua ou pelo dono deste e à sua custa, se houver considerável incremento da utilidade e não prejudicar o prédio serviente.

a) Rústicas:

Aquelas que se referem a prédios rústicos, isto é, localizados fora do perímetro urbano, portanto na área rural.

b) Urbanas:

São as servidões constituídas para utilidade de prédios edificados que se encontram situados dentro dos limites das cidades, vilas ou povoados, enfim, dentro das áreas urbanas dos Municípios.

6.2 Quanto à situação de uso

Com relação à situação de uso, podemos classificar as servidões em contínuas ou descontínuas. Vejamos:

a) Contínuas:

São aquelas exercidas de forma ininterrupta e que depois de constituídas se exercem independentemente da ação do ser humano, tais como o aqueduto, a passagem de cabos de energia elétrica, a tubulação de água etc. Quer dizer, uma vez instituídas, elas se perpetuam sem a necessidade de atuação diária do seu beneficiário.

b) Descontínuas:

São aquelas cujo exercício é intermitente e necessitam da realização de obras ou serviços permanentemente, isto é, dependem de realização de algum ato humano atual, tais como a servidão de trânsito, a de tirar água, a de pastagens etc.

6.3 Quanto à visibilidade

Quanto à visibilidade, isto é, se as servidões são visíveis a olho nu ou não, classificamos em:

a) Aparentes:

São as servidões que se revelam por obras exteriores, como a servidão de caminho ou a de aqueduto, que qualquer um pode ver.

b) Não aparentes:

São aquelas que não se revelam por obras externas, como a servidão de não construir acima de certa altura.

Atenção: esta classificação é tão somente para estudo e não deve ser vista como algo rígido porque, na vida prática, é perfeitamente possível a mescla de uma com outras.

LIÇÃO 16 • DAS SERVIDÕES

169

Por exemplo: a servidão de caminho na qual tenham sido realizadas obras tais como bueiros, mata-burros, pontes, ou seja, contenha sinais visíveis de sua utilização, pode ser considerada aparente e contínua.

6.4 Quanto ao modo de exercício

Quanto ao modo de exercício as servidões podem ser positivas ou negativas, vejamos:

a) **Positivas:**

A servidão positiva, também chamada de afirmativas consiste em um poder ao prédio dominante de praticar algum ato ao prédio serviente.

b) **Negativas:**

Já as servidões negativas impõem ao prédio serviente uma dever de omissão, isto é, obrigação de não fazer como, por exemplo, não edificar acima de determinada altura.

7. USUCAPIÃO

Prevê o nosso Código Civil a possibilidade de instituição de servidão através da usucapião, mandando aplicar no que couber as disposições concernentes à usucapião ordinária de imóveis, prevista no art. 1.242 do mesmo diploma legal, prevendo ainda uma forma extraordinária no seu parágrafo único do art. 1.379. Vejamos.

a) **Usucapião ordinária:**

Para instituir a servidão nesse caso, há a necessidade de exercício continuado e inconteste por dez anos. Além disso, a posse deve ser de boa-fé e com justo título (CC, art. 1.379, *caput*).[6]

b) **Usucapião extraordinária:**

Nesse caso a lei exige um prazo mais longo, qual seja, o de 20 anos, porém não faz nenhuma outra exigência, deixando ainda claro que o possuidor não precisa ter nenhum título (ver CC, art. 1.379, parágrafo único).

Atenção: tanto um quanto outro caso só são cabíveis para as servidões aparentes e contínuas.

---

6. CC, Art. 1.379. O exercício incontestado e contínuo de uma servidão aparente, por dez anos, nos termos do art. 1.242, autoriza o interessado a registrá-la em seu nome no Registro de Imóveis, valendo-lhe como título a sentença que julgar consumado a usucapião.

Parágrafo único: Se o possuidor não tiver título, o prazo será de vinte anos.

8. DO EXERCÍCIO DAS SERVIDÕES

Diz o Código Civil que "o dono de uma servidão pode fazer todas as obras necessárias à sua conservação e uso; e, se a servidão pertencer a mais de um prédio, serão as despesas rateadas entre os respectivos donos" (CC, at. 1.380)[7] e, como regra, deverá ser realizada pelo dono do prédio dominante (CC, art. 1.381).[8]

Diz ainda o mesmo diploma legal que, se a obrigação incumbir ao dono do prédio serviente, este poderá exonerar-se, abandonando, total ou parcialmente, a propriedade ao dono do prédio dominante (CC, art. 1.382).[9]

Além disso, o proprietário do prédio serviente não poderá embaraçar de modo algum o exercício legítimo da servidão (CC, art. 1.383),[10] porém poderá exigir que ela se restrinja basicamente às necessidades do prédio dominante, evitando-se, quanto possível, agravar o encargo ao prédio serviente (CC, art. 1.385).[11]

9. AÇÕES RELATIVAS ÀS SERVIDÕES

Ações próprias que podem ser utilizadas e que são relativas às servidões são as seguintes:

a) **Ação confessória:**

É uma ação real (petitória) que tem como causa de pedir a propriedade e o direito real de servidão. O objetivo dela é principalmente o de reconhecimento judicial da existência da servidão. Também serve para obrigar a que seja respeitado o seu exercício, e até para exigir a demolição de eventual construção, muro ou cerca que impeça o livre exercício da servidão. Verifica-se assim que é ação típica do dono do prédio dominante, que tem uma servidão ativa, contra o dono do prédio serviente que impede a sua utilização.

---

7. CC, Art. 1.380. O dono de uma servidão pode fazer todas as obras necessárias à sua conservação e uso, e, se a servidão pertencer a mais de um prédio, serão as despesas rateadas entre os respectivos donos.

8. CC, Art. 1.381. As obras a que se refere o artigo antecedente devem ser feitas pelo dono do prédio dominante, se o contrário não dispuser expressamente o título.

9. CC, Art. 1.382. Quando a obrigação incumbir ao dono do prédio serviente, este poderá exonerar-se, abandonando, total ou parcialmente, a propriedade ao dono do dominante. Parágrafo único. Se o proprietário do prédio dominante se recusar a receber a propriedade do serviente, ou parte dela, caber-lhe-á custear as obras.

10. CC, Art. 1.383. O dono do prédio serviente não poderá embaraçar de modo algum o exercício legítimo da servidão.

11. CC, Art. 1.385. Restringir-se-á o exercício da servidão às necessidades do prédio dominante, evitando-se, quanto possível, agravar o encargo ao prédio serviente.
§ 1º constituída para certo fim, a servidão não se pode ampliar a outro.
§ 2º Nas servidões de trânsito, a de maior inclui a de menor ônus, e a menor exclui a mais onerosa.

Atenção: para o manejo dessa ação, é exigido do proponente que prove a existência do direito de servidão, isto é, prove o domínio; e prove que a servidão está sendo molestada. O rito é comum e pode ser cumulado com outros pedidos como perdas e danos, por exemplo.

b) **Ação negatória:**

Essa é uma ação no sentido oposto da confessória, isto é, deve ser manejada pelo titular do prédio serviente e tem como finalidade obter a declaração de inexistência da servidão a que o titular do prédio dominante julga ter direito. Seus requisitos são o domínio e a prova da limitação do direito de domínio.

c) **Ações possessórias típicas e as assemelhadas:**

Todas as ações em defesa da posse podem ser manejadas em defesa da servidão, tais como a reintegração de posse, manutenção na posse, interdito proibitório, nunciação de obra nova, demolitória, inclusive as cautelares.

10. REMOÇÃO DAS SERVIDÕES

As servidões podem ser removidas de um lugar para outro tanto pelo dono do prédio serviente quanto pelo dono do prédio dominante. Se a mudança for promovida pelo dono do prédio serviente, isto deverá ocorrer às suas custas e não poderá diminuir em nada as vantagens do prédio dominante. Se de outro lado, a mudança for promovida pelo dono do prédio dominante, este arcará com as despesas, se houver considerável incremento da utilidade e não prejudicar o prédio serviente (CC, art. 1.384).[12]

Quer dizer, depois de fixada a servidão, a mesma deve ser conservada sempre no mesmo lugar. Contudo, circunstâncias diversas podem surgir justificando seja a servidão mudada de lugar. Aliás, sempre se reconheceu ao dono do prédio serviente o direito de mudar a servidão.

11. EXTINÇÃO

Assim como para a instituição das servidões, sua extinção só se pode consumar por meio do cancelamento levado a registro no Cartório de Registro de

---

12. CC, Art. 1.384. A servidão pode ser removida, de um local para outro, pelo dono do prédio serviente e à sua custa, se em nada diminuir as vantagens do prédio dominante, ou pelo dono deste e à sua custa, se houver considerável incremento da utilidade e não prejudicar o prédio serviente.

Imóveis, exceto nos casos de desapropriação (CC, art. 1.387).[13] Enquanto não registrado o cancelamento, a servidão continua como existente em favor do prédio dominante.

Na eventualidade de o dono do prédio dominante não tomar as providência cabíveis para o cancelamento, pode o dono do prédio serviente ingressar em juízo para obter o cancelamento da servidão, ainda que o dono do prédio dominante se oponha (CC, art. 1.388),[14] nos seguintes casos:

a) **Renúncia:**

Ainda que a servidão tenha um caráter perpétuo, nada obsta que haja a renúncia a esse direito. Enquanto ato unilateral, deve ser expressa pelo titular do direito.

Atenção: alguns doutrinadores admitem a renúncia tácita e citam como exemplo o fato de o dono do prédio serviente praticar atos que impedem ou dificultam o uso da servidão e o dono do prédio dominante nada fazer para se opor.

b) **Cessação da utilidade:**

Se o proprietário do prédio serviente provar que os motivos que originaram a servidão já não mais existem, pode também obter o cancelamento. É o caso, por exemplo, de uma servidão de passagem que hoje já não tem mais razão de ser porque o Poder Público abriu uma rua que permite a saída do prédio dominante.

c) **Resgate da servidão:**

O titular do prédio serviente pode resgatar, de comum acordo com o titular do prédio dominante, mediante escritura pública que será o instrumento hábil a promover o cancelamento junto ao Cartório de Registro de Imóveis.

---

13. CC, Art. 1.387. Salvo nas desapropriações, a servidão, uma vez registrada, só se extingue, com respeito a terceiros, quando cancelada.

    Parágrafo único. Se o prédio dominante estiver hipotecado, e a servidão se mencionar no título hipotecário, será também preciso, para a cancelar, o consentimento do credor.

14. CC, Art. 1.388. O dono do prédio serviente tem direito, pelos meios judiciais, ao cancelamento do registro, embora o dono do prédio dominante lho impugne:

    I – quando o titular houver renunciado a sua servidão;

    II – quando tiver cessado, para o prédio dominante, a utilidade ou a comodidade, que determinou a Constituição da servidão;

    III – quando o dono do prédio serviente resgatar a servidão.

Além dessas, existem outras formas de extinção previstas no nosso Código Civil que facultam ao proprietário do prédio serviente promover o cancelamento, desde que prove (CC, art. 1.389):[15]

a) **Confusão:**

Que pode ocorrer por ato *inter vivos*, representado pela aquisição dos dois prédios pela mesma pessoa; e, também *causa mortis*, se o titular de um dos prédios vem a herdar o outro.

Atenção: vale lembrar que não existe servidão quando os dois prédios são do mesmo proprietário.

b) **Supressão das obras:**

Se as obras que dão suporte à existência da servidão se deteriorarem, impedindo a sua utilização ou aproveitamento, estaremos diante da extinção da servidão por impossibilidade material de sua utilização.

c) **Desinteresse:**

Pode ser representado pelo não uso pelo prazo de dez anos contínuos. Se a servidão visa a alguma utilidade ou comodidade ao prédio serviente, por lógica o não uso continuado desse benefício faz presumir que ele não necessita dessa servidão, razão por que perdê-la-á em razão do decurso de tempo. **É uma usucapião no sentido contrário** *(usucapio libertatis)*.

Além das formas de extinção previstas expressamente no Código Civil e abordadas acima, pode também ser extinta a servidão pelos seguintes motivos:

a) **Desapropriação:**

Já vimos que a desapropriação representa a perda da propriedade por ato do Poder Público. O decreto de desapropriação faz extinguir automaticamente a servidão, tanto com relação às partes quanto com relação a terceiros.

b) **Pelo decurso de prazo:**

A servidão pode ter sido instituída por um determinado lapso de tempo para, por exemplo, execução de obras. Findo o prazo, também estará extinta a servidão.

---

15. CC, Art. 1.389. Também se extingue a servidão, ficando ao dono do prédio serviente a faculdade de fazê-la cancelar, mediante a prova da extinção:

I – pela reunião dos dois prédios no domínio da mesma pessoa;

II – pela supressão das respectivas obras por efeito de contrato, ou de outro título expresso;

III – pelo não uso, durante dez anos contínuos.

c) Convenção das partes:

Assim como as partes podem convencionar a criação da servidão, podem também de comum acordo promover a sua extinção.

d) Pela impossibilidade de exercício:

A impossibilidade de exercício é também uma causa de extinção da servidão.

e) Pelo perecimento:

O eventual desaparecimento ou destruição de qualquer dos dois prédios pode também representar a extinção da servidão.

12. SERVIDÕES ADMINISTRATIVAS

Apenas para registro, as servidões administrativas, chamadas de **"quase-servidões"** ou, **"servidão coativa"** ou, ainda, **"servidão por imposição legal"**, são servidões de utilidade pública, tais como canalização de água, esgotos, eletrodutos etc.

Dizemos que é uma "quase-servidão" porque lhe falta a característica de sujeição de um prédio a outro.

Na maioria dos casos são indenizáveis, porém existem usos promovidos pela Administração Pública em favor da coletividade que não implicam, necessariamente, em pagamento, tais como a colocação de placas com o nome de ruas nas paredes das casas.

São constituídas mediante disposição legal, normalmente decreto, mas também podem resultar de negócio jurídico bilateral (acordo ou convênio).

Lição 17
DO USUFRUTO, DO USO E DA HABITAÇÃO

Sumário: I – Do usufruto – 1. Conceito do usufruto – 2. Características – 3. Usufruto sobre títulos de crédito – 4. Usufruto especial – 5. Usufruto simultâneo ou conjuntivo – 6. Usufruto por sub-rogação – 7. Promessa de usufruto – 8. Classificação; 8.1 Quanto à origem ou modo de constituição; 8.2 Quanto à duração; 8.3 Quanto ao objeto; 8.4 Quanto à sua extensão; 8.5 Quanto às restrições – 9. Direitos do usufrutuário – 10. Deveres do usufrutuário – 11. Extinção do usufruto – 12. Usufruto por usucapião – II – Do uso – 13. Conceito de uso – 14. Quanto aos frutos – 15. Conceito de família para efeitos de uso – 16. Características – 17. Modos de constituição – 18. Direitos do usuário – 19. Deveres do usuário – 20. Extinção do uso – III – Da habitação – 21. Conceito de habitação – 22. Cessão coletiva (coabitação) – 23. Características – 24. Direitos do habitador – 25. Deveres do habitador – 26. Formas de extinção – 27. Direito de habitação legal.

I – DO USUFRUTO[1]

1. CONCEITO DO USUFRUTO

É um direito real sobre coisa alheia, conferido a uma pessoa, durante certo lapso de tempo, que a autoriza a retirar da coisa os frutos e utilidades que ela produz, sem alterar-lhe a substância ou mudar-lhe a destinação.

É o direto de uso e gozo que se transfere a outrem (*o jus utendi e o jus fruendi*), permanecendo o titular da propriedade apenas com o domínio sobre a coisa, isto é, a possibilidade de dela dispor (*o jus abutendi*).

---

1. Para um aprofundamento de estudo sobre o instituto do usufruto, recomendo a leitura da *obra Relação jurídica de direito real e usufruto*, do Des. Carlos Alberto Garbi, editada pela Método (2008).

2. CARACTERÍSTICAS

Enquanto direito real sobre coisa alheia, o usufruto apresenta as seguintes características.

a) Direito real:

Sendo um direito real, o usufruto se diferencia do simples uso de coisa alheia (tal como na locação e no comodato) e, como tal, grava a coisa e lhe acompanha em poder de quem quer que a detenha ou possua, quer dizer, é oponível *erga omnes*.

b) Objeto:

Pode recair em bens móveis, imóveis, em bens corpóreos e incorpóreos, bem como sobre uma individualidade ou sobre uma universalidade (CC, art. 1.390).[2]

c) Fruição:

O usufruto implica na faculdade de transferir para o usufrutuário o direito de fruir as utilidades da coisa, estendendo-se aos acessórios dela e aos acrescidos, salvo cláusula expressa em sentido contrário (CC, art. 1.392).[3]

d) Posse:

O usufrutuário passará a exercer a posse direta, reservando-se a posse indireta ao nu-proprietário. Daí decorre que lhe é inerente o poder de sequela, que lhe permite perseguir a coisa onde quer que ela esteja. Aliás, o usufrutuário pode defender a posse utilizando as ações possessórias, até mesmo contra o nu-proprietário.

e) Temporariedade:

O usufruto sempre será temporário, podendo ser constituído em caráter vitalício ou por prazo determinado, pressupondo assim, a restituição da

---

2. CC, Art. 1.390. O usufruto pode recair em um ou mais bens, móveis ou imóveis, em um patrimônio inteiro, ou parte deste, abrangendo-lhe, no todo ou em parte, os frutos e utilidades.

3. CC, Art. 1.392. Salvo disposição em contrário, o usufruto estende-se aos acessórios da coisa e seus acrescidos.

§ 1º Se, entre os acessórios e os acrescidos, houver coisas consumíveis, terá o usufrutuário o dever de restituir, findo o usufruto, as que ainda houver e, das outras, o equivalente em gênero, qualidade e quantidade, ou, não sendo possível, o seu valor, estimado ao tempo da restituição.

§ 2º Se há no prédio em que recai o usufruto florestas ou os recursos minerais a que se refere o art. 1.230, devem o dono e o usufrutuário prefixar-lhe a extensão do gozo e a maneira de exploração.

§ 3º Se o usufruto recai sobre universalidade ou quota-parte de bens, o usufrutuário tem direito à parte do tesouro achado por outrem, e ao preço pago pelo vizinho do prédio usufruído, para obter meação em parede, cerca, muro, vala ou valado.

coisa ao proprietário sem redução da substância ou sem comprometimento do capital, findo o prazo pelo qual foi concedido.

f) Intransmissibilidade:

Embora o usufrutuário possa ceder o uso da coisa a outrem, por título gratuito ou oneroso o usufruto é intransmissível por expressa determinação legal, daí o seu caráter personalíssimo (CC, art. 1.393).[4]

g) Divisibilidade:

Uma mesma coisa pode ser cedida em usufruto, simultaneamente, para mais de uma pessoa, estabelecendo-se uma espécie de cousufruto (CC, art. 1.411).[5]

h) Constituição:

Pode ser constituído por contrato (gratuito ou oneroso); por testamento; por usucapião; ou ainda por disposição legal, e para ter validade como direito real, precisa ser inscrito no Cartório de Registro de Imóveis (CC, art. 1.391).[6]

3. USUFRUTO SOBRE TÍTULOS DE CRÉDITO

Podemos dizer que esse é um usufruto impróprio ou quase usufruto, tendo em vista que recai sobre um crédito, representado por um título.

Nesse caso, o usufrutuário terá direito de receber os rendimentos do título, que passará a integrar seu patrimônio.

Como lhe cabe o direito de administração, poderá o usufrutuário cobrar a dívida representada pelo título, porém nesse caso deverá aplicar a importância recebida em outros títulos de igual natureza (CC, art. 1.395).[7]

---

4. CC, Art. 1.393. Não se pode transferir o usufruto por alienação; mas o seu exercício pode ceder-se por título gratuito ou oneroso.

5. CC, Art. 1.411. Constituído o usufruto em favor de duas ou mais pessoas, extinguir-se-á a parte em relação a cada uma das que falecerem, salvo se, por estipulação expressa, o quinhão desses couber ao sobrevivente.

6. CC, Art. 1.391. O usufruto de imóveis, quando não resulte de usucapião, constituir-se-á mediante registro no Cartório de Registro de Imóveis.

7. CC, Art. 1.395. Quando o usufruto recai em títulos de crédito, o usufrutuário tem direito a perceber os frutos e a cobrar as respectivas dívidas.

   Parágrafo único. Cobradas as dívidas, o usufrutuário aplicará, de imediato, a importância em títulos da mesma natureza, ou em títulos da dívida pública federal, com cláusula de atualização monetária segundo índices oficiais regularmente estabelecidos.

4. USUFRUTO ESPECIAL

É aquele que pode incidir sobre florestas ou minas, destinadas à exploração, com desfalque da sua substância, quando então deverá ser prefixada a extensão da exploração (ver CC, art. 1.392, § 2º – NR3).

O legislador civil deixou às partes a incumbência de prefixar a extensão da fruição e a maneira pela qual se dará a exploração. Nesse caso pode ser imposta ao usufrutuário, por exemplo, a incumbência de replantar as árvores que tenham sido derrubadas. Ou, ainda, que fará determinadas obras de contenção para a exploração de produtos de uma pedreira ou porto de areia, por exemplo.

5. USUFRUTO SIMULTÂNEO OU CONJUNTIVO

Podemos assim chamar aquele usufruto previsto no Código Civil, que pode ser instituído em favor de duas ou mais pessoas que irão fruir simultaneamente da mesma coisa, isto é, irão usar a coisa conjuntamente e ao mesmo tempo (ver CC, art. 1.411 – NR5).

É como se fosse instituído um condomínio, na exata medida em que mais de uma pessoa irá usufruir da mesma coisa.

Em face disso, alguns autores falam sobre o direito de acrescer pelo usufrutuário sobrevivente na eventual morte de um ou alguns dos cousufrutuários durante o prazo da concessão do usufruto. Se verificarmos atentamente o que consta expresso no retrocitado art. 1.411 do Código Civil, veremos que a lei não proíbe, na exata medida em que diz que na morte de qualquer delas extingue-se o usufruto com relação à parte que cabia àquela que faleceu, mas deixando às partes a opção de estabelecerem em contrário no contrato.

> **Atenção:** nosso ordenamento jurídico não admite a existência do usufruto sucessivo, o que se depreende da análise do art. 1.410, que prevê como forma de extinção a morte do usufrutuário. Significa dizer que a nossa lei proíbe a transmissão do usufruto por ato *causa mortis*.

6. USUFRUTO POR SUB-ROGAÇÃO

Essa é uma espécie de substituição do usufruto já existente por outro em razão da destruição do prédio ou mesmo em face de desapropriação, ou ainda pela indenização feita por terceiro no caso de dano ou perda do objeto.

No primeiro caso, diz a nossa legislação que se um edifício sujeito ao usufruto for destruído, sem culpa do proprietário, não será este obrigado a reconstruí-lo, nem o usufruto se restabelecerá se o proprietário construir à sua custa. Contudo, se havia seguro e o proprietário utiliza o dinheiro do seguro para reconstruir o prédio, o usufruto se restabelecerá. Vejamos as duas situações.

a) **Construção à custa do proprietário:**

Se o proprietário construir outro prédio no lugar do antigo que foi destruído, mas isso for feito às suas expensas, o usufruto não se restabelecerá (CC, art. 1.408, 1ª parte).[8]

b) **Construção com o dinheiro do seguro:**

Se, no entanto, ele construir com o dinheiro recebido da indenização securitária, o usufruto se restabelecerá (ver CC, art. 1.408, 2ª parte).

Por segundo e último, também ocorrerá a sub-rogação na eventual ocorrência de desapropriação ou na indenização feita por terceiro em caso de dano ou perda da construção sobre a qual recaía o usufruto (CC, art. 1.409).[9] Num e noutro caso, o valor da indenização será entregue ao usufrutuário para que ele possa usar pelo tempo restante de seu direito, sujeitando-o a dar caução ao nu-proprietário, se assim for exigido.

Evidentemente que, findo o usufruto, o usufrutuário terá a responsabilidade de devolver estes valores, tudo devidamente corrigido e atualizado.

7. PROMESSA DE USUFRUTO

Mesmo não havendo previsão legal quanto a promessa de usufruto e, embora o tema possa ser controvertido, entendemos que nada obsta possam as partes firmarem um contrato preliminar pelo qual se comprometam em instituir futuramente um usufruto.

Não cumprida a promessa, o interessado poderá promover a ação de obrigação de fazer visando compelir o promitente a cumprir com o prometido.

8. CLASSIFICAÇÃO

Para efeito de estudos, vamos verificar as várias formas de Constituição do usufruto e suas implicações sobre os bens nos quais recai, de sorte a fazer uma classificação racional.

---

8. CC, Art. 1.408. Se um edifício sujeito a usufruto for destruído sem culpa do proprietário, não será este obrigado a reconstruí-lo, nem o usufruto se restabelecerá, se o proprietário reconstruir à sua custa o prédio; mas se a indenização do seguro for aplicada à reconstrução do prédio, restabelecer-se-á o usufruto.

9. CC, Art. 1.409. Também fica sub-rogada no ônus do usufruto, em lugar do prédio, a indenização paga, se ele for desapropriado, ou a importância do dano, ressarcido pelo terceiro responsável no caso de danificação ou perda.

8.1 Quanto à origem ou modo de Constituição

Quanto ao modo pelo qual o usufruto é instituído, ou seja, quanto à forma pela qual ele se origina, podemos classificar em:

a) **Legal:**

O usufruto legal é aquele fixado em lei e que independe da vontade das partes, como o usufruto dos pais em relação aos bens dos filhos menores (CC, art. 1.689),[10] ou, ainda, do cônjuge sobre os bens do outro (CC, art. 1.652, I).[11]

Atenção: esse tipo de usufruto especial independe de qualquer inscrição no Cartório de Registro de Imóveis.

b) **Convencional:**

Este é o tipo de usufruto que é objeto dos vários artigos do Código Civil bem como de interesse para nossos estudos. Significa o usufruto instituído por ato de vontade das partes, isto é, instituído pela via negocial por ato *inter vivos* ou *causa mortis*.

c) **Usucapião:**

Embora seja difícil visualizar a instituição do usufruto por usucapião, o legislador fez prever essa forma de usufruto para bens imóveis (ver CC, art. 1.391).

d) **Sentença judicial:**

Nada obsta possa o juiz, no processo de execução, instituir um usufruto sobre determinado bem do devedor, seja um imóvel ou móvel, ou mesmo sobre um estabelecimento, pelo tempo que seja necessário à satisfação do crédito exequendo (CPC, art. 867).[12]

8.2 Quanto à duração

Quanto à duração, isto é, quanto à extensão de tempo em que vigorará o usufruto, podemos classificar em:

---

10. CC, Art. 1.689. O pai e a mãe, enquanto no exercício do poder familiar:

   I – são usufrutuários dos bens dos filhos;

   II – têm a administração dos bens dos filhos menores sob sua autoridade.

11. CC, Art. 1.652. O cônjuge, que estiver na posse dos bens particulares do outro, será para com este e seus herdeiros responsável:

   I – como usufrutuário, se o rendimento for comum; (...).

12. CPC, Art. 867. O juiz pode ordenar a penhora de frutos e rendimentos de coisa móvel ou imóvel quando a considerar mais eficiente para o recebimento do crédito e menos gravosa ao executado.

a) Temporário:

Aquele em que as partes livremente fixaram um prazo de duração do usufruto. Neste caso, a morte do usufrutuário antes do termo final põe fim ao contrato de usufruto.

b) Vitalício:

Esta é a forma mais comum de usufruto, que normalmente é instituída em favor de uma pessoa para que utilize da coisa por toda a sua vida.

8.3   Quanto ao objeto

Vale lembrar que o usufruto pode recair em bens móveis ou imóveis, corpóreos ou incorpóreos, de sorte que, se tomarmos como referência o objeto sobre o qual recai o gravame, podemos classificar em:

a) Próprio:

É o usufruto típico. Aquele que recai sobre coisas infungíveis, que é o tipo mais comum de usufruto.

b) Impróprio:

É o usufruto que recai sobre coisas fungíveis, como no caso do usufruto sobre títulos de crédito (ver CC, art. 1.395); ou aquele que recai sobre um rebanho (CC, art. 1.397);[13] ou sobre florestas e minas (ver CC, art. 1.392, § 2º); ou, ainda, sobre uma universalidade ou quota-parte (ver CC, art. 1.392, § 3º).

8.4   Quanto à sua extensão

Nessa classificação vamos agrupar o usufruto, conforme seja a extensão do uso sobre os bens. Vejamos.

a) Universal:

É aquele que recai sobre todos os bens de um determinado acervo como, por exemplo, sobre a totalidade dos bens que compõem uma herança (CC, art. 1.791)[14] ou sobre um estabelecimento empresarial (CC, art. 1.142).[15]

---

13. CC, Art. 1.397. As crias dos animais pertencem ao usufrutuário, deduzidas quantas bastem para inteirar as cabeças de gado existentes ao começar o usufruto.
14. CC, Art. 1.791. A herança defere-se como um todo unitário, ainda que vários sejam os herdeiros.
    Parágrafo único. Até a partilha, o direito dos co-herdeiros, quanto à propriedade e posse da herança, será indivisível, e regular-se-á pelas normas relativas ao condomínio.
15. CC, Art. 1.142. Considera-se estabelecimento todo complexo de bens organizado, para exercício da empresa, por empresário, ou por sociedade empresária.

b) Singular ou particular:

Esse é o tipo mais comum de usufruto, quando recai sobre um determinado bem devidamente identificado, tal como sobre um determinado imóvel ou sobre um determinado veículo etc.

8.5 Quanto às restrições

Nessa classificação vamos agrupar os bens conforme seja o seu uso limitado ou não.

a) Pleno:

Esse é o tipo mais comum pelo qual se institui o usufruto, sem impor nenhum tipo de restrição quanto ao uso da coisa.

b) Restrito:

Chamaremos assim aquele usufruto que for instituído e nele seja imposta alguma restrição quanto ao uso ou extração de sua utilidade.

9. DIREITOS DO USUFRUTUÁRIO

São direitos do usufrutuário a posse, o uso, a administração e a percepção dos frutos da coisa cedida em usufruto (CC, art. 1.394).[16] Vejamos.

a) Posse:

O usufrutuário tem a posse direita da coisa frugívora e, como tal, reconhece-lhe o direito de, além dos desforços nos casos de interditos, as ações de manutenção da posse, contra quem quer que lhe perturbe a utilização da coisa, incluindo-se o proprietário.

b) Uso:

É da própria natureza do usufruto o uso e gozo da coisa, sem o que seria em vão tal direito. O uso pressupõe toda a espécie de fruição, a não ser que haja cláusula contratual limitando-o.

Atenção: o uso, no entanto, não pode ser indiscriminado a ponto de comprometer a própria existência da coisa, assim como a sua substância ou sua destinação econômica (CC, art. 1.399).[17]

---

16. CC, Art. 1.394. O usufrutuário tem direito à posse, uso, administração e percepção dos frutos.
17. CC, Art. 1.399. O usufrutuário pode usufruir em pessoa, ou mediante arrendamento, o prédio, mas não mudar-lhe a destinação econômica, sem expressa autorização do proprietário.

c) Administração:

Se lhe cabe usar a coisa em toda a sua inteireza, logo de se concluir que lhe compete, exclusivamente, a administração dos bens submetidos ao usufruto.

d) Percepção dos frutos:

Essa é da essência do usufruto, pois quando ele é constituído a finalidade maior é proporcionar ao usufrutuário a fruição da coisa em toda sua extensão, extraindo-se dela os frutos e produtos (civis ou naturais) cuja propriedade adquire.

Atenção: quando da instituição do usufruto, o usufrutuário já passa a ter direito aos frutos naturais pendentes, sem responder pelos custos de produção. No sentido inverso, quando da extinção do usufruto, pertencerão ao nu-proprietário os frutos pendentes, também sem o dever de compensar as despesas realizadas (CC, art. 1.396).[18]

10. DEVERES DO USUFRUTUÁRIO

Assim como tem direitos, o usufrutuário também tem deveres. Vejamos:

a) Determinação da coisa:

Compete ao usufrutuário, antes de assumir o usufruto, inventariar os bens a receber, às suas expensas, de tal sorte que, estimando-se um valor, possa converter-se em valor pecuniário para a futura restituição, no caso de eventual deterioração (CC, art. 1.400).[19]

b) Prestar caução, se necessário:

O nu-proprietário poderá exigir caução, real ou fidejussória, como garantia de conservação da coisa dada em usufruto e, se o usufrutuário não quiser ou não puder prestá-la, perderá o direito de administrar o usufruto (CC, art. 1.401).[20]

---

18. CC, Art. 1.396. Salvo direito adquirido por outrem, o usufrutuário faz seus os frutos naturais, pendentes ao começar o usufruto, sem encargo de pagar as despesas de produção.

    Parágrafo único. Os frutos naturais, pendentes ao tempo em que cessa o usufruto, pertencem ao dono, também sem compensação das despesas.

19. CC, Art. 1.400. O usufrutuário, antes de assumir o usufruto, inventariará, à sua custa, os bens que receber, determinando o estado em que se acham, e dará caução, fidejussória ou real, se lha exigir o dono, de velar-lhes pela conservação, e entregá-los findo o usufruto.

    Parágrafo único. Não é obrigado à caução o doador que se reservar o usufruto da coisa doada.

20. CC, Art. 1.401. O usufrutuário que não quiser ou não puder dar caução suficiente perderá o direito de administrar o usufruto; e, neste caso, os bens serão administrados pelo proprietário, que ficará obrigado, mediante caução, a entregar ao usufrutuário o rendimento deles, deduzidas as despesas de administração, entre as quais se incluirá a quantia fixada pelo juiz como remuneração do administrador.

c) Pagar os encargos:

Compete ao usufrutuário pagar os encargos incidentes sobre a coisa ou sobre seus rendimentos, tais como os impostos, taxas, condomínio e seguro, além das despesas ordinárias de conservação do bem (CC, art. 1.403).[21]

d) Conservação do bem:

Compete-lhe conservar às suas custas o bem dado em usufruto, não respondendo pela deterioração resultante do uso regular (CC art. 1.402),[22] nem pelas reparações extraordinárias, as quais incumbem ao nu-proprietário (1.404).[23]

e) Defender a coisa usufruída:

O usufrutuário deverá repelir toda e qualquer usurpação advinda de terceiros e impedir a Constituição de situações jurídicas adversas ao nu-proprietário, devendo avisá-lo de qualquer ocorrência que possa implicar em lesão ou danos à coisa (CC, art. 1.406).[24]

11. EXTINÇÃO DO USUFRUTO

As causas que estabelecem as formas pelas quais o usufruto pode ser extinto vêm expressamente previstas no Código Civil, todas elas relacionadas com a pessoa do usufrutuário ou com a coisa objeto do usufruto.

Além das causas expressamente previstas pela lei civil, outras se podem adicionar por serem causas ordinárias de extinção de quaisquer direitos, tais como o abandono, a confusão e o implemento da condição resolutiva. Vejamos.

a) Pela morte do usufrutuário:

A obrigação é de caráter personalíssimo, de tal sorte que o falecimento do titular é causa extintiva do direito de usufruto (CC, art. 1.410, I).[25]

---

21. CC, Art. 1.403 Incumbem ao usufrutuário:
    I – as despesas ordinárias de conservação dos bens no estado em que os recebeu;
    II – as prestações e os tributos devidos pela posse ou rendimento da coisa usufruída.
22. CC, Art. 1.402. O usufrutuário não é obrigado a pagar as deteriorações resultantes do exercício regular do usufruto.
23. CC, Art. 1.404. Incumbem ao dono as reparações extraordinárias e as que não forem de custo módico; mas o usufrutuário lhe pagará os juros do capital despendido com as que forem necessárias à conservação, ou aumentarem o rendimento da coisa usufruída.
24. CC, Art. 1.406. O usufrutuário é obrigado a dar ciência ao dono de qualquer lesão produzida contra a posse da coisa, ou os direitos deste.
25. CC, Art. 1.410. O usufruto extingue-se, cancelando-se o registro no Cartório de Registro de Imóveis:
    I – pela renúncia ou morte do usufrutuário;

Pode ocorrer tanto no usufruto vitalício quanto no temporário. Sendo dois ou mais usufrutuários, extingue-se em relação aos que vierem a falecer, subsistindo em proporção aos sobreviventes (ver CC, art. 1.411).

b) Pela renúncia:

Essa é também uma forma prevista de extinção do usufruto, pois é um direito patrimonial de ordem privada, personalíssimo e, como tal, suscetível de renúncia (ver CC, art. 1.410, I).

Atenção: a renúncia deve ser expressa e nesse caso, para sua validade, deverá ser feita por escritura pública com posterior inscrição no Cartório de Registro de Imóveis.

c) Pelo advento do termo ou duração:

Se o usufruto foi instituído com prazo certo, extinguir-se-á com o fim do prazo estabelecido (ver CC, art. 1.410, II). Nesse caso, o termo é resolutivo e implica dizer que, chegando o dia previsto para o fim do contrato, o mesmo porá fim à relação jurídica.

d) Pela cessação dos motivos:

Se o usufruto foi instituído para determinado fim, cumprida essa finalidade o mesmo estará extinto de pleno direito, bastando que o nu-proprietário prove a sua ocorrência, o que deverá ser feito em juízo se houver resistência do usufrutuário em cumprir espontaneamente (ver CC, art. 1.410, IV).

e) Pela destruição ou perda da coisa:

Se o objeto do usufruto é a fruição e o gozo da coisa, se a mesma vier a perecer a conclusão que exsurge é que o usufruto também terá sido extinto. Pode também ocorrer em face da desapropriação, porém nesse caso o preço deve ser entregue ao usufrutuário (ver CC, art. 1.410, V).

II – pelo termo de sua duração;

III –pela extinção da pessoa jurídica, em favor de quem o usufruto foi constituído, ou, se ela perdurar, pelo decurso de trinta anos da data em que se começou a exercer;

IV – pela cessação do motivo de que se origina;

V – pela destruição da coisa, guardadas as disposições dos arts. 1.407, 1.408, 2ª parte, e 1.409;

VI – pela consolidação;

VII – por culpa do usufrutuário, quando aliena, deteriora, ou deixa arruinar os bens, não lhes acudindo não lhes acudindo com os reparos de conservação, ou quando, no usufruto de títulos de crédito, não dá às importâncias recebidas a aplicação prevista no parágrafo único do art. 1.395;

VIII – Pelo não uso, ou não fruição, da coisa em que o usufruto recai (arts. 1.390 e 1.399).

f) Pela consolidação:

Pode ocorrer quando, na mesma pessoa, se reúnem as condições de usufrutuário e nu-proprietário, como no caso de o usufrutuário ganhar na loteria e comprar o imóvel das mãos do titular do domínio. Pode também ocorrer por ato *causa mortis*, no caso de falecimento do nu-proprietário sendo o usufrutuário o herdeiro único (ver CC, art. 1.410, VI).

g) Por culpa do usufrutuário:

Quando aliena, deteriora, deixa arruinar os bens ou descumpre qualquer cláusula que contenha o contrato (ver CC, art. 1.410, VII). Quer dizer, o usufrutuário tem o dever de cuidar e zelar pela coisa dada em usufruto e, se descumprir desse dever, poderá perder o direito de usufruir da coisa.

Atenção: a culpa do usufrutuário deverá ser robustamente provada em processo judicial e a extinção ocorrerá pela sentença que reconhecer esse descumprimento do dever de conservação da coisa.

h) Pelo não uso da coisa ou não fruição da coisa:

É o típico caso de prescrição extintiva que ocorrerá pelo não uso pelo prazo de dez anos, prazo este não previsto em lei, mas que se pode intuir por analogia do que consta para as servidões (CC, art. 1.389, III).[26]

i) Pelo implemento da condição resolutiva:

Se o usufruto é instituído subordinadamente a uma condição futura e incerta, se ela ocorrer determinará a sua extinção. É importante frisar que nada impede que o fim do usufruto esteja condicionado a um evento futuro e incerto, tal como ele perdurará até o usufrutuário se casar.

j) Tratando-se de usufruto em favor de pessoa jurídica:

Nesse caso, o usufruto se extingue juntamente com a extinção da usufrutuária (falência, dissolução etc.). Também ocorrerá a extinção em face do decurso de tempo, isto é, decorrido o prazo de 30 (trinta) anos (ver CC, art. 1.410, III).

---

26. CC, Art. 1.389. Também se extingue a servidão, ficando ao dono do prédio serviente a faculdade de fazê-la cancelar, mediante a prova da extinção:

(...)

III – pelo não uso, durante dez anos contínuos.

12. USUFRUTO POR USUCAPIÃO

Veja-se que o próprio Código Civil menciona a possibilidade de instituir-se o usufruto por usucapião, embora o legislador não tenha cuidado do disciplinamento da matéria (CC, art. 1.391).[27]

A doutrina pouco se dedica a esse assunto, talvez até pela incoerência da possibilidade aqui versada. Basta imaginar que se a pessoa pode adquirir a propriedade pela usucapião, não haveria razão para manejar uma ação visando reconhecer o usufruto pela mesma via da usucapião. Se a pessoa pode o mais, porque se contentaria com o menos?

O único autor que ousou aventar com um exemplo foi Clóvis Beviláqua levantando a possibilidade de se adquirir o usufruto por usucapião na hipótese de alguém que não era proprietário tenha instituído em favor de terceiro o usufruto.[28] Esse usufrutuário, depois do prazo estabelecido em lei, poderia adquirir esse direito invocando, por analogia, as regras da usucapião ordinário ou extraordinário de bens imóveis, conforme o caso.

De toda sorte, como esse tipo de questionamento pode ser objeto de prova e concurso é oportuno deixar consignado que é perfeitamente possível adquirir-se o usufruto através de usucapião, até porque previsto no retrocitado artigo 1.391 do Código Civil.

II – DO USO

13. CONCEITO DE USO

É um direito real que recai sobre coisa alheia, a título gratuito ou oneroso, temporário, insuscetível de cessão (a qualquer título), similar ao usufruto, porém de abrangência mais restrita, pois é limitado pelas necessidades do usuário e de sua família.

Dizemos que o uso é um usufruto restrito porque no uso o usuário terá apenas o *jus utendi*, isto é, terá apenas o direito de usar a coisa alheia, enquanto que no usufruto o usufrutuário tem o direito ao *jus utendi* e também ao jus *fruendi*.

É um instituto de pouca ou quase nenhuma utilidade em nosso país. Alguns doutrinadores dizem até que isso foi mantido no nosso Código Civil por saudosismo e romanismo que não se justifica.

De toda sorte, ele se encontra previsto em nossa legislação e nos cabe sobre ele tecer um mínimo de considerações.

---

27. CC, Art. 1.391. O usufruto de imóveis, quando não resulte de usucapião, constituir-se-á mediante registro no Cartório de Registro de Imóveis.
28. BEVILÁQUA, Clóvis. Direitos das coisas. Rio de Janeiro: Forense, p. 359.

14. QUANTO AOS FRUTOS

Excepcionalmente o usuário poderá receber os frutos quando o exigirem as necessidades suas e de sua família, considerando-se a sua condição social e o lugar onde vive, de tal sorte que estão excluídas as necessidades comerciais e industriais do beneficiário (CC, art. 1.412, § 1º).[29]

15. CONCEITO DE FAMÍLIA PARA EFEITOS DE USO

É importante fixar o conceito de família para efeito desse instituto, isto porque o Código Civil restringe o conceito de família em sentido *stricto* ao cônjuge e os filhos solteiros e, diferentemente do Direito de Família, quando se trata do uso a mesma lei inclui os empregados domésticos (ver CC, art. 1.412, § 2º).

Embora a lei não fale, é evidente que o (a) companheiro(a) equivale ao cônjuge para todos os efeitos.

16. CARACTERÍSTICAS

a) **Direito real sobre coisa alheia:**

Esse direito recai diretamente sobre bem pertencente a outrem, impondo restrição ao titular do domínio em benefício do usuário.

b) **Temporariedade:**

Pode ser instituído em caráter vitalício ou por prazo determinado. tanto num quanto noutro caso, não deixa de ser temporário, pois no caso do vitalício o prazo é o evento morte do usuário.

c) **Indivisibilidade:**

Significa dizer que não pode ser constituído em partes de uma mesma coisa.

d) **Intransmissibilidade:**

Não pode o uso ser transmitido gratuita ou onerosamente, nem por ato *inter vivos* nem por ato *causa mortis*.

---

29. CC, Art. 1.412. O usuário usará da coisa e perceberá os seus frutos, quanto o exigirem as necessidades suas e de sua família.

§ 1º Avaliar-se-ão as necessidades pessoais do usuário conforme a sua condição social e o lugar onde viver.

§ 2º As necessidades da família do usuário compreendem as de seu cônjuge, dos filhos solteiros e das pessoas de seu serviço doméstico.

e) Personalíssimo:

É um negócio jurídico de caráter personalíssimo, pois só se constitui em favor de um determinado usuário, que o utilizará com sua família. Em face desse caráter personalíssimo, se o usuário falecer o uso não se transmitirá aos herdeiros.

17. MODOS DE CONSTITUIÇÃO

Os modos pelos quais se pode constituir o uso são os mesmos que estudamos para o usufruto, cabendo destacar que pode se processar por ato *inter vivos* (contrato) ou *causa mortis* (testamento) ou mesmo por sentença judicial.

18. DIREITOS DO USUÁRIO

Mutatis mutandis, os direitos do usuário são os mesmos que já estudamos no usufruto, sendo certo que o usuário tem direito de fruir a utilidade da coisa; praticar atos e extrair da coisa os frutos, porém limitados àqueles que sejam suficientes para atender às necessidades suas e de sua família; e poderá administrar o bem.

19. DEVERES DO USUÁRIO

Também no que diz respeito aos deveres do usuário, nos reportamos ao que foi estudado no item anterior, cabendo destacar que o usuário deverá conservar o bem evitando o comprometimento da substância e de sua destinação, para restituí-la ao proprietário nas mesmas condições em que recebeu.

Além disso, não poderá retirar as utilidades da coisa além das necessárias para suprir as suas necessidades ou de sua família.

O usuário deverá, ainda, proteger o bem contra aqueles que tentem turbar ou esbulhar a propriedade; não deve dificultar, nem impedir o exercício dos direitos do proprietário; deve pagar os encargos incidentes sobre a coisa e, naturalmente, restituí-la quando findo o prazo estipulado.

20. EXTINÇÃO DO USO

A extinção do uso ocorre pelas mesmas formas pelas quais se extingue o usufruto, quais sejam, pela morte do usufrutuário; pelo advento do termo; pelo implemento da condição resolutiva; pela destruição ou perda da coisa; pela consolidação; por culpa do usufrutuário; pela renúncia; e pelo não uso da coisa.

Aliás, veja-se que o uso está disciplinado em apenas dois artigos do Código Civil, sendo que um deles é exatamente o que manda aplicar ao uso, naquilo que não for contrário à sua natureza, as regras do usufruto (CC, art. 1.413).[30]

III – DA HABITAÇÃO

21. CONCEITO DE HABITAÇÃO

É um direito real sobre coisa alheia, gratuito, de caráter personalíssimo e temporário, mais restrito do que o uso, pelo qual é cedido um imóvel a alguém para que o use como sua moradia e de sua família.

O titular desse direito não pode alugar, nem emprestar o imóvel sobre o qual incide o gravame, mas simplesmente ocupá-lo como sua moradia e de sua família (CC, art. 1.414).[31]

Os institutos do uso e a da habitação são de pouquíssima utilidade no Brasil e despertam pouco interesse da doutrina e até mesmo do legislador.

22. CESSÃO COLETIVA (COABITAÇÃO)

Se o direito de habitação for concedido a mais de uma pessoa, qualquer delas pode exercer seu direito, sem inibir o dos outros, não tendo que pagar aluguel a nenhuma delas, tendo em vista que todos terão direitos iguais (CC, art. 1.415).[32]

23. CARACTERÍSTICAS

As principais características que podemos destacar no direito de habitação são: a habitação é um direito real, personalíssimo, temporário, indivisível, intransmissível e gratuito.

---

30. CC, Art. 1.413. São aplicáveis ao uso, no que não for contrário à sua natureza, as disposições relativas ao usufruto.
31. CC, Art. 1.414. Quando o uso consistir no direito de habitar gratuitamente casa alheia, o titular deste direito não a pode alugar, nem emprestar, mas simplesmente ocupá-la com sua família.
32. CC, Art. 1.415. Se o direito real de habitação for conferido a mais de uma pessoa, qualquer delas que sozinha habite a casa não terá de pagar aluguel à outra, ou às outras, mas não as pode inibir de exercerem, querendo, o direito, que também lhes compete, de habitá-la.

24. DIREITOS DO HABITADOR

Os direitos, assim como os deveres do habitador, correspondem, guardadas as proporções, aos mesmos do usufrutuário, cabendo destacar os direitos:

a) **De residir no imóvel:**

Esse é o principal direito do habitador, poder morar na habitação com sua família podendo, inclusive, hospedar parentes e amigos.

b) **De se opor às intromissões do proprietário:**

É também direito do habitador exigir do dono do imóvel o respeito ao seu direito de moradia.

c) **Uso das ações em defesa da posse:**

Como possuidor direto, o habitador tem o direito de defender a posse contra todos, inclusive o proprietário.

d) **Indenização pelas benfeitorias:**

Fará também jus ao recebimento de indenizações pelas benfeitorias necessárias realizadas, bem como pelas úteis se autorizadas.

25. DEVERES DO HABITADOR

As obrigações decorrentes do contrato de habitação incluem o dever de guarda e conservação do imóvel; a utilização apenas para fins de moradia do habitador e sua família; pagar todos os tributos que recaírem sobre a coisa; não dar destinação diferente à coisa; e, por fim, restituir o prédio findo o contrato.

26. FORMAS DE EXTINÇÃO

A extinção da habitação pode ocorrer pelas mesmas formas com que se extingue o usufruto.

Aliás, o legislador manda aplicar à habitação tudo aquilo que se aplica ao usufruto (CC, art. 1.416).[33]

---

33. CC, Art. 1.416. São aplicáveis à habitação, no que não for contrário à sua natureza, as disposições relativas ao usufruto.

27. DIREITO DE HABITAÇÃO LEGAL

Vimos que o direito de habitação pode ser instituído por ato *inter vivos* (contrato) ou *causa mortis* (testamento), porém existe um tipo de habitação que podemos chamar de legal, pois independe da vontade das partes e encontra-se previsto na parte do Código Civil que regula a sucessão.

É o direito real de habitação para o cônjuge sobrevivente, qualquer que seja o regime de bens, que recai sobre o imóvel destinado à residência da família, desde que seja o único daquela natureza a inventariar (CC, art. 1.831).[34]

A finalidade desse instituto é garantir um dos direitos fundamentais da pessoa humana que é a moradia (ver CF, art. 6º), em perfeita harmonia com o postulado da dignidade da pessoa humana (ver CF, art. 1º, III).

Esse direito real de habitação em favor do cônjuge sobrevivente não depende de registro no Cartório de Registro de Imóveis, pois sua existência se dá *ex vi legis*, ou seja, por expressa determinação legal, posição esta unanimemente aceita pela doutrina e pela jurisprudência.

> **Atenção:** por analogia, esta regra também deve ser aplicada relativamente aos companheiros, especialmente se aplicarmos a regra insculpida no art. 226, § 3º, da Constituição Federal, que reconhece a união estável como entidade familiar.[35] Reforça essa ideia a expressa previsão dessa proteção na revogada Lei no 9.278/96, art. 7º, parágrafo único (Lei da União Estável).

Nesse mesmo sentido o Enunciado 117 da I Jornada de Direito Civil,[36] que assim deixou consignado: "o direito real de habitação deve ser estendido ao companheiro, seja por não ter sido revogada a previsão da Lei 9.278, seja em razão da interpretação analógica do artigo 1.831, informado pelo artigo 6º, *caput*, da Constituição de 88."

---

34. CC, Art. 1.831. Ao cônjuge sobrevivente, qualquer que seja o regime de bens, será assegurado, sem prejuízo da participação que lhe caiba na herança, o direito real de habitação relativamente ao imóvel destinado à residência da família, desde que seja o único daquela natureza a inventariar.

35. Art. 226. A família, base da sociedade, tem especial proteção do Estado. omissis..
§ 3º Para efeito da proteção do Estado, é reconhecida a união estável entre o homem e a mulher como entidade familiar, devendo a lei facilitar sua conversão em casamento.

36. As Jornadas de Direito Civil foram realizadas pelo Conselho da Justiça Federal (CJF) e do Centro de Estudos Jurídicos do CJF. Nessas jornadas, especialistas das variadas faces do Direito Civil foram chamados e, após debates, elaboraram Enunciados como uma síntese da interpretação que se deveria fazer sobre os dispositivos do novo Código Civil, cujo coordenador científico foi um dos mais brilhantes Ministros do STJ – Dr. Ruy Rosado de Aguiar (aposentado).

Lição 18
DO DIREITO DO PROMITENTE COMPRADOR

Sumário: 1. Conceito – 2. Requisitos – 3. Efeitos jurídicos – 4. Transmissibilidade – 5. Extinção – 6. Anotações sobre a ação de adjudicação compulsória.

1. CONCEITO

É direito real de aquisição de imóvel, oriundo do contrato preliminar de promessa de compra e venda, no qual não conste cláusula de arrependimento, que pode ser celebrado tanto por instrumento público quanto particular, devendo ser registrado no Cartório de Registro de Imóveis, para ter eficácia real e ser oponível *erga omnes*.

Este é um tipo de contrato preliminar extremamente popular, relevante e de larga aplicação na vida moderna. Milhares de pessoas que adquiriram imóveis ao longo do tempo não foram diretamente a um cartório para lavrar a respectiva escritura. Antes disso celebraram um "compromisso de compra e venda", como popularmente é conhecido esse tipo de contrato.

Muitas vezes, ocorre de o comprador honrar seus compromissos, pagar integralmente o preço e não obter do vendedor seu comparecimento em cartório para lavrar a respectiva escritura definitiva, instrumento este que permitiria ao comprador transferir o imóvel para seu nome. Nessas circunstâncias a solução que se apresenta é o indigitado comprador propor a ação de adjudicação compulsória visando obter um título que supra a ausência da escritura – a carta de adjudicação.

2. REQUISITOS

Além dos requisitos gerais exigidos para a realização de qualquer negócio jurídico, exige-se para que esse tipo de contrato se aperfeiçoe:

a) Irretratabilidade do contrato:

Não poderá constar no contrato cláusula de arrependimento porque assim determina a lei. Não se confunda cláusula de arrependimento com a condição resolutiva que sanciona o inadimplemento (CC, art. 1.417).[1]

b) Bem imóvel:

Deverá recair sempre sobre bem imóvel, de tal forte a se afirmar que não há no instituto em análise, a possibilidade de ser aplicado a bens móveis, por expressa determinação legal (ver CC, art. 1.417, *in fine*).

c) Preço:

Seja feito o pagamento à vista ou em prestações, isso não tem relevância para a criação do direito real que existirá tão logo o contrato seja registrado no Cartório de Registro de Imóveis.

Atenção: obviamente que esse tipo de contrato é utilizado nas aquisições a prestação porque, se o adquirente comprou e pagou à vista, certamente irá diretamente ao cartório e lavrará a respectiva escritura de compra e venda.

d) Inscrição no CRI:

O momento em que faz nascer o direito real é exatamente a inscrição perante o Cartório de Registro de Imóveis. Até o momento do registro, haverá um contrato que, quando muito, geraria direitos obrigacionais, não reais.

Atenção: o contrato não registrado tem validade, porém não será de direito real, mas sim obrigacional e, como tal, não será oponível a terceiros, porém valerá entre as partes.

e) Outorga conjugal:

Será sempre necessária a anuência do cônjuge em razão do que é disciplinado no art. 1.647, I, do Código Civil, exceto se casados pelo regime de separação total de bens.

3. EFEITOS JURÍDICOS

O compromisso de compra e venda, tão logo seja registrado, irá produzir efeitos jurídicos importantes e dentre estes cabe destacar os seguintes:

---

1. CC, Art. 1.417. Mediante promessa de compra e venda, em que se não pactuou arrependimento, celebrada por instrumento público ou particular, e registrada no Cartório de Registro de Imóveis, adquire o promitente comprador direito real à aquisição do Imóvel.

a) Direito real de aquisição:

O registro perante o Cartório de Registro de Imóveis é de fundamental importância, pois é esse ato que cria o direito real. O contrato não registrado tem validade, porém no âmbito do direito obrigacional e não vale contra terceiros.

b) Oponibilidade *erga omnes*:

Realizado o registro, o compromitente comprador terá assegurado o seu direito de aquisição contra quem quer que seja, inclusive contra o próprio proprietário.

c) Direito de sequela:

Ainda como decorrência do registro, o adquirente terá o direito de perseguir a coisa onde quer que ela esteja e das mãos de quem quer que a injustamente possua, podendo para isso utilizar todas as ações cabíveis.

d) Transmissão aos herdeiros:

Realizado o compromisso e se alguma das partes falecer, tanto vendedor quanto comprador, os direitos e obrigações se transmitem aos seus herdeiros que deverão dar continuidade ao contrato.

e) Transmissibilidade a terceiros:

Assim como se transmitem os direitos e obrigações aos herdeiros, também é permissível, tanto ao vendedor quanto ao comprador, transferir seus direitos/obrigações para terceiros.

4. TRANSMISSIBILIDADE

A promessa de compra e venda é um direito transferível, tanto por instrumento público quanto particular, devendo ser averbada à margem da inscrição na matrícula do imóvel para ter validade com relação a terceiros.

Esse fato pode ocorrer como mero ato negocial em que vendedor ou comprador podem transferir seus direitos e obrigações para terceiros. Também pode ocorrer em razão do falecimento de qualquer das partes quando então os direitos e obrigações serão transmitidos aos herdeiros.

5. EXTINÇÃO

A extinção do direito real do compromissário comprador do imóvel pode ocorrer de forma espontânea, forçada ou mesmo decorrente do caso fortuito ou de força maior. Vejamos.

a) Execução regular do contrato:

É a forma natural de extinção do contrato, que significa em última análise que as partes cumpriram com suas responsabilidades, ou seja, que o comprador pagou o preço e o vendedor lhe outorgou a respectiva escritura definitiva.

b) Execução forçada:

Que pode ocorrer quando uma das partes não cumpre espontaneamente com suas obrigações e obriga a outra a recorrer ao Judiciário para obter a resolução do contrato.

c) Pelo distrato:

Nada obsta que as partes, de comum acordo, ponham fim ao contrato.

d) Pelo perecimento do objeto:

É a típica impossibilidade superveniente que pode resultar, por exemplo, da destruição do imóvel.

e) Pela desapropriação:

Esta também é uma das formas de extinção do direito real de aquisição, na exata medida em ocorrerá a perda da propriedade em razão do interesse público determinante.

f) Pela evicção:

Por óbvio que, se a propriedade for reconhecida judicialmente como de outra pessoa que não o vendedor, o direito do promitente comprador também deixará de existir, sem prejuízo da indenização a que fará jus com relação ao promitente vendedor.

6. ANOTAÇÕES SOBRE A AÇÃO DE ADJUDICAÇÃO COMPULSÓRIA

Se o vendedor, ou terceiro, se negar a outorgar a escritura definitiva, o promitente-comprador poderá se socorrer do Judiciário para obter uma decisão judicial que supra a outorga da escritura (CC, art. 1.418, in fine).[2-3]

A adjudicação compulsória é direito de qualquer adquirente de imóveis no tocante à obtenção de uma ordem judicial que supra a vontade do vendedor inadimplente (ver CPC, art. 501).

---

2. CC, Art. 1.418. O promitente comprador, titular de direito real, pode exigir do promitente vendedor, ou de terceiros, a quem os direitos deste forem cedidos, a outorga da escritura definitiva de compra e venda, conforme o disposto no instrumento preliminar; e, se houver recusa, requerer ao juiz a adjudicação do imóvel.

3. Pode ser também extrajudicial inovação esta resultante da aprovação da lei 14.382/22 que inseriu o artigo 216-B na Lei nº 6.015/73 (LRP), cuja leitura sugerimos ao leitor.

Esse instituto encontra-se também previsto na Lei nº 6.766/79, que trata do parcelamento e uso do solo urbano, que, em seu art. 25, assim disciplinou: "são irretratáveis os compromissos de compra e venda, cessões e promessas de cessão, os que atribuam direito a adjudicação compulsória e, estando registrados, confiram direito real oponível a terceiros".

Verifica-se assim que um dos requisitos para o ingresso em juízo com a ação de adjudicação compulsória era a exigência de prévio registro do instrumento perante o cartório de imóveis competente (Lei nº 6.766/79, art. 25). Porém essa exigência foi sendo abrandada pelos nossos tribunais e, para pacificar a questão, foi editada a Súmula nº 239 do Superior Tribunal de Justiça, de seguinte teor: "o direito a adjudicação compulsória não se condiciona ao registro do compromisso de compra e venda no cartório de imóveis."[4]

Cumpre esclarecer que a exigência de registro no Cartório de Registro de Imóveis também consta do Código Civil de 2002 (ver art. 1.417), posterior à edição da súmula, e em razão disso muitos doutrinadores têm defendido que a referida súmula deveria ser revista, porém entendemos que a exigência de forma prevista no Código Civil refere-se à constituição do direito real, mas não inviabiliza a propositura da ação de adjudicação compulsória. Reforça esse nosso posicionamento o Enunciado nº 95 da 1ª Jornada de Direito Civil, promovida pelo Conselho Federal de Justiça, que estipulou: "o direito à adjudicação compulsória (art. 1.418 do novo Código Civil), quando exercido em face do promitente vendedor, não se condiciona ao registro da promessa de compra e venda no cartório de registro imobiliário (Súmula nº 239 do STJ)".

A adjudicação compulsória já se encontrava prevista anteriormente no Decreto-Lei nº 58/37, que dispõe sobre o loteamento e a venda de terrenos para pagamento em prestações, nos seguintes termos: "os compromissários têm o direito de, antecipando ou ultimando o pagamento integral do preço, e estando quites com os impostos e taxas, exigir a outorga da escritura de compra e venda" (art. 15).

Conforme inicialmente previsto, a adjudicação compulsória somente era cabível nos contratos de promessa de compra e venda de terrenos loteados, porém, com o passar dos tempos, a jurisprudência estendeu a sua aplicabilidade a todo e qualquer tipo de aquisição de imóveis, como casas e apartamentos residenciais ou mesmo imóveis comerciais.

Entendendo melhor: quando as partes celebram um compromisso de compra e venda de imóveis a prestação, o comprador promete pagar o preço e o comprador promete transferir o domínio após o recebimento do preço, o que será realizado através de escritura pública lavrada em cartório.

---

4. STJ, Súmula nº 239, 28-6-2000, DJ 30-8-2000.

É comum acontecer de o vendedor, depois de receber o preço, recusar-se a comparecer em cartório para a lavratura da escritura; ou simplesmente desapareceu e ninguém sabe onde encontrá-lo; ou, ainda, faleceu e os herdeiros se recusam a dar cumprimento à vontade do morto. Nesses casos, só resta ao promitente comprador pedir socorro ao Judiciário para, através da ação de adjudicação compulsória, obter um título que lhe permita transferir o imóvel para seu nome junto ao Cartório de Registro de Imóveis.

Importante: embora seja mais comum o comprador ingressar com ação de adjudicação compulsória, é importante deixar registrado que ela também pode ser manejada pelo vendedor, quando o comprador se recusa a comparecer para a lavratura da escritura. É preciso lembrar que o vendedor pode ter interesse, especialmente por razões fiscais, de retirar do rol de seus bens esse imóvel que, em verdade, já não mais lhe pertence.

Se a ação for proposta pelo comprador, depois da tramitação processual e sendo a ação julgada procedente, o juiz, ao sentenciar o feito, **mandará expedir a carta de adjudicação**, que será o título hábil a ser apresentado no registro imobiliário com a finalidade de transferir a propriedade para o adquirente (Decreto-Lei nº 58/37, art. 16).[5]

De outro lado, se a ação for proposta pelo vendedor contra o comprador, com a finalidade de eximir-se da condição de proprietário, o comprador será intimado para comparecer em cartório para assinar a escritura de compra e venda. Se não o fizer, o imóvel ficará depositado, formalmente, em juízo, por conta e risco do promissário comprador, quer responderá pelas despesas judiciais e custas do depósito (Decreto-Lei nº 58/37, art. 17).[6]

---

5. Decreto-Lei nº 58, Art. 16. Recusando-se os compromitentes a outorgar a escritura definitiva no caso do artigo 15, o compromissário poderá propor, para o cumprimento da obrigação, ação de adjudicação compulsória, que tomará o rito sumaríssimo.

§ 1º A ação não será acolhida se a parte, que a intentou, não cumprir a sua prestação nem a oferecer nos casos e formas legais.

§ 2º Julgada procedente a ação a sentença, uma vez transitada em julgado, adjudicará o imóvel ao compromissário, valendo como título para a transcrição.

§ 3º Das sentenças proferidas nos casos deste artigo, caberá apelação.

§ 4º Das sentenças proferidas nos casos deste artigo caberá o recurso de agravo de petição.

§ 5º Estando a propriedade hipotecada, cumprido o dispositivo do § 3º, do art. 1º, será o credor citado para, no caso deste artigo, autorizar o cancelamento parcial da inscrição, quanto aos lotes comprometidos.

6. Decreto-Lei nº 58, Art. 17. Pagas todas as prestações do preço, é lícito ao compromitente requerer a intimação judicial do compromissário para, no prazo de trinta dias, que correrá em cartório, receber a escritura de compra e venda.

Parágrafo único. Não sendo assinada a escritura nesse prazo, depositar-se-á o lote comprometido por conta e risco do compromissário, respondendo este pelas despesas judiciais e custas do depósito.

Lição 19
DA CONCESSÃO DE USO ESPECIAL PARA FINS DE MORADIA E DA CONCESSÃO DE DIREITO REAL DE USO

Sumário: I – Da concessão de uso especial para fins de moradia – 1. Breve análise histórica – 2. Natureza jurídica da concessão de uso especial para fins de moradia – 3. Formas de extinção – II – Da concessão de direito real de uso – 4. Histórico do direito real de uso – 5. Natureza jurídica – 6. Direito resolúvel – 7. Transmissibilidade.

I – DA CONCESSÃO DE USO ESPECIAL PARA FINS DE MORADIA

1. BREVE ANÁLISE HISTÓRICA

A figura da concessão de uso especial para fins de moradia surge como decorrência do que consta insculpido na Constituição Federal, quando trata da usucapião constitucional urbana, no capítulo que disciplina a política urbana (CF, art. 183).[1]

Uma primeira tentativa de regulamentação do instituto ocorreu com a aprovação do Estatuto da Cidade (Lei nº 10.257/01) que em seus arts. 4º e 48 expressamente fez prever este instituto, mas cuja regulamentação que era tra-

---

1. CF, Art. 183. Aquele que possuir como sua área urbana de até duzentos e cinquenta metros quadrados, por cinco anos, ininterruptamente e sem oposição, utilizando-a para sua moradia ou de sua família, adquirir-lhe-á o domínio, desde que não seja proprietário de outro imóvel urbano ou rural.

    § 1º O título de domínio e a concessão de uso serão conferidos ao homem ou à mulher, ou a ambos, independentemente do estado civil.

    § 2º Esse direito não será reconhecido ao mesmo possuidor mais de uma vez.

    § 3º Os imóveis públicos não serão adquiridos por usucapião.

tada nos arts. 15 a 20 não se materializou, porquanto vetados pela Presidência da República.

A regulamentação veio através da Medida Provisória nº 2.220, datada de 4-9-2001, que em seu art. 1º conceitua assim o instituto: "Aquele que, até 30 de junho de 2001, possuiu como seu, por cinco anos, ininterruptamente e sem oposição, até duzentos e cinquenta metros quadrados de imóvel público situado em área urbana, utilizando-o para sua moradia ou de sua família, tem o direito à concessão de uso especial para fins de moradia em relação ao bem objeto da posse, desde que não seja proprietário ou concessionário, a qualquer título, de outro imóvel urbano ou rural."

A Lei nº 11.481/07 deu *status* de direito real à concessão de uso especial para fins de moradia, bem como à concessão de direito real, ao incluir no art. 1.225 do Código Civil os incisos XI e XII.

2. NATUREZA JURÍDICA DA CONCESSÃO DE USO ESPECIAL PARA FINS DE MORADIA

É direito real de moradia (ver CC, art. 1.225, XI) e como tal oponível *erga omnes*, podendo ser constituída por via administrativa ou mesmo por decisão judicial, que deverá ser levada a registro no Cartório de Registro de Imóveis para ter eficácia real (ver art. 6º da referida Medida Provisória).

Em nome da função social da propriedade e considerando que os imóveis públicos não podem ser objeto de usucapião (ver CF, art. 183, § 3º – NR1), o legislador pátrio foi sábio ao atribuir *status* de direito real ao instituto da concessão e assim garantir às populações de baixa renda, mesmo sendo ocupantes de área pública, a segurança jurídica de poderem ser titulares de um direito, oponível *erga omnes*, até mesmo contra o Estado.

Esse benefício que é concedido gratuitamente poderá ser pleiteado por qualquer pessoa, independentemente do estado civil, e permitirá inclusive ao seu titular tomar empréstimo junto ao Sistema Financeiro da Habitação para edificação da moradia, oferecendo o próprio imóvel como garantia (Lei nº 11.481/07, art. 13).

3. FORMAS DE EXTINÇÃO

A própria medida provisória que regulamentou o instituto diz que o direito à concessão de uso especial para fins de moradia extingue-se no caso de (art. 8º):

a) Dar destinação diferente:

Se o concessionário der ao imóvel destinação diversa da moradia para si ou para sua família, naturalmente perderá esse direito.

b) Aquisição ou concessão de outro imóvel:

Também estará extinta a concessão se o concessionário vier a adquirir outra propriedade ou a concessão de uso de outro imóvel urbano ou rural.

A extinção de que trata esse artigo será averbada no Cartório de Registro de Imóveis, por meio de declaração do Poder Público concedente.

II – DA CONCESSÃO DE DIREITO REAL DE USO

4. HISTÓRICO DO DIREITO REAL DE USO

A concessão de direito real de uso é instituto antigo e foi instituído pelo Decreto-Lei nº 271, de 28-2-1967, que dispõe sobre loteamento urbano, responsabilidade do loteador, concessão de uso e espaço aéreo, conforme consta em seu art. 7º, nos seguintes termos: "É instituída a concessão de uso de terrenos públicos ou particulares remunerada ou gratuita, por tempo certo ou indeterminado, como direito real resolúvel, para fins específicos de regularização fundiária de interesse social, urbanização, industrialização, edificação, cultivo da terra, aproveitamento sustentável das várzeas, preservação das comunidades tradicionais e seus meios de subsistência ou outras modalidades de interesse social em áreas urbanas."

A concessão de direito real de uso também foi recepcionada pela Lei nº 10.257/01 (Estatuto da Cidade), como um dos instrumentos da Política Urbana (ver e art. 5º, inciso v, alínea *g*).

Mais recentemente, a Lei nº 11.481/07 redefiniu alguns conceitos do instituto, inclusive o art. 7º do Decreto-Lei nº 271, acima mencionado, e fez inserir no Código Civil, mais especificamente no art. 1.225, o inciso XII, para lhe atribuir a condição de direito real.

5. NATUREZA JURÍDICA

A concessão de direito real de uso é um tipo especial de direito real sobre coisa alheia, mas especificamente sobre coisa pública (embora possa ser aplicado aos particulares), nos termos do art. 1.225, XII, do Código Civil, que pode ser estabelecida por tempo determinado ou indeterminado, transferindo ao particular o uso e gozo das terras públicas, visando cumprir a função social da propriedade, com a vantagem de a Administração Pública continuar sendo titular do domínio.

Esse é um típico contrato de natureza administrativa no qual encontramos, de um lado, a figura da cessionária (Poder Público) e, do outro, o concedente (o particular). Além disso, esse contrato tem algumas características marcantes, quais sejam: a possibilidade de rescisão unilateral por parte da administração pública, a qualquer tempo, mediante o critério da oportunidade e conveniência, mediante a devida indenização; e a não transferência da propriedade do bem público ao concessionário.

6. DIREITO RESOLÚVEL

Dizemos que esse direito é resolúvel porque ele poderá ser extinto tanto pelo decurso do tempo fixado na concessão, quanto por eventual descumprimento de suas finalidades pelo concessionário, isto é, se for dada destinação diversa da estabelecida no contrato ou termo, ou haja descumprimento da cláusula resolutória do ajuste, sem direito à indenização pelas benfeitorias, de qualquer natureza, realizadas no imóvel.

7. TRANSMISSIBILIDADE

A concessão de uso é perfeitamente transferível, por ato *inter vivos ou causa mortis*, devendo ser registrada a transferência no Cartório de Registro de Imóveis.

De toda sorte, é importante consignar que o Poder Público pode estabelecer de forma diferente.

PARTE V
DOS DIREITOS REAIS DE GARANTIA

LIÇÃO 20
INTRODUÇÃO AOS DIREITOS REAIS DE GARANTIA

Sumário: 1. Crédito e garantia – 2. Conceito de direito real de garantia – 3. Direito de preferência – 4. Natureza jurídica – 5. Validade contra terceiros – 6. Capacidade para constituir ônus real – 7. Antecipação de vencimento da dívida garantida – 8. Indivisibilidade do direito de garantia – 9. Pacto comissório – 10. Crédito quirografário.

1. CRÉDITO E GARANTIA

É regra geral do Direitos das Obrigações que o patrimônio do devedor responde por suas dívidas. Significa dizer que, se o devedor não pagar, o credor poderá mover o processo de execução e pedir a penhora de tantos bens quantos bastem para satisfazer seu crédito.

Logo, se o devedor não pagar e se ele não tiver bens suficientes para quitar todas as dívidas, certamente um ou alguns credores irão ficar sem receber seus créditos.

Em razão disso, o credor precavido, antes de fornecer o crédito, irá se acercar das garantias possíveis para não correr o risco de ver o seu crédito inadimplido.

Se quiser ter maior certeza de recebimento do seu crédito, deverá pedir ao credor que dê algum tipo de garantia, que pode ser real ou pessoal; vejamos:

a) **Garantia pessoal:**

A garantia pessoal é muito frágil e pode ser resumida naquela expressão popular que diz: *La garantía soy yo*. Aqui, o pagamento da dívida depende da boa vontade e disposição do devedor.

b) **Garantia real:**

É aquela que se realiza através do penhor e da hipoteca, negócio jurídico que autoriza possa o credor levar o bem dado em garantia a leilão, no caso de eventual inadimplemento do devedor, e com o valor arrecadado ver seu crédito satisfeito. Nesse caso a coisa é a garantia de pagamento, não a vontade do devedor.

Atenção: aplicam-se as regras das garantias reais somente ao penhor e à hipoteca, tendo em vista ser incompatível com o instituto da anticrese, que não entra nesse rol.

2. CONCEITO DE DIREITO REAL DE GARANTIA

É o direito conferido ao titular de um crédito de, na eventualidade de inadimplemento do devedor, usar da prerrogativa de obter o pagamento da dívida da qual é credor, mediante a apreensão do bem do devedor para, com o valor da venda do mesmo em leilão ou com os seus rendimentos, satisfazer seu crédito (CC, art. 1.419).[1]

3. DIREITO DE PREFERÊNCIA

É o direito conferido ao titular do crédito garantido por hipoteca ou penhor de, na hipótese de inadimplemento do devedor, promover a excussão do bem e pagar-se com o produto da venda judicial do bem dado em garantia, excluídos os demais credores que somente participarão se houver sobra (CC, art. 1.422).[2]

Isso ocorre porque o bem que o devedor deu em garantia fica vinculado ao pagamento da dívida. Não quitado o débito, o credor poderá promover a execução sobre o bem e assim obter o pagamento da dívida com o valor arrecadado com a venda.

Atenção: esse direito de preferência não é absoluto porque outras leis podem excepcionar a matéria aqui versada, tais como, por exemplo, a Lei nº 11.101/05, que regula a recuperação judicial, a extrajudicial e a falência do empresário e da sociedade empresária, que em seu art. 83 estabelece como prioritários os créditos trabalhistas e os decorrentes de acidentes do trabalho, deixando em segundo lugar os créditos com garantia real.

---

1. CC, Art. 1.419. Nas dívidas garantidas por penhor, anticrese ou hipoteca, o bem dado em garantia fica sujeito, por vínculo real, ao cumprimento da obrigação.
2. CC, Art. 1.422. O credor hipotecário e o pignoratício têm o direito de excutir a coisa hipotecada ou empenhada, e preferir, no pagamento, a outros credores, observada, quanto à hipoteca, a prioridade no registro.

4. NATUREZA JURÍDICA

Os direitos reais de garantia são direitos que recaem diretamente sobre a coisa, ligando-se a ela onde quer que ela esteja e acompanhando-a com quem quer que detenha, pois o encargo recai diretamente sobre a coisa e é oponível *erga omnes*.

5. VALIDADE CONTRA TERCEIROS

Para ser válida contra terceiros, um dos requisitos necessários é que se faça a especialização enquanto enumeração pormenorizada da obrigação e da coisa dada em garantia, discriminando-se o valor do crédito, sua estimação ou valor máximo; o prazo fixado para pagamento; a taxa dos juros, se houver; e qual é o bem dado em garantia com as suas especificações pormenorizadas (CC, art. 1.424).[3]

Além disso, é necessário que haja publicidade que se dá pelo registro, no caso de hipoteca perante o Cartório de Registro de Imóveis e, no caso de penhor tradicional, no Cartório de Títulos e Documentos (exceto os penhores especiais).

6. CAPACIDADE PARA CONSTITUIR ÔNUS REAL

Além da capacidade geral para os atos da vida civil, só pode constituir ônus real quem pode alienar, assim como só se pode empenhar, hipotecar ou dar em anticrese os bens que estejam livres e desembaraçados para alienação (CC, art. 1.420).[4]

No entanto o Código Civil torna eficaz a garantia dada por quem não era dono, se depois veio a adquirir a propriedade por qualquer causa superveniente (ver CC, art. 1.420, § 1º).

---

3. CC, Art. 1.424. Os contratos de penhor, anticrese ou hipoteca declararão, sob pena de não terem eficácia:

I – o valor do crédito, sua estimação, ou valor máximo;

II – o prazo fixado para pagamento

III – a taxa dos juros, se houver;

IV – o bem dado em garantia com as suas especificações.

4. CC, Art. 1.420. Só aquele que pode alienar poderá empenhar, hipotecar ou dar em anticrese; só os bens que se podem alienar poderão ser dados em penhor, anticrese ou hipoteca.

§ 1º A propriedade superveniente torna eficaz, desde o registro, as garantias reais estabelecidas por quem não era dono.

§ 2º A coisa comum a dois ou mais proprietários não pode ser dada em garantia real, na sua totalidade, sem o consentimento de todos; mas cada um pode individualmente dar em garantia real a parte que tiver.

Ainda no retrocitado artigo o legislador fez prever a possibilidade de oneração da propriedade condominial desde que haja anuência de todos os condôminos; ressalvando o direito de cada um onerar livremente a sua quota-parte (ver CC, art. 1.420, § 2°).

> **Por exemplo**: é nula a hipoteca sobre imóvel sobre o qual incidam as cláusulas de impenhorabilidade e inalienabilidade, bem como será nulo o penhor se o devedor empenhar coisa que não é de sua propriedade.

7. ANTECIPAÇÃO DE VENCIMENTO DA DÍVIDA GARANTIDA

O Código Civil permite, visando à segurança do credor de direitos reais, que mesmo antes de vencida a dívida com garantia real, possa este credor executá-la nos casos especificados no art. 1425 e seus incisos,[5] que são:

a) Deterioração do bem dado em garantia:

> Se o bem dado em garantia se deteriorar, ou sofrer uma depreciação, de tal sorte que já não mais garanta a dívida, o credor poderá considerar a dívida vencida antecipadamente, se o devedor, tendo sido intimado, não reforçar ou substituir a garantia.

b) Insolvência ou falência do devedor:

> Esta também é uma das causas que autorizam o vencimento antecipado, por uma questão de lógica.

> **Atenção**: esclareça-se que somente a pessoa jurídica pode falir. A "falência" da pessoa física chama-se insolvência.

---

5. CC, Art. 1.425. A dívida considera-se vencida:

    I – se, deteriorando-se, ou depreciando-se o bem dado em segurança, desfalcar a garantia, e o devedor, intimado, não a reforçar ou substituir;

    II – se o devedor cair em insolvência ou falir;

    III – se as prestações não forem pontualmente pagas, toda vez que deste modo se achar estipulado o pagamento. Neste caso, o recebimento posterior da prestação atrasada importa renúncia do credor ao seu direito de execução imediata;

    IV – se perecer o bem dado em garantia, e não for substituído;

    V – se se desapropriar o bem dado em garantia, hipótese na qual se depositará a parte do preço que for necessária para o pagamento integral do credor.

    § 1° Nos casos de perecimento da coisa dada em garantia, esta se sub-rogará na indenização do seguro, ou no ressarcimento do dano, em benefício do credor, a quem assistirá sobre ela preferência até seu completo reembolso.

    § 2° Nos casos dos incisos IV e V, só se vencerá a hipoteca antes do prazo estipulado, se o perecimento, ou a desapropriação recair sobre o bem dado em garantia, e esta não abranger outras; subsistindo, no caso contrário, a dívida reduzida, com a respectiva garantia sobre os demais bens, não desapropriados ou destruídos.

LIÇÃO 20 • INTRODUÇÃO AOS DIREITOS REAIS DE GARANTIA **209**

c) **Atraso no pagamento das prestações:**

Se as prestações não forem pontualmente pagas, toda vez que desse modo se achar estipulado o pagamento. Neste caso, o recebimento posterior da prestação atrasada importa renúncia do credor ao seu direito de execução imediata.

d) **Perecimento do bem:**

Se o bem dado em garantia perecer, obviamente a garantia também deixará de existir.

e) **Desapropriação:**

Se ocorrer de o bem dado em garantia ser desapropriado, haverá sub--rogação do direito do credor no valor a ser apurado, hipótese na qual se depositará a parte do preço que for necessária para o pagamento integral do débito.

8. INDIVISIBILIDADE DO DIREITO DE GARANTIA

Ainda que a dívida garantida por penhor ou hipoteca seja divisível, ou mesmo que o bem dado em garantia também o seja, o direito real de garantia é indivisível.

Assim, ainda que o devedor pague parte da dívida, isso não significa dizer que o direito de garantia tenha sido extinto nessa proporção, porquanto ele existirá enquanto a dívida não for paga em sua integralidade. contudo, essa regra não é absoluta, admitindo que as partes possam pactuar em sentido contrário (CC, art. 1.421).[6]

9. PACTO COMISSÓRIO

É a convenção acessória, autorizando ao credor da dívida garantida ficar com a coisa dada em garantia, se a prestação não for cumprida no vencimento. Tendo em vista seu caráter usurário, **a lei expressamente proíbe o pacto comissório** (CC, art. 1.428).[7]

---

6. CC, Art. 1.421. O pagamento de uma ou mais prestações da dívida não importa exoneração correspondente da garantia, ainda que esta compreenda vários bens, salvo disposição expressa no título ou na quitação.
7. CC, Art. 1.428. É nula a cláusula que autoriza o credor pignoratício, anticrético ou hipotecário a ficar com o objeto da garantia, se a dívida não for paga no vencimento.
   Parágrafo único. Após o vencimento, poderá o devedor dar a coisa em pagamento da dívida.

No entanto permite o nosso Código Civil que o devedor possa dar em pagamento o objeto que garantia a dívida (dação em pagamento). Quer dizer, vencida a obrigação, poderá o devedor dar a coisa em pagamento da dívida (ver CC, art. 1.428, parágrafo único).

Vejam que são duas coisas diferentes: a lei proíbe que seja inserida cláusula prévia estabelecendo a perda da coisa em favor do credor no caso de inadimplemento (pacto comissório); contudo permite que, voluntariamente, o devedor possa entregar a coisa em pagamento pela dívida já vencida (dação em pagamento).

10. CRÉDITO QUIROGRAFÁRIO

Quirografário **é o crédito sem garantias**, isto é, aquele que tem como expectativa de pagamento a simples promessa do devedor de que honrará seu débito no dia do vencimento.

Assim, se o valor arrecadado no leilão for insuficiente para quitar o débito garantido, o credor terá direito ainda ao recebimento desse saldo, porém esse saldo agora é um crédito sem garantias, portanto um crédito quirografário.

> **Traduzindo melhor:** depois de arrematado em leilão o bem sobre o qual recai a garantia (penhor ou hipoteca), o valor arrecadado deverá servir para pagar a dívida e os seus acessórios, além das despesas judiciais. Se o valor arrecadado for insuficiente para quitar esses débitos, o devedor continuará sendo responsável pelo saldo da dívida, porém agora o credor tem um crédito de caráter pessoal (sem garantias), chamando-se de crédito quirografário (CC, art. 1.430).[8]

> **Curiosidade**: o **credor hipotecário** é aquele que tem um crédito garantido por hipoteca; já o **credor pignoratício**, um crédito garantido por penhor.

---

8. CC, Art. 1.430. Quando, excutido o penhor, ou executada a hipoteca, o produto não bastar para pagamento da dívida e despesas judiciais, continuará o devedor obrigado pessoalmente pelo restante.

LIÇÃO 21
DAS VÁRIAS FORMAS DE PENHOR

Sumário: I – Das várias espécies de penhor – 1. Notas introdutórias – II – penhor comum ou tradicional – 2. Conceito de penhor comum ou tradicional – 3. Elementos e características – 4. Penhor solidário – 5. Coisas fungíveis – 6. Direitos do credor pignoratício – 7. Obrigações do credor pignoratício – III – Penhor rural – 8. Conceito de penhor rural – 9. Características – 10. Cédula rural pignoratícia (CRP) – 11. Tipos de penhor rural – 12. Obrigações do devedor – 13. Diferenças com o penhor tradicional – IV – Penhor industrial e mercantil – 14. Conceito de penhor industrial e mercantil – 15. Penhor de mercadorias em armazéns – 16. Características – 17. Diferenças com o penhor tradicional – 18. Obrigações do devedor – V – Penhor de direitos e de títulos de crédito – 19. Conceito de penhor de direitos e de títulos de crédito – 20. Sobre o penhor de direitos – 21. Sobre o penhor de títulos – VI – Penhor de veículos – 22. Conceito de penhor de veículos – 23. Principais características – VII – Penhor legal – 24. Conceito de penhor legal – 25. Quais são os credores que a lei prevê? – 26. Formas de constituição – VIII – Extinção do penhor – 27. Extinção do penhor.

I – DAS VÁRIAS ESPÉCIES DE PENHOR

1. NOTAS INTRODUTÓRIAS

O leigo somente conhece o penhor tradicional, ou seja, aquele em que alguém entrega um bem móvel de valor e, mediante essa garantia, levanta um empréstimo ficando obrigado a pagar num prazo determinado, quando então poderá receber de volta a coisa dada em garantia. Porém, no nosso sistema jurídico existem vários outros tipos de penhor, conforme veremos no desenrolar desta lição.

Neste tópico vamos estudar as regras aplicáveis aos vários tipos de penhor. Depois, em cada tópico específico, estudaremos as peculiaridades de cada um dos modelos de penhor.

> **Importante: não confundir penhor com penhora!**... Os dois institutos jurídicos são completamente diferentes. A penhora é ato judicial pelo qual

o juiz determina sejam apreendidos os bens do devedor para serem levados a leilão e assim satisfazer um crédito no processo de execução, portanto um instituto regulado no Código de Processo Civil. Já o penhor, embora também seja uma garantia do credor, é negócio jurídico extrajudicial, realizado de comum acordo entre as partes e regulado pelo Código Civil.

II – PENHOR COMUM OU TRADICIONAL

2. CONCEITO DE PENHOR COMUM OU TRADICIONAL

É o direito real de garantia que consiste na tradição de uma coisa móvel, suscetível de alienação, realizada pelo devedor ou por terceiro ao credor, como garantia de um débito (CC, art. 1.431).[1]

Esse tipo de penhor, que também é chamado de simples ou convencional, é de grande utilidade na vida cotidiana das pessoas.

Traço que distingue o penhor tradicional das outras modalidades de penhor é que a coisa ofertada como garantia deverá ser entregue ao credor que ficará com a posse direta do bem, porém não deverá utilizá-lo. O devedor ficará com a posse indireta.

Somente as obrigações suscetíveis de avaliação pecuniária é que podem ser objeto de penhor.

Cabe ainda registrar que o penhor pode recair sobre uma obrigação como um todo ou mesmo sobre parte dela.

3. ELEMENTOS E CARACTERÍSTICAS

São vários os elementos que caracterizam o penhor tradicional ou comum. Senão, vejamos.

a) Capacidade do devedor:

Além da capacidade geral para os atos da vida civil, há necessidade de que aquele que ofereça um bem a penhor tenha a capacidade de dispor do mesmo, pois haverá a transferência do domínio, ainda que temporariamente.

---

1. CC, Art. 1.431. Constitui-se o penhor pela transferência efetiva da posse que, em garantia do débito ao credor ou a quem o represente, faz o devedor, ou alguém por ele, de uma coisa móvel, suscetível de alienação.

   Parágrafo único. No penhor rural, industrial, mercantil e de veículos, as coisas empenhadas continuam em poder do devedor, que as deve guardar e conservar.

b) Direito real:

A coisa fica vinculada ao pagamento da dívida e, tão logo o contrato seja levado a registro perante o Cartório de Registro de Títulos e Documentos, estará formado o direito real. O pedido de registro pode ser promovido por qualquer um dos contratantes (CC, art. 1.432).[2]

c) Tradição:

Quando se trata do penhor tradicional, ele se completa pela efetiva entrega da coisa, logo perfaz-se pela posse do objeto em mãos do credor. Se faltar a entrega da coisa, o penhor será ineficaz (ver CC, art. 1.431, 1ª parte).

d) Coisa móvel:

Traço de distinção do penhor com a hipoteca é sua incidência em coisas móveis, seja singular ou coletiva, corpórea ou incorpórea, de existência atual ou futura.

e) Alienabilidade do objeto:

É pressuposto do penhor a circunstância de a coisa empenhada poder ser alienável, logo é ineficaz o penhor de coisa alheia, salvo se houver autorização do dono. É lícito o penhor de coisa própria para garantia de dívida alheia.

f) Garantia:

Para que o penhor ocorra, é necessário que a coisa se submeta ao cumprimento da obrigação. Essa subordinação é da essência do negócio.

g) Débito:

Sendo um direito de garantia, pressupõe a existência de um crédito a ser garantido, oriundo de um débito.

h) Acessoriedade:

O penhor é acessório, pois é dependente de uma obrigação principal que sempre será o débito garantido.

i) Formalidade:

O penhor será sempre constituído por escrito, através de instrumento público ou particular e, no caso do penhor tradicional, se completa com o registro junto ao Cartório de Títulos e Documentos.

---

2. CC, Art. 1.432. O instrumento do penhor deverá ser levado a registro, por qualquer dos contratantes; o do penhor comum será registrado no Cartório de Títulos e Documentos.

Atenção: estas regras não se aplicam quando tratamos dos outros tipos de penhor, os chamados especiais. Uma das diferenças, por exemplo, é o registro que será realizado conforme a sua natureza e espécie, mas de regra será no Cartório de Registro de Imóveis. Outra diferença é que não haverá tradição do bem dado em garantia.

4. PENHOR SOLIDÁRIO

Quando o penhor recai em diversas coisas singulares, com cláusula de sujeitar cada uma delas à solução integral do crédito, dizemos que o penhor é solidário.

5. COISAS FUNGÍVEIS

É possível o penhor recair em coisas fungíveis e, nesse caso, a caracterização poderá fazer-se com a menção do gênero e da quantidade. Se não fizer a individualização, o credor não fica obrigado à restituição da coisa recebida, mas de coisa do mesmo gênero e qualidade.

6. DIREITOS DO CREDOR PIGNORATÍCIO

São vários os direitos do credor (CC, art. 1.433).[3] Senão, vejamos.

a) **Posse da coisa empenhada:**

Este poder de retenção implica na imissão do credor na posse direta da coisa, resguardada por todos os remédios possessórios (manutenção, reintegração, interdito e desforço), contra terceiros ou mesmo contra o próprio devedor (ver CC, art. 1.433, I).

---

3. CC, Art. 1.433. O credor pignoratício tem direito:

I – à posse da coisa empenhada;

II – à retenção dela, até que o indenizem das despesas devidamente justificadas, que tiver feito, não sendo ocasionadas por culpa sua;

III – ao ressarcimento do prejuízo que houver sofrido por vício da coisa empenhada;

IV – a promover a execução judicial, ou a venda amigável, se lhe permitir expressamente o contrato, ou lhe autorizar o devedor mediante procuração;

V – a apropriar-se dos frutos da coisa empenhada que se encontra em seu poder;

VI – a promover a venda antecipada, mediante prévia autorização judicial, sempre que haja receio fundado de que a coisa empenhada se perca ou deteriore, devendo o preço ser depositado. O dono da coisa empenhada pode impedir a venda antecipada, substituindo-a, ou oferecendo outra garantia real idônea.

b) Direitos de retenção do objeto:

O credor pode reter a coisa até o completo implemento da obrigação, bem como ser reembolsado das despesas que realizou com a sua conservação, além dos prejuízos que tiver sofrido em face de vícios contidos na coisa empenhada (ver CC, art. 1.433, II e III).

c) Direitos aos frutos:

O credor poderá se apropriar dos frutos da coisa empenhada, produzidos enquanto ela estiver em seu poder (ver CC, art. 1.433, V).

d) Venda da coisa:

Vencida e não paga a dívida, cabe ao credor excutir o penhor, promovendo a sua penhora e venda judicial. Essa venda pode ser amigável, se o permitir expressamente o contrato, ou o autorizar o devedor mediante procuração (ver CC, art. 1.433, IV).

Atenção: o credor não poderá, em nenhuma hipótese, apropriar-se do objeto dado em penhor como pagamento do débito. **O nosso sistema jurídico proíbe o pacto comissório.**

e) Venda antecipada:

Correndo o risco de a coisa perecer ou deteriorar-se, pode o credor requerer ao juiz autorização para vendê-la antes do vencimento da dívida. Promovida a venda, o credor depositará o valor em estabelecimento bancário que o juiz tenha determinado. O devedor cientificado poderá impedir a venda apresentando outra coisa para substituir a anterior (ver CC, art. 1.433, VI).

Cabe ainda anotar que o credor não pode ser obrigado a devolver a coisa empenhada, ou mesmo parte dela, antes de ser integralmente pago, podendo o juiz, a requerimento do proprietário, determinar que seja vendida apenas uma das coisas, ou parte da coisa empenhada, suficiente para o pagamento do credor (CC, art. 1.434).[4]

---

4. CC, Art. 1.434. O credor não pode ser constrangido a devolver a coisa empenhada, ou uma parte dela, antes de ser integralmente pago, podendo o juiz, a requerimento do proprietário, determinar que seja vendida apenas uma das coisas, ou parte da coisa empenhada, suficiente para o pagamento do credor.

7. OBRIGAÇÕES DO CREDOR PIGNORATÍCIO

Estabelece o nosso Código Civil várias obrigações que incumbe ao titular do crédito garantido por penhor (CC, art. 1.435)[5] e, dentre estas:

a) **Conservar a coisa:**

Na condição de depositário, este é o primeiro dever do credor e implica dizer que ele deve ser diligente e cuidadoso na guarda e conservação da coisa empenhada, sob pena de responder pelos prejuízos que por sua culpa possam ter ocorrido (ver CC, art. 1.435, I).

Atenção: se a coisa perecer por culpa do credor, este será obrigado a indenizar o devedor pelo valor da coisa, podendo a dívida ser compensada até o valor concorrente.

b) **Defesa da coisa empenhada:**

Além de ter a obrigação de defender a posse da coisa empenhada contra terceiros, deverá também dar ciência, ao dono dela, das circunstâncias que tornarem necessário o exercício de ação possessória, sob pena de responder por sua inércia (ver CC, art. 1.435, II).

c) **Abater os valores da percepção dos frutos:**

Os frutos percebidos deverão ser abatidos das despesas de guarda e conservação da coisa, nos juros e no capital da obrigação garantida, assim sucessivamente (ver CC, art. 1.435, III).

d) **Restituição da coisa após o pagamento da dívida:**

O credor tem o dever de restituir a coisa uma vez satisfeito seu crédito. A restituição implica na devolução não só da coisa como também dos frutos naturais e civis que ainda não tiverem sido percebidos pelo devedor na pendência do contrato (ver CC, art. 1.435, IV).

---

5. CC, Art. 1.435. O credor pignoratício é obrigado:

I – à custódia da coisa, como depositário, e a ressarcir ao dono a perda ou deterioração de que for culpado, podendo ser compensada na dívida, até a concorrente quantia, a importância da culpado, podendo ser compensada na dívida, até a concorrente quantia, a importância da responsabilidade;

II – à defesa da posse da coisa empenhada e a dar ciência, ao dono dela, das circunstâncias que tornarem necessário o exercício de ação possessória;

III – a imputar o valor dos frutos, de que se apropriar (art. 1.433, inciso V) nas despesas de guarda e conservação, nos juros e no capital da obrigação garantida, sucessivamente;

IV – a restituí-la, com os respectivos frutos e acessões, uma vez paga a dívida;

V – a entregar o que sobeje do preço, quando a dívida for paga, no caso do inciso IV do art. 1.433.

LIÇÃO 21 • DAS VÁRIAS FORMAS DE PENHOR — 217

e) Venda da coisa com saldo:

Vendida a coisa para pagar a dívida, seja judicial ou extrajudicialmente, o credor deverá devolver ao devedor o valor que sobrar depois de abater o valor do seu crédito (ver CC, art. 1.435, V).

III – PENHOR RURAL

8. CONCEITO DE PENHOR RURAL

É um tipo de penhor especial, que se constitui por instrumento público ou particular com vínculo real resultante do registro junto ao Cartório de Registro de Imóveis da circunscrição onde estejam situadas as coisas empenhadas, por via do qual agricultores ou criadores sujeitam suas culturas ou animais ao cumprimento de obrigações, ficando o próprio devedor como depositário daquelas ou destes (CC, art. 1.438).[6]

9. CARACTERÍSTICAS

O penhor rural apresenta algumas características próprias que devemos ressaltar.

a) Posse:

Diferentemente do penhor tradicional, nesse tipo de penhor o devedor fica com a posse direta, na qualidade de depositário do objeto da garantia, ficando o credor com a posse indireta, isto é, a posse jurídica.

b) Constituição:

Trata-se de negócio solene, celebrado por contrato particular ou instrumento público, devendo ser registrado no Cartório de Registro de Imóveis da circunscrição onde estiverem os bens ou animais (ver CC, art. 1.438).

c) Prazo:

Não excederá de três anos, no caso de penhor agrícola, e de quatro anos, tratando-se de penhor pecuário, prorrogável por igual prazo e, embora

---

6. CC, Art. 1.438. Constitui-se o penhor rural mediante instrumento público ou particular, registrado no Cartório de Registro de Imóveis da circunscrição em que estiverem situadas as coisas empenhadas. Parágrafo único. Prometendo pagar em dinheiro a dívida, que garante com penhor rural, o devedor poderá emitir, em favor do credor, cédula rural pignoratícia, na forma determinada em lei especial.

vencidos o contrato e sua prorrogação, subsiste a garantia enquanto existirem os bens que a constituem (CC, art. 1.439).[7]

d) Perda da colheita:

Na eventualidade de perda da colheita que garante o empréstimo, o penhor incidirá sobre a colheita imediatamente seguinte (CC, art. 1.443).[8]

e) Prédio hipotecado:

O fato de o imóvel estar hipotecado não impede a realização do penhor rural, tendo em vista que não se confunde a terra com as coisas que estejam sobre ela (CC, art. 1.440).[9] Quer dizer, os dois direitos não se confundem, pois um recai sobre o imóvel (hipoteca) e outro sobre os animais ou plantações (penhor).

10. CÉDULA RURAL PIGNORATÍCIA (CRP)

Se o pagamento da dívida for prometido em dinheiro, o devedor poderá emitir, em favor do credor, cédula rural pignoratícia, na forma determinada em lei especial (ver CC, art. 1.438, parágrafo único).

A cédula rural pignoratícia (CRP) é uma modalidade de cédula de crédito rural com promessa de pagamento em dinheiro. É emitida por pessoa física ou jurídica tomadora do financiamento rural, emitida a partir da Constituição de um penhor rural, e passa a valer como título de crédito autônomo e negociável. É um título de ampla utilização na concessão do crédito rural, especialmente pelas instituições financeiras oficiais.

Embora já prevista no Código Civil de 1916, a cédula rural foi regulamentada pela Lei nº 492, de 30 de agosto de 1937, depois reformulado pelo Decreto-Lei nº 167, de 14 de fevereiro de 1967, com a finalidade de permitir a emissão de um documento versátil, facilmente negociável, podendo ser transferido por simples

---

7. CC, Art. 1.439. O penhor agrícola e o penhor pecuário não podem ser convencionados por prazos superiores aos das obrigações garantidas.

§ 1º Embora vencidos os prazos, permanece a garantia, enquanto subsistirem os bens que a constituem.

§ 2º A prorrogação deve ser averbada à margem do registro respectivo, mediante requerimento do credor e do devedor.

8. CC, Art. 1.443. O penhor agrícola que recai sobre colheita pendente, ou em via de formação, abrange a imediatamente seguinte, no caso de frustrar-se ou ser insuficiente a que se deu em garantia.

Parágrafo único. Se o credor não financiar a nova safra, poderá o devedor constituir com outrem novo penhor, em quantia máxima equivalente à do primeiro; o segundo penhor terá preferência sobre o primeiro, abrangendo este apenas o excesso apurado na colheita seguinte.

9. CC, Art. 1.440. Se o prédio estiver hipotecado, o penhor rural poderá constituir-se independentemente da anuência do credor hipotecário, mas não lhe prejudica o direito de preferência, nem restringe a extensão da hipoteca, ao ser executada.

LIÇÃO 21 • DAS VÁRIAS FORMAS DE PENHOR

219

endosso, sendo um título formal, líquido, certo e exigível pela soma inscrita, que dispensa a outorga conjugal e é oponível *erga omnes*.

11. TIPOS DE PENHOR RURAL

Visando à facilitação de crédito rural e o incremento da economia, o legislador criou dois tipos de penhor rural. Vejamos.

a) **Agrícola:**

É aquele que recai sobre coisas relacionadas com a exploração agrícola, tais como as máquinas e equipamentos, colheitas, frutos armazenados ou acondicionados, lenha cortada, carvão vegetal e animais de serviços (CC, art. 1.442).[10]

Atenção: prevendo a possibilidade de insucesso da colheita dada em garantia, o legislador fez prever que o penhor se estende à próxima colheita pendente ou em vias de formação (ver CC, art. 1.443 – NR7).

b) **Pecuário:**

É aquele que recai sobre os animais de criação, tais como gado de corte ou de leite, cavalos, muares, caprídeos, ovídeos, enfim sobre os animais que se destinam à indústria agrícola, pastoril ou de laticínios (CC, art. 1.444).[11]

Atenção: o devedor não poderá alienar os animais empenhados sem anuência do credor, sob pena de, de duas, uma: o credor poderá requerer o depósito dos animais sob guarda de terceiro ou poderá considerar o vencimento antecipado da dívida (CC, art. 1.445).[12]

---

10. CC, Art. 1.442. Podem ser objeto de penhor:
    I – máquinas e instrumentos de agricultura;
    II – colheitas pendentes, ou em via de formação;
    III – frutos acondicionados ou armazenados;
    IV – lenha cortada e carvão vegetal;
    V – animais do serviço ordinário de estabelecimento agrícola.
11. CC, Art. 1.444. Podem ser objeto de penhor os animais que integram a atividade pastoril, agrícola ou de lacticínios.
12. CC, Art. 1.445. O devedor não poderá alienar os animais empenhados sem prévio consentimento, por escrito, do credor.
    Parágrafo único. Quando o devedor pretende alienar o gado empenhado ou, por negligência, ameace prejudicar o credor, poderá este requerer se depositem os animais sob a guarda de terceiro, ou exigir que se lhe pague a dívida de imediato.

Importante: Os animais da mesma espécie, comprados para substituir os mortos, ficam sub-rogados no penhor (CC, art. 1.446).[13]

12. OBRIGAÇÕES DO DEVEDOR

A primeira e mais importante obrigação do devedor é quitar o débito na data avençada. Além dessa podemos destacar duas outras:

a) **Entregar a coisa quando iniciada a excussão:**

Na eventualidade de inadimplemento, tão logo seja iniciada a execução judicial do penhor, o devedor será intimado para depositar em juízo o objeto da garantia, sob pena de ser considerado depositário infiel.

b) **Permitir ao credor inspecionar as coisas:**

Deve o devedor permitir, a todo tempo, possa o credor inspecionar o estado das coisas e dos animais dados em garantia (CC, art. 1. 441).[14]

13. DIFERENÇAS COM O PENHOR TRADICIONAL

Vale anotar algumas diferenças entre o penhor tradicional e o penhor rural (agrícola e pecuário):

a) **Tradição:**

Este tipo de penhor independe da tradição, quer dizer, o bem fica com o devedor que passará à condição de depositário.

b) **Bem imóvel:**

No penhor tradicional a garantia recai sobre bens móveis, e no penhor rural pode recair sobre bens imóveis, tais como os equipamentos e plantações incorporados à atividade agropastoril.

c) **Garantia:**

No penhor tradicional a garantia é feita sobre coisas presentes, enquanto no penhor rural é admissível recaia a garantia sobre coisas futuras (colheita).

---

13. CC, Art. 1.446. Os animais da mesma espécie, comprados para substituir os mortos, ficam sub-rogados no penhor.
Parágrafo único. Presume-se a substituição prevista neste artigo, mas não terá eficácia contra terceiros, se não constar de menção adicional ao respectivo contrato, a qual deverá ser averbada.
14. CC, Art. 1.441. Tem o credor direito a verificar o estado das coisas empenhadas, inspecionando-as onde se acharem, por si ou por pessoa que credenciar.

LIÇÃO 21 • DAS VÁRIAS FORMAS DE PENHOR | **221**

d) Registro:

No penhor tradicional o registro se faz perante o Cartório de Títulos e Documentos, enquanto que no penhor rural isso é feito perante o Cartório de Registro de Imóveis.

IV – PENHOR INDUSTRIAL E MERCANTIL[15]

14. CONCEITO DE PENHOR INDUSTRIAL E MERCANTIL

O penhor industrial e mercantil é aquele que se destina a garantir obrigações oriundas de negócio jurídico empresarial, podendo ser objeto máquinas, aparelhos, materiais, instrumentos, animais utilizados na indústria, produtos da suinocultura, animais destinados à comercialização de carnes e derivados, matérias-primas e produtos industrializados (CC, art. 1.447).[16]

15. PENHOR DE MERCADORIAS EM ARMAZÉNS

Se o penhor recair sobre coisas depositadas em armazéns gerais, a operação será regulada pelo Decreto nº 1.102, de 21 de novembro de 1903, que regula o estabelecimento de empresas de armazéns gerais, conforme expressamente excepcionado no Código Civil (ver CC, art. 1.447, parágrafo único).

Nesse caso, o referido decreto traça as linhas gerais sobre o endosso que recaia sobre mercadorias depositadas, especialmente o art. 19, que estatui: "O primeiro endosso do '*warrant*' declarará a importância do crédito garantido pelo penhor da mercadoria, taxa de juros e a data do vencimento."

Atenção: "*warrant*" é a denominação do título de crédito oriundo do penhor sobre mercadorias depositadas em armazéns gerais.

---

15. Além do Código Civil, diversos outros instrumentos legais disciplinam a matéria. Nesse sentido, ver o Decreto-Lei nº 1.271/39; Decreto-Lei nº 2.064/40; e o Decreto-Lei nº 2.064/42.

16. CC, Art. 1.447. Podem ser objeto de penhor máquinas, aparelhos, materiais, instrumentos, instalados e em funcionamento, com os acessórios ou sem eles; animais, utilizados na indústria; sal e bens destinados à exploração das salinas; produtos de suinocultura, animais destinados à industrialização de carnes e derivados; matérias-primas e produtos industrializados.

Parágrafo único. Regula-se pelas disposições relativas aos armazéns gerais o penhor das mercadorias neles depositadas.

16. CARACTERÍSTICAS

As principais características relacionadas ao penhor industrial e mercantil que podemos destacar são as seguintes:

a) **Posse:**

Tal qual no penhor agrícola, no penhor industrial e mercantil as coisas empenhadas ficam em poder do devedor, que responde pela sua guarda e conservação.

b) **Forma de Constituição:**

Constitui-se mediante instrumento público ou particular, registrado no Cartório de Registro de Imóveis da circunscrição onde estiverem localizadas as coisas empenhadas (CC, art. 1.448).[17]

c) **Emissão de títulos:**

Prometendo pagar em dinheiro a dívida, que garante com penhor industrial ou mercantil, o devedor poderá emitir, em favor do credor, cédula do respectivo crédito, na forma e para os fins que a lei especial determinar (ver CC, art. 1.448, parágrafo único). Quer dizer, o devedor pode emitir título industrial ou mercantil, transferível por endosso, representando o valor das coisas empenhadas, devendo observar a forma estabelecida no Decreto-Lei nº 413/69 e na Lei nº 6.840/80.

17. DIFERENÇAS COM O PENHOR TRADICIONAL

O que distingue os dois institutos é a natureza da obrigação: se a origem do negócio é de natureza empresarial, estaremos diante de um penhor mercantil ou industrial: se, em contrapartida, o negócio é realizado pelo particular, de natureza civil, então estaremos diante do penhor comum ou tradicional.

Além disso, também a posse é outro traço distintivo, já que no penhor tradicional ela será do credor e no penhor industrial e mercantil a posse dos instrumentos dados em garantia ficará em mãos do próprio devedor.

---

17. CC, Art. 1.448. Constitui-se o penhor industrial, ou o mercantil, mediante instrumento público ou particular, registrado no Cartório de Registro de Imóveis da circunscrição onde estiverem situadas as coisas empenhadas.

Parágrafo único. Prometendo pagar em dinheiro a dívida, que garante com penhor industrial ou mercantil, o devedor poderá emitir, em favor do credor, cédula do respectivo crédito, na forma e para os fins que a lei especial determinar.

18. OBRIGAÇÕES DO DEVEDOR

O devedor, na condição de depositário, tem a obrigação de cuidar da coisa com todo o zelo possível, sob pena de responder pelos danos que por sua culpa possam ocorrer.

Além desse dever de guarda, o código fixa duas outras:

a) **Não alterar as coisas empenhadas:**

Não poderá o devedor, sem a expressa anuência do credor, alterar ou mudar a situação das coisas dadas em garantia, sob pena de ser responsabilizado por tal fato (CC, art. 1.449).[18]

b) **Permitir ao credor a inspeção das coisas empenhadas:**

O credor tem o direito, a todo o tempo, de inspecionar as coisas que foram dadas em garantia, por si ou por pessoa de sua confiança (CC, art. 1.450).[19]

V – PENHOR DE DIREITOS E DE TÍTULOS DE CRÉDITO

19. CONCEITO DE PENHOR DE DIREITOS E DE TÍTULOS DE CRÉDITO

O penhor de direitos e de títulos de crédito é aquele que abrange ações negociadas em bolsa, títulos nominativos da dívida pública, títulos de crédito em geral, créditos oriundos de outro penhor, patentes e invenções, e todo e qualquer documento que possa representar um crédito, desde que passível de cessão (CC, art. 1.451).[20]

Atenção: somente pode ser constituído sobre direitos e créditos disponíveis, não se admitindo, por exemplo, possa recair sobre os direitos da personalidade ou sobre os créditos de alimentos.

20. SOBRE O PENHOR DE DIREITOS

Com relação ao penhor de direitos, é importante anotar alguns aspectos:

---

18. CC, Art. 1.449. O devedor não pode, sem o consentimento por escrito do credor, alterar as coisas empenhadas ou mudar-lhes a situação, nem delas dispor. O devedor que, anuindo o credor, alienar as coisas empenhadas, deverá repor outros bens da mesma natureza, que ficarão sub-rogados no penhor.
19. Art. 1.450. Tem o credor direito a verificar o estado das coisas empenhadas, inspecionando-as onde se acharem, por si ou por pessoa que credenciar.
20. CC, Art. 1.451. Podem ser objeto de penhor direitos, suscetíveis de cessão, sobre coisas móveis.

a) Forma de Constituição:

Pode ser constituído por instrumento público ou particular, porém, para ter validade contra terceiros, é preciso que seja registrado no Cartório de Títulos e Documentos (CC, art. 1.452).[21]

b) Comprovação do direito:

O titular do direito que foi empenhado deve entregar ao credor pignoratício os documentos comprobatórios do direito que foi dado em garantia, salvo se as partes convencionarem de forma diferente (ver CC, art. 1.452, parágrafo único).

c) Notificação ao devedor:

O devedor do direito empenhado deve ser notificado da existência do penhor, exceto se participou do negócio e após o seu ciente no instrumento de formalização do penhor (CC, art. 1.453).[22]

d) Cabe ao credor pignoratício:

Após a formalização do penhor, a documentação comprobatória do direito ficará em mãos do credor pignoratício, que terá legitimidade para promover todas as ações tendentes à conservação desse direito. Deverá ainda cobrar os juros e as demais prestações acessórias vinculadas ao direito garantido (CC, art. 1.454).[23] Além disso, deverá fazer a cobrança do direito no seu vencimento e, recebido o dinheiro, depositá-lo à conta do devedor pignoratício ou onde o juiz determinar (CC, art. 1.455).[24]

e) Existência de mais de um penhor:

Nesse caso, o devedor deverá pagar ao credor pignoratício que tenha o direito de preferência, ou seja, aquele em cujo nome conste o primeiro

---

21. CC, Art. 1.452. Constitui-se o penhor de direito mediante instrumento público ou particular, registrado no Registro de Títulos e Documentos.
Parágrafo único. O titular de direito empenhado deverá entregar ao credor pignoratício os documentos comprobatórios desse direito, salvo se tiver interesse legítimo em conservá-los.
22. CC, Art. 1.453. O penhor de crédito não tem eficácia senão quando notificado ao devedor; por notificado tem-se o devedor que, em instrumento público ou particular, declarar-se ciente da existência do penhor.
23. CC, Art. 1.454. O credor pignoratício deve praticar os atos necessários à conservação e defesa do direito empenhado e cobrar os juros e mais prestações acessórias compreendidas na garantia.
24. CC, Art. 1.455. Deverá o credor pignoratício cobrar o crédito empenhado, assim que se torne exigível. Se este consistir numa prestação pecuniária, depositará a importância recebida, de acordo exigível. Se este consistir numa prestação pecuniária, depositará a importância recebida, de acordo com o devedor pignoratício, ou onde o juiz determinar; se consistir na entrega da coisa, nesta se sub-rogará o penhor.
Parágrafo único. Estando vencido o crédito pignoratício, tem o credor direito a reter, da quantia recebida, o que lhe é devido, restituindo o restante ao devedor; ou a excutir a coisa a ele entregue.

LIÇÃO 21 • DAS VÁRIAS FORMAS DE PENHOR **225**

registro perante o Cartório de Títulos e Documentos. Responde por perdas e danos aos demais credores o credor preferente que, notificado por qualquer um deles, não promover oportunamente a cobrança (CC, art. 1.456).

21. SOBRE O PENHOR DE TÍTULOS

Também cabe anotar algumas observações sobre o penhor de títulos que, embora regulado na mesma seção, tem peculiaridades e algumas características que lhe são próprias.

a) **Objeto do penhor:**

É o direito oriundo do crédito, isto é, recai sobre o título que representa o crédito concedido, não importando indagar sobre a obrigação preexistente que originou a emissão do título.

b) **Forma de Constituição:**

Pode ser constituído por instrumento público ou particular, porém, para ter validade contra terceiros, é preciso que seja registrado no Cartório de Títulos e Documentos e se completa com a entrega do título de crédito ao credor pignoratício (CC, art. 1.458).[25]

c) **Pagamento:**

Não poderá o pagamento ser realizado ao titular do crédito empenhado, a não ser que tenha havido expressa anuência do credor pignoratício (CC, art. 1.457).[26]

d) **Obrigações do credor:**

Tendo em vista que o título é confiado ao credor pignoratício, a ele cabe conservar a posse do título e recuperá-la de quem quer que o detenha, utilizando para isso de todos os meios judiciais cabíveis; devendo ainda intimar ao devedor do título que não pague ao seu credor, enquanto durar o penhor. Deverá, ainda, receber a importância consubstanciada no título e os respectivos juros, se exigíveis, restituindo o título ao devedor, quando este solver a obrigação (CC, art. 1.459).[27]

---

25. CC, Art. 1.458. O penhor, que recai sobre título de crédito, constitui-se mediante instrumento público ou particular ou endosso pignoratício, com a tradição do título ao credor, regendo-se pelas Disposições gerais deste título e, no que couber, pela presente Seção.

26. CC, Art. 1.457. O titular do crédito empenhado só pode receber o pagamento com a anuência, por escrito, do credor pignoratício, caso em que o penhor se extinguirá.

27. CC, Art. 1.459. Ao credor, em penhor de título de crédito, compete o direito de:
I – conservar a posse do título e recuperá-la de quem quer que o detenha;

VI – PENHOR DE VEÍCULOS

22. CONCEITO DE PENHOR DE VEÍCULOS

Trata-se de penhor que recai em veículos automotores empregados no transporte de pessoas (ônibus, lotações, táxis) ou de coisas (caminhões), podendo recair em veículo individualizado ou mesmo em uma frota (CC, art. 1.461).[28]

23. PRINCIPAIS CARACTERÍSTICAS

Vale destacar as principais características do instituto:

a) **Constituição:**

Pode ser constituído por instrumento público ou particular, registrado no Cartório de Títulos e Documentos do domicílio do devedor e anotado no certificado de propriedade do veículo (CC, art. 1.462).[29]

b) **Seguro:**

O empenhante é obrigado a fazer seguro contra furto, avaria, perecimento e danos a terceiros, como pré-requisito de Constituição do penhor, sendo que o credor pignoratício será o beneficiário da indenização a ser paga pela seguradora, no caso de sinistro (CC, art. 1.463).[30]

c) **Posse:**

A posse direta permanece com o devedor que se torna responsável pela guarda e conservação do veículo, além de assumir todas as despesas de manutenção necessárias, ficando na condição de depositário sujeito às cominações legais pela infidelidade.

II – usar dos meios judiciais convenientes para assegurar os seus direitos, e os do credor do título empenhado;

28. CC, Art. 1.461. Podem ser objeto de penhor os veículos empregados em qualquer espécie de transporte ou condução.

29. CC, Art. 1.462. Constitui-se o penhor, a que se refere o artigo antecedente, mediante instrumento público ou particular, registrado no Cartório de Títulos e Documentos do domicílio do devedor, e anotado no certificado de propriedade.

Parágrafo único. Prometendo pagar em dinheiro a dívida garantida com o penhor, poderá o devedor emitir cédula de crédito, na forma e para os fins que a lei especial determinar. [30] CC, Art. 1.463. Não se fará o penhor de veículos sem que estejam previamente segurados contra furto, avaria, perecimento e danos causados a terceiros.

30. CC, Art. 1.463. Não se fará o penhor de veículos sem que estejam previamente segurados contra furto, avaria, perecimento e danos causados a terceiros.

LIÇÃO 21 • DAS VÁRIAS FORMAS DE PENHOR **227**

d) Vencimento antecipado do crédito pignoratício:

Se o devedor tentar alienar ou modificar a destinação do veículo empenhado, sem a prévia autorização do credor, isso implicará na antecipação do vencimento da dívida (CC, art. 1.465).[31]

e) Prazo:

Só pode ser constituído pelo prazo máximo de dois anos, prorrogável por igual prazo (CC, art. 1.466).[32]

f) Direito do credor de inspecionar as coisas:

O credor tem o direito, a todo o tempo, de inspecionar e verificar o estado das coisas empenhadas (CC, at. 1.464).[33]

VII – PENHOR LEGAL

24. CONCEITO DE PENHOR LEGAL

Além das várias formas de penhor convencional, a lei confere ao credor de alguns contratos bilaterais a faculdade de converter determinadas obrigações em penhor, e assim esses credores terão maiores garantias de recebimento de seus créditos.

Traduzindo melhor: a lei considera credor pignoratício, independentemente de qualquer acordo entre as partes, a pessoa que se encontre nas situações previstas no art. 1.467 do Código Civil.[34]

25. QUAIS SÃO OS CREDORES QUE A LEI PREVÊ?

a) Os donos de estabelecimento de hospedagem:

É reconhecido ao dono de hotel, pensão, estalagem e motel o direito de reter bagagem, móveis, joias ou dinheiro de seus clientes para se ressarcir das despesas e consumos ali efetuados.

---

31. CC, Art. 1.465. A alienação, ou a mudança, do veículo empenhado sem prévia comunicação ao credor importa no vencimento antecipado do crédito pignoratício.
32. CC, Art. 1.466. O penhor de veículos só se pode convencionar pelo prazo máximo de dois anos, prorrogável até o limite de igual tempo, averbada a prorrogação à margem do registro respectivo.
33. CC, Art. 1.464. Tem o credor direito a verificar o estado do veículo empenhado, inspecionando-o onde se achar, por si ou por pessoa que credenciar.
34. CC, Art. 1.467. São credores pignoratícios, independentemente de convenção:
    I – os hospedeiros, ou fornecedores de pousada ou alimento, sobre as bagagens, móveis, joias ou dinheiro que os seus consumidores ou fregueses tiverem consigo nas respectivas casas ou estabelecimentos, pelas despesas ou consumo que aí tiverem feito;
    II – o dono do prédio rústico ou urbano, sobre os bens móveis que o rendeiro ou inquilino tiver guarnecendo o mesmo prédio, pelos aluguéis ou rendas.

b) O dono de prédio rústico ou urbano alugado:

Também tem igual direito sobre os bens móveis com que o rendeiro ou inquilino tiver guarnecido o mesmo prédio, pelos alugueres ou rendas vencidas e não pagas.

Atenção: o inquilino pode impedir a Constituição do penhor mediante caução idônea (CC, art. 1.472).[35]

26. FORMAS DE CONSTITUIÇÃO

Não tendo sido quitado o débito, o credor terá direito de fazer a apreensão dos bens e, para se constituir em direito real, necessitará de homologação que poderá ser judicial ou extrajudicial. O requerimento ao juiz ou ao notário, deverá ser instruindo com a discriminação dos débitos e dos objetos retidos e requererá a citação/notificação do devedor (CC, art. 1.471[36] e CPC, art. 703[37]).

Para essa garantia, é lícito ao credor apreender um ou mais objetos até o valor da dívida (CC, art. 1.469),[38] cabendo ainda destacar os seguintes aspectos:

a) Credor não requer homologação:

Se o credor deixar de requerer a homologação, estará cometendo esbulho.

Atenção: a lei autoriza que os credores, possam fazer efetivo o penhor, antes mesmo de recorrerem à autoridade judiciária, sempre que haja perigo na demora, dando aos devedores comprovante dos bens de que se apossarem (CC, art. 1.470).[39]

---

35. CC, Art. 1.472. Pode o locatário impedir a Constituição do penhor mediante caução idônea.
36. CC, Art. 1.471. Tomado o penhor, requererá o credor, ato contínuo, a sua homologação judicial.
37. CPC, Art. 703. Tomado o penhor legal nos casos previstos em lei, requererá o credor, ato contínuo, a homologação.

    § 1º Na petição inicial, instruída com o contrato de locação ou a conta pormenorizada das despesas, a tabela dos preços e a relação dos objetos retidos, o credor pedirá a citação do devedor para pagar ou contestar na audiência preliminar que for designada.

    § 2º A homologação do penhor legal poderá ser promovida pela via extrajudicial mediante requerimento, que conterá os requisitos previstos no § 1º deste artigo, do credor a notário de sua livre escolha.

    § 3º Recebido o requerimento, o notário promoverá a notificação extrajudicial do devedor para, no prazo de 5 (cinco) dias, pagar o débito ou impugnar sua cobrança, alegando por escrito uma das causas previstas no art. 704, hipótese em que o procedimento será encaminhado ao juízo competente para decisão.

    § 4º Transcorrido o prazo sem manifestação do devedor, o notário formalizará a homologação do penhor legal por escritura pública.
38. CC, Art. 1.469. Em cada um dos casos do art. 1.467, o credor poderá tomar em garantia um ou mais objetos até o valor da dívida.
39. CC, Art. 1.470. Os credores, compreendidos no art. 1.467, podem fazer efetivo o penhor, antes de recorrerem à autoridade judiciária, sempre que haja perigo na demora, dando aos devedores comprovante dos bens de que se apossarem.

LIÇÃO 21 • DAS VÁRIAS FORMAS DE PENHOR **229**

b) **Juiz não homologa o penhor:**

Se o penhor não for homologado, o credor deverá devolver os bens ao devedor, podendo cobrar a dívida pelas vias ordinárias.

c) **Execução:**

Homologado o penhor, o credor estará autorizado a promover a penhora dos objetos retidos e promover a execução da garantia pignoratícia.

VIII – EXTINÇÃO DO PENHOR

27. EXTINÇÃO DO PENHOR

As causas de extinção do penhor estão previstas no art. 1.436[40] do Código Civil. Vejamos.

a) **Extinção da obrigação:**

Sendo direito acessório, extinto o principal, extingue-se junto o direito acessório, o que pode se dar tanto pelo pagamento direto quanto por sucedâneo de pagamento como a dação, novação, compensação ou transação (ver CC, art. 1.436, I).

b) **Perecimento da coisa:**

Desaparecendo o objeto dado em garantia, o direito que recaía sobre ele também desaparece (ver CC, art. 1.436, II).

Atenção: nesse caso, extingue-se a garantia, porém subsiste a obrigação que agora passa a ser uma obrigação sem privilégio, passando seu titular à condição de credor quirografário.

---

40. CC, Art. 1.436. Extingue-se o penhor:

I – extinguindo-se a obrigação;

II – perecendo a coisa;

III – renunciando o credor;

IV – confundindo-se na mesma pessoa as qualidades de credor e de dono da coisa;

V – dando-se a adjudicação judicial, a remissão ou a venda da coisa empenhada, feita pelo credor ou por ele autorizada.

§ 1º Presume-se a renúncia do credor quando consentir na venda particular do penhor sem reserva de preço, quando restituir a sua posse ao devedor, ou quando anuir à sua substituição por outra garantia.

§ 2º Operando-se a confusão tão somente quanto a parte da dívida pignoratícia, subsistirá inteiro o penhor quanto ao resto.

c) Renúncia do credor:

Pode o credor renunciar ao crédito ou somente à garantia pignoratícia. Se renunciar ao crédito, a dívida estará extinta. No caso de renunciar à garantia, a dívida permanecerá, porém a garantia agora será pessoal (ver CC, art. 1.436, III).

Atenção: embora a renúncia deva ser expressa, como regra, a lei admite que ela pode ser tácita quando o credor consentir na venda particular do penhor sem reserva de preço; quando restituir a sua posse ao devedor; ou, ainda, quando anuir à sua substituição por outra garantia.

d) Confusão:

Quando se confundem na mesma pessoa as qualidades de credor e dono da coisa (ver CC, art. 1.436, IV).

e) Adjudicação:

A adjudicação judicial se dá quando, não havendo lance no leilão para arrematar o bem, o credor requer a adjudicação do bem pelo preço da avaliação (ver CC, art. 1.436, V).

f) Remição:

Tendo sido penhorada a coisa e antes da adjudicação, pode o devedor pagar a integralidade do débito, acrescido de juros, custas e honorários advocatícios e assim reaver o bem (CPC, art. 826).[41]

Atenção: o art. 1.436, V, fala em "remissão" (perdão), mas entendemos que o correto, neste caso, é "remição" (resgate).

g) A venda da coisa:

É o resultado do leilão bem-sucedido. Tendo sido arrematado o bem, o valor arrecadado tem como finalidade primeira pagar o credor, devolvendo ao devedor o saldo, se houver (CC, art. 1.436, V).

Atenção: qualquer que seja a forma de extinção do penhor, ele somente produzirá efeitos depois de averbado o cancelamento no registro competente (CC, art. 1.437).[42]

---

41. CPC, Art. 826. Antes de adjudicados ou alienados os bens, o executado pode, a todo tempo, remir a execução, pagando ou consignando a importância atualizada da dívida, acrescida de juros, custas e honorários advocatícios.

42. CC, Art. 1.437. Produz efeitos a extinção do penhor depois de averbado o cancelamento do registro, à vista da respectiva prova.

Lição 22
DA HIPOTECA

Sumário: 1. Conceito – 2. Características – 3. Requisitos objetivos – 4. Requisito subjetivo – 5. Requisitos formais – 6. Tipos de hipoteca – 7. Pluralidade de hipotecas – 8. Venda do imóvel hipotecado – 9. Efeitos jurídicos da hipoteca – 10. Direito de remição – 11. Desmembramento do imóvel hipotecado – 12. Cédula hipotecária – 13. Extinção da hipoteca – 14. Outras formas de extinção da hipoteca.

1. CONCEITO

É o direito real de garantia que tem por objeto principalmente bens imóveis e seus acessórios, mas que pode recair em outros bens, pertencentes ao devedor ou a terceiros e que, embora não entregues ao credor, asseguram-lhe, preferencialmente, o recebimento de seu crédito, devendo ser registrado no órgão competente.

Além dos imóveis, podem ser objeto de hipoteca o domínio direto e o domínio útil; as estradas de ferro; as jazidas, minas e demais recursos minerais; os navios e as aeronaves;[1] o direito de uso especial para fins de moradia; o direito real de uso; e a propriedade superficiária (CC, art. 1.473).[2]

---

1. A hipoteca dos navios e das aeronaves reger-se-á pelo disposto em lei especial.
2. CC, Art. 1.473. Podem ser objeto de hipoteca:
   I – os imóveis e os acessórios dos imóveis conjuntamente com eles;
   II – o domínio direto;
   III – o domínio útil;
   IV – as estradas de ferro;
   V – os recursos naturais a que se refere o art. 1.230, independentemente do solo onde se acham;
   VI – os navios;
   VII – as aeronaves;
   VIII– o direito de uso especial para fins de moradia;
   IX – o direito real de uso;
   X – a propriedade superficiária.
   § 1º A hipoteca dos navios e das aeronaves reger-se-á pelo disposto em lei especial.
   § 2º Os direitos de garantia instituídos nas hipóteses dos incisos IX e X do caput deste artigo ficam limitados à duração da concessão ou direito de superfície, caso tenham sido transferidos por período determinado.

Atualmente, é um instrumento muito utilizado como garantidor de obrigações contratuais, tendo em vista a possibilidade de o credor obter a satisfação do seu crédito, mesmo diante da inadimplência do devedor, já que, objetivamente falando, o bem hipotecado é a garantia do cumprimento da obrigação assumida pelo devedor.

Nada obsta seja a hipoteca constituída para garantia de dívida futura ou condicionada, desde que determinado o valor máximo do crédito a ser garantido. Nesse caso, na eventual necessidade de execução da hipoteca, o devedor deverá manifestar sua concordância em face da verificação da condição ou do montante da dívida (CC, art. 1.487).[3]

Vale lembrar que hipoteca somente se materializará como direito real após o registro do título no órgão competente, quando então tornar-se-á oponível a terceiros e assegurará ao credor, além da preferência no recebimento de seu crédito, o poder de sequela.

Atenção: alguns autores entendem que a hipoteca sobre navios, aeronaves, minas e pedreiras deveria ser classificada como **hipoteca especial**, devido às suas especificidades.

2. CARACTERÍSTICAS

a) **Natureza civil:**

Ainda que a dívida seja comercial, a natureza da hipoteca é civil. Vale lembrar que a hipoteca é direito real de garantia de natureza civil, incidente em coisa imóvel do devedor ou de terceiro, sem transmissão da posse ao credor

b) **Direito real:**

É o tipo de garantia que submete a coisa ao pagamento da dívida, podendo recair inclusive sobre bens móveis enquanto acessórios do imóvel (CC art. 1.474).[4]

---

3. CC, Art. 1.487. A hipoteca pode ser constituída para garantia de dívida futura ou condicionada, desde que determinado o valor máximo do crédito a ser garantido.

§ 1º Nos casos deste artigo, a execução da hipoteca dependerá de prévia e expressa concordância do devedor quanto à verificação da condição, ou ao montante da dívida.

§ 2º Havendo divergência entre o credor e o devedor, caberá àquele fazer prova de seu crédito. Reconhecido este, o devedor responderá, inclusive, por perdas e danos, em razão da superveniente desvalorização do imóvel.

4. CC, Art. 1.474. A hipoteca abrange todas as acessões, melhoramentos ou construções do imóvel. Subsistem os ônus reais constituídos e registrados, anteriormente à hipoteca, sobre o mesmo imóvel.

LIÇÃO 22 • DA HIPOTECA **233**

c) **A posse do bem continua com o devedor:**

O hipotecante conserva em seu poder o bem dado em garantia e, sobre ele, exerce todos os poderes no que diz respeito ao uso, gozo e fruição. Somente perderá a coisa por via judicial mediante excussão, no caso de inadimplir o débito.

d) **Indivisível:**

A hipoteca grava o bem em sua totalidade e mesmo o pagamento parcial da dívida não exonera o ônus, a não ser que haja cláusula expressa neste sentido.

e) **Acessória:**

É direito real criado para assegurar eficácia a um direito pessoal. Ele é acessório em relação ao crédito, de tal sorte que, se o crédito desaparece, a garantia também desaparecerá.

f) **Solene:**

É exigida a forma escrita, podendo ser por instrumento público ou particular, conforme seja o valor do bem dado em hipoteca e, para o seu aperfeiçoamento, é necessário ser levada a registro no órgão competente.

Atenção: vale lembrar que o art. 108 do Código Civil estipula que os negócios jurídicos envolvendo imóveis de valor superior a 30 (trinta) salários-mínimos, para sua validade, deverá ser realizado por escritura pública.

g) **Preferência e sequela:**

Vendido o bem em hasta pública, o credor hipotecário tem preferência no recebimento de seu crédito e, além disso, o credor tem o poder de reivindicar a coisa de quem quer que a injustamente detenha.

3. REQUISITOS OBJETIVOS

Podem ser objetos de hipoteca os bens imóveis com seus acessórios, navios, aeronaves, estradas de ferro e os recursos naturais previstos no art. 1.230 do Código Civil.

Dessa forma, objetivamente falando, a hipoteca somente pode recair sobre os bens que a lei expressamente menciona (ver CC, art. 1.473), que são os seguintes:

a) **Os imóveis e os seus acessórios:**

A hipoteca pode recair sobre o imóvel e suas acessões tanto naturais quanto artificiais, tais como árvores, frutos, construções, plantações, e pode incluir tudo que se destina ao uso ou serviço, como tratores, objetos de decoração da casa etc., desde que expressamente incluídos no título constitutivo (ver CC, art. 1.474).

Atenção: subsistem os ônus reais constituídos e registrados, anteriormente à hipoteca, sobre o mesmo imóvel. Por exemplo, podem ser penhorados os aluguéis do imóvel hipotecado.

b) **O domínio direto e o domínio útil:**

Pode ser hipotecado o domínio direto do proprietário, mas também pode ser hipotecado o domínio útil do enfiteuta ou do superficiário.

c) **Estradas de ferro:**

As estradas de ferro são consideradas imóveis por aderência ao solo e constituem bens de valor economicamente significante, podendo ser hipotecados a linha toda, um ramal, o solo onde se assenta, terrenos marginais, estações, oficinas ou até mesmo o material rodante (CC, art. 1.504).[5] Nesse caso, a hipoteca deverá ser registrada no Município da estação inicial da respectiva linha (CC, art. 1.502).[6]

Importante: o fato de ser hipotecada uma estrada de ferro não autoriza que os credores hipotecários possam embaraçar a exploração da linha, nem contrariar as modificações que a administração deliberar, quanto ao leito da estrada, suas dependências ou seu material (CC, art. 1.503).[7]

Atenção: no caso de estradas de ferro, o Estado tem o direito de remir a via férrea em nome do interesse público, desde que pague o preço da arrematação ou da adjudicação (CC, art. 1.505).[8]

d) **Recursos naturais:**

As minas, jazidas, pedreiras, potenciais de energia hidráulica e monumentos arqueológicos podem ser hipotecados independentemente do solo em que se encontram (ver CF, art. 176).

---

5. CC, Art. 1.504. A hipoteca será circunscrita à linha ou às linhas especificadas na escritura e ao respectivo material de exploração, no estado em que ao tempo da execução estiverem; mas os credores hipotecários poderão opor-se à venda da estrada, à de suas linhas, de seus ramais ou de parte considerável do material de exploração; bem como à fusão com outra empresa, sempre que com isso a garantia do débito enfraquecer.

6. CC, Art. 1.502. As hipotecas sobre as estradas de ferro serão registradas no Município da estação inicial da respectiva linha.

7. CC, Art. 1.503. Os credores hipotecários não podem embaraçar a exploração da linha, nem contrariar as modificações, que a administração deliberar, no leito da estrada, em suas dependências, ou no seu material.

8. CC, Art. 1.505. Na execução das hipotecas será intimado o representante da União ou do Estado, para, dentro em quinze dias, remir a estrada de ferro hipotecada, pagando o preço da arrematação ou da adjudicação.

e) A hipoteca de navios e aeronaves:

Embora sejam bens móveis por excelência, visando à maior segurança jurídica aos negócios envolvendo esses veículos, o legislador fez prever a possibilidade de recair hipoteca sobre esses bens, cujo disciplinamento é regulado pela legislação especial (nos casos de navios, ver o Decreto no 18.871/19; para aeronaves, ver o Código Brasileiro de Aeronáutica, Lei n° 7.565/86).

4. REQUISITO SUBJETIVO

Para validade da hipoteca, além da capacidade geral para os atos da vida civil, é necessário que o hipotecante possa alienar a coisa e que o bem possa ser alienável (CC, art. 1.420),[9] porque é preciso ter-se em conta que, em não havendo o pagamento da dívida, o bem será levado a venda judicial para pagamento do débito.

Apesar disso, faz prever o nosso Código Civil que, se quem deu o bem em hipoteca não era o proprietário, mas veio a adquirir a propriedade subsequentemente, isto é, por qualquer causa superveniente, a hipoteca ganhará eficácia plena (ver CC, art. 1.420, parágrafo único).

Cumpre ainda alertar que nenhum dos cônjuges pode, sem a autorização do outro, exceto no regime de separação total de bens, gravar de ônus real os bens imóveis (CC, art. 1.647, I).[10]

Ademais, nos casos de administradores, há necessidade de prévia autorização judicial. É o caso, dentre outros, dos pais em relação aos bens dos filhos menores (CC, art. 1.691);[11] o tutor ou curador em face dos bens dos tutelados ou

---

9. CC, Art. 1.420. Só aquele que pode alienar poderá empenhar, hipotecar ou dar em anticrese; só os bens que se podem alienar poderão ser dados em penhor, anticrese ou hipoteca.

§ 1° A propriedade superveniente torna eficaz, desde o registro, as garantias reais estabelecidas por quem não era dono.

§ 2° A coisa comum a dois ou mais proprietários não pode ser dada em garantia real, na sua totalidade, sem o consentimento de todos; mas cada um pode individualmente dar em garantia real a parte que tiver.

10. CC, Art. 1.647. Ressalvado o disposto no art. 1.648, nenhum dos cônjuges pode, sem autorização do outro, exceto no regime da separação absoluta:

I – alienar ou gravar de ônus real os bens imóveis;

(omissis)...

11. CC, Art. 1.691. Não podem os pais alienar, ou gravar de ônus real os imóveis dos filhos, nem contrair, em nome deles, obrigações que ultrapassem os limites da simples administração, salvo por necessidade ou evidente interesse da prole, mediante prévia autorização do juiz.

curatelados (CC, art. 1.750 e 1.781);[12] do inventariante em relação aos bens do espólio (CC, art. 1.793, § 3º).[13]

5. REQUISITOS FORMAIS

Ainda devem ser considerados os requisitos formais no tocante à validade da hipoteca, pois além do preenchimento dos requisitos objetivos e subjetivos, deve haver uma obediência à forma de Constituição que envolve o título constitutivo (contrato, sentença ou disposição legal), a especialização e o registro no órgão competente. Vejamos cada um desses itens.

a) **Título constitutivo:**

A hipoteca só admite a forma escrita e podem ser títulos hábeis para sua formação o contrato entre as partes, na **hipoteca convencional**, realizado por instrumento público ou particular; a sentença, nos casos de **hipoteca judicial**; e disposição de lei, para a **hipoteca legal**.

b) **Especialização:**

Há também a necessidade de discrição do crédito garantido e a especificação do imóvel sobre o qual recai a hipoteca (CC, art. 1.424).[14] Isso se justifica porque não se admite hipoteca geral ou ilimitada, isto é, sem que se conheçam as delimitações do bem sobre o qual recai e a extensão do crédito garantido.

c) **Registro:**

É o ato pelo qual se dá publicidade à hipoteca, de sorte a afirmar que somente com o registro é que nasce o direito real. Enquanto não registrada, a hipoteca somente tem valor entre os signatários, não valendo com relação a terceiros. O registro é o momento culminante da hipoteca,

---

12. CC, Art. 1.750. Os imóveis pertencentes aos menores sob tutela somente podem ser vendidos quando houver manifesta vantagem, mediante prévia avaliação judicial e aprovação do juiz.

    CC, Art. 1.781. As regras a respeito do exercício da tutela aplicam-se ao da curatela, com a restrição do art. 1.772 e as desta Seção.

13. CC, Art. 1.793. Omissis...

    § 3º Ineficaz é a disposição, sem prévia autorização do juiz da sucessão, por qualquer herdeiro, de bem componente do acervo hereditário, pendente a indivisibilidade.

14. CC, Art. 1.424. Os contratos de penhor, anticrese ou hipoteca declararão, sob pena de não terem eficácia:

    I – o valor do crédito, sua estimação, ou valor máximo;

    II – o prazo fixado para pagamento;

    III – a taxa dos juros, se houver;

    IV – o bem dado em garantia com as suas especificações.

sendo indispensável para sua validade. É esse ato que atribui eficácia de direito real, portanto oponível *erga omnes* (CC, art. 1.492).[15] Os registros e averbações seguirão a ordem em que forem requeridos, verificando-se ela pela sua numeração sucessiva no protocolo, cujo objetivo é determinar a ordem de prioridade e preferência entre as hipotecas (CC, art. 1.493).[16]

6. TIPOS DE HIPOTECA

Existem três tipos de hipoteca conforme já anotado acima: a convencional, a legal e a judicial.

Vejamos cada uma delas.

a) Convencional:

É aquela que decorre da vontade das partes (contrato), sendo esta o tipo mais comum, celebrado por instrumento público ou particular da qual constem testemunhas (ver LRP, art. 221 e CC, art. 108). Portanto é um contrato solene, no qual pode constar o valor do imóvel para efeito de arrematação, podendo ser emitida cédula hipotecária. É esse o tipo de hipoteca mais importante dentre as modalidades existentes e aquela que deve concentrar as nossas atenções no presente estudo.

b) Legal:

Esta não deriva de contrato, mas sim da vontade da lei que visa proteger certas pessoas em razão de se encontrarem em determinadas condições que a lei faz presumir necessitem de uma proteção maior (CC, art. 1.489).[17] Assim, a lei estabelece hipoteca em favor das pessoas de direito

---

15. CC, Art. 1.492. As hipotecas serão registradas no cartório do lugar do imóvel, ou no de cada um deles, se o título se referir a mais de um.

    Parágrafo único. Compete aos interessados, exibido o título, requerer o registro da hipoteca.

16. CC, Art. 1.493. Os registros e averbações seguirão a ordem em que forem requeridas, verificando-se ela pela da sua numeração sucessiva no protocolo.

    Parágrafo único. O número de ordem determina a prioridade, e esta a preferência entre as hipotecas.

17. CC, Art. 1.489. A lei confere hipoteca:

    I – às pessoas de direito público interno (art. 41) sobre os imóveis pertencentes aos encarregados da cobrança, guarda ou administração dos respectivos fundos e rendas;

    II – aos filhos, sobre os imóveis do pai ou da mãe que passar a outras núpcias, antes de fazer o inventário do casal anterior;

    III – ao ofendido, ou aos seus herdeiros, sobre os imóveis do delinquente, para satisfação do dano causado pelo delito e pagamento das despesas judiciais;

    IV – ao co-herdeiro, para garantia do seu quinhão ou torna da partilha, sobre o imóvel adjudicado ao herdeiro reponente;

    V – ao credor sobre o imóvel arrematado, para garantia do pagamento do restante do preço da arrematação.

público interno (têm hipoteca legal sobre os imóveis pertencentes aos encarregados da cobrança, guarda ou administração dos respectivos fundos e rendas); aos filhos, sobre os imóveis do pai ou da mãe que passar a outras núpcias, antes de fazer o inventário do casal anterior; ao ofendido, ou aos seus herdeiros, sobre os imóveis do delinquente, para satisfação do dano causado pelo delito e pagamento das despesas judiciais; ao coerdeiro, para garantia do seu quinhão ou torna da partilha, sobre o imóvel adjudicado ao herdeiro reponente; e, finalmente, ao credor sobre o imóvel arrematado, para garantia do pagamento do restante do preço da arrematação.

c) **Judicial:**

É aquela que decorre de uma sentença que, tendo condenado o vencido a prestações de determinado valor econômico, cuja inscrição será processada conforme determine o juiz, na forma prescrita na Lei de Registros Públicos (CPC, art. 495).[18] Este tipo de hipoteca é de quase nenhuma utilidade na vida prática.

Atenção: alguns autores reconhecem a existência de uma outra modalidade de hipoteca, **chamada de Cedular**, porém ela não constitui uma espécie à parte, pois corresponde, na verdade, a uma modalidade da hipoteca convencional, nos casos em que a lei admite a sua emissão para facilitar o crédito (cédula hipotecária).

---

18. CPC, Art. 495. A decisão que condenar o réu ao pagamento de prestação consistente em dinheiro e a que determinar a conversão de prestação de fazer, de não fazer ou de dar coisa em prestação pecuniária valerão como título constitutivo de hipoteca judiciária.

§ 1º A decisão produz a hipoteca judiciária:

I – embora a condenação seja genérica;

II – ainda que o credor possa promover o cumprimento provisório da sentença ou esteja pendente arresto sobre bem do devedor;

III mesmo que impugnada por recurso dotado de efeito suspensivo.

§ 2º A hipoteca judiciária poderá ser realizada mediante apresentação de cópia da sentença perante o cartório de registro imobiliário, independentemente de ordem judicial, de declaração expressa do juiz ou de demonstração de urgência.

§ 3º No prazo de até 15 (quinze) dias da data de realização da hipoteca, a parte informá-la-á ao juízo da causa, que determinará a intimação da outra parte para que tome ciência do ato.

§ 4º A hipoteca judiciária, uma vez constituída, implicará, para o credor hipotecário, o direito de preferência, quanto ao pagamento, em relação a outros credores, observada a prioridade no registro.

§ 5º Sobrevindo a reforma ou a invalidação da decisão que impôs o pagamento de quantia, a parte responderá, independentemente de culpa, pelos danos que a outra parte tiver sofrido em razão da Constituição da garantia, devendo o valor da indenização ser liquidado e executado nos próprios autos.

LIÇÃO 22 • DA HIPOTECA **239**

7. PLURALIDADE DE HIPOTECAS

A legislação admite a existência de mais de uma hipoteca sobre o mesmo bem imóvel, desde que com novo título, a menos que o primeiro título vede expressamente tal possibilidade. É interessante notar que essa segunda hipoteca pode ser instituída em favor do mesmo credor hipotecário original ou de outro (CC, art. 1.476).[19]

Nesse caso, não há nenhum prejuízo para o primeiro credor hipotecário, pois este terá preferência na eventual execução do crédito hipotecário por qualquer dos credores. Aliás, o credor da segunda hipoteca não poderá executá-la enquanto não vencida a primeira (CC, art. 1.477).[20]

O sub-hipotecário tem o direito de remir a primeira hipoteca. Para isso, deverá pagar a dívida no vencimento e assim se sub-rogará nos direitos da hipoteca anterior, sem prejuízo dos direitos que lhes são próprios contra o devedor comum. Mesmo que o primeiro credor esteja promovendo a execução da hipoteca, isso não obsta a ação do credor da segunda, porquanto bastará depositar em juízo a importância do débito e as despesas judiciais (CC, art. 1.478).[21]

> **Curiosidade**: a segunda hipoteca instituída sobre o mesmo imóvel chama-se de **sub-hipoteca.**

8. VENDA DO IMÓVEL HIPOTECADO

Cabe por primeiro destacar que o devedor pode vender o imóvel gravado com o ônus da hipoteca, sem necessidade de anuência do credor hipotecário. Aliás, o nosso Código Civil é enfático ao preconizar que **é nula a cláusula que proíbe ao proprietário alienar imóvel hipotecado.** Contudo, poderá ser convencionado entre as partes que a eventual venda do imóvel antes de

---

19. CC, Art. 1.476. O dono do imóvel hipotecado pode constituir outra hipoteca sobre ele, mediante novo título, em favor do mesmo ou de outro credor.
20. CC, Art. 1.477. Salvo o caso de insolvência do devedor, o credor da segunda hipoteca, embora vencida, não poderá executar o imóvel antes de vencida a primeira.
    Parágrafo único. Não se considera insolvente o devedor por faltar ao pagamento das obrigações garantidas por hipotecas posteriores à primeira.
21. CC, Art. 1.478. Se o devedor da obrigação garantida pela primeira hipoteca não se oferecer, no vencimento, para pagá-la, o credor da segunda pode promover-lhe a extinção, consignando a importância e citando o primeiro credor para recebê-la e o devedor para pagá-la; se este não pagar, o segundo credor, efetuando o pagamento, se sub-rogará nos direitos da hipoteca anterior, sem prejuízo dos que lhe competirem contra o devedor comum.
    Parágrafo único. Se o primeiro credor estiver promovendo a execução da hipoteca, o credor da segunda depositará a importância do débito e as despesas judiciais.

quitada a hipoteca poderá ensejar o vencimento antecipado da mesma (CC, art. 1.475).[22]

O problema que surge para o adquirente é que a hipoteca acompanhará o imóvel e, se o devedor não quitar o débito quando do seu vencimento, o credor hipotecário executará a hipoteca e esse novo adquirente poderá perder o imóvel.

O adquirente do imóvel hipotecado pode abandoná-lo e com isso se exonerar dos efeitos da hipoteca, desde que não tenha se obrigado pessoalmente a pagar as dívidas aos credores hipotecários (CC, art. 1.479).[23] O adquirente poderá exercer essa faculdade até 24 horas após ser citado no processo de execução, porém deverá notificar o vendedor e os credores hipotecários, deferindo-lhes, conjuntamente, a posse do imóvel, ou então depositará o imóvel em juízo (CC, art. 1.480).[24]

Outra hipótese que se apresenta para o adquirente de imóvel hipotecado é remi-lo, isto é, oferecer-se para quitar o débito garantido no prazo de 30 dias contados do registro do título aquisitivo no Cartório de Registro de Imóveis, devendo para tanto notificar todos os credores hipotecários, oferecendo-lhes importância não inferior ao preço por que o adquiriu (CC, art. 1.481).[25]

---

22. CC, Art. 1.475. É nula a cláusula que proíbe ao proprietário alienar imóvel hipotecado. Parágrafo único. Pode convencionar-se que vencerá o crédito hipotecário, se o imóvel for alienado.

23. CC, Art. 1.479. O adquirente do imóvel hipotecado, desde que não se tenha obrigado pessoalmente a pagar as dívidas aos credores hipotecários, poderá exonerar-se da hipoteca, abandonando-lhes o imóvel.

24. CC, Art. 1.480. O adquirente notificará o vendedor e os credores hipotecários, deferindo-lhes, conjuntamente, a posse do imóvel, ou o depositará em juízo.

Parágrafo único. Poderá o adquirente exercer a faculdade de abandonar o imóvel hipotecado, até as vinte e quatro horas subsequentes à citação, com que se inicia o procedimento executivo.

25. CC, Art. 1.481. Dentro em trinta dias, contados do registro do título aquisitivo, tem o adquirente do imóvel hipotecado o direito de remi-lo, citando os credores hipotecários e propondo importância não inferior ao preço por que o adquiriu.

§ 1º Se o credor impugnar o preço da aquisição ou a importância oferecida, realizar-se-á licitação, efetuando-se a venda judicial a quem oferecer maior preço, assegurada preferência ao adquirente do imóvel.

§ 2º Não impugnado pelo credor, o preço da aquisição ou o preço proposto pelo adquirente, haver-se-á por definitivamente fixado para a remissão do imóvel, que ficará livre de hipoteca, uma vez pago ou depositado o preço.

§ 3º Se o adquirente deixar de remir o imóvel, sujeitando-o a execução, ficará obrigado a ressarcir os credores hipotecários da desvalorização que, por sua culpa, o mesmo vier a sofrer, além das despesas judiciais da execução.

§ 4º Disporá de ação regressiva contra o vendedor o adquirente que ficar privado do imóvel em consequência de licitação ou penhora, o que pagar a hipoteca, o que, por causa de adjudicação ou licitação, desembolsar com o pagamento da hipoteca importância excedente à da compra e o que suportar custas e despesas judiciais.

O adquirente de imóvel hipotecado que venha a perdê-lo em consequência de licitação ou penhora, ou mesmo nos casos em que pague pela remição ou adjudicação, terá ação de regresso contra o vendedor para se ver indenizado de todos os prejuízos, incluindo as custas e despesas judiciais (ver CC, art. 1.481, § 4º).

9. EFEITOS JURÍDICOS DA HIPOTECA

Depois de registrada a hipoteca, deste ato decorrem vários efeitos, sendo o principal deles o de vincular o imóvel ao pagamento do débito garantido.

Mas não é só. Outros efeitos produzem a hipoteca tanto em relação ao credor quanto com relação ao devedor e até mesmo com relação ao bem dado em garantia. Senão, vejamos.

a) **Em relação ao devedor:**

Embora o devedor conserve a posse, uso e gozo do imóvel, tendo inclusive o direito de aliená-lo, fica impedido de praticar qualquer ato que importe em degradação da garantia como, por exemplo, a demolição do prédio.

b) **Em relação ao credor:**

Constituída a hipoteca, o bem gravado ficará por conta da satisfação do crédito hipotecário que terá preferência sobre outros eventuais créditos. Ocorrendo o inadimplemento do devedor e o bem sendo levado a leilão, o credor poderá inclusive adjudicar o bem para se ver quitado.

c) **Em relação a terceiros:**

Por ser um direito real, a hipoteca depois de registrada é oponível *erga omnes*, de tal sorte que confere ao credor hipotecário o direito de sequela. Além disso, nenhum outro credor poderá validamente promover a venda judicial do imóvel sem a citação do credor hipotecário (CPC, art. 804).[26]

d) **Em relação ao bem hipotecado:**

A hipoteca adere ao bem dado em garantia, acompanhando-o com quem quer que o detenha, e mesmo nos casos de perda ou deterioração permite ao seu titular se sub-rogar nos direitos indenizatórios decorrentes dos danos.

---

26. CPC, Art. 804. A alienação de bem gravado por penhor, hipoteca ou anticrese será ineficaz em relação ao credor pignoratício, hipotecário ou anticrético não intimado.
(omissis)...

10. DIREITO DE REMIÇÃO

Remir significa liberar do resgate o imóvel objeto da constrição, mediante o pagamento ao credor, dentro do processo de execução, depois de realizada a primeira praça e antes da assinatura do auto de arrematação.

Esse direito compete precipuamente ao devedor, seu cônjuge, descendentes ou ascendentes (CPC, art. 826),[27] mas também poderá ser exercido pelo credor da segunda hipoteca (ver CC, art. 1.478, parágrafo único) e também pelo adquirente do imóvel hipotecado (ver CC, art. 1.481).

No caso de falência (pessoa jurídica) ou insolvência (pessoa física) do devedor hipotecário, o direito de remição defere-se à massa falida ou ao concurso de credores, o que será feito pelo valor da avaliação do imóvel (CPC, art. 877, § 4º).[28]

Cumpre anotar que esse valor de avaliação pode ser previamente fixado pelas partes quando da instituição da hipoteca, devendo depois ser apenas atualizado no caso de eventual penhora e praceamento do bem (CC, art. 1.484).[29]

11. DESMEMBRAMENTO DO IMÓVEL HIPOTECADO

Pode acontecer, no curso da vigência da hipoteca e enquanto ela não vencida, que o imóvel sobre o qual recai venha a ser loteado ou transformado em um condomínio de edifício.

Nesse caso, o ônus pode ser dividido, gravando cada lote ou cada unidade autônoma, se assim o credor requerer ao juiz, podendo ser também requerido pelo devedor ou os donos das novas unidades, obedecida a proporção entre o valor de cada um deles e o crédito.

---

27. CPC, Art. 826. Antes de adjudicados ou alienados os bens, o executado pode, a todo tempo, remir a execução, pagando ou consignando a importância atualizada da dívida, acrescida de juros, custas e honorários advocatícios.
28. CPC, Art. 877. Transcorrido o prazo de 5 (cinco) dias, contado da última intimação, e decididas eventuais questões, o juiz ordenará a lavratura do auto de adjudicação.
    (Omissis).....
    § 4º Na hipótese de falência ou de insolvência do devedor hipotecário, o direito de remição previsto no § 3º será deferido à massa ou aos credores em concurso, não podendo o exequente recusar o preço da avaliação do imóvel.
29. CC, Art. 1.484. É lícito aos interessados fazer constar das escrituras o valor entre si ajustado dos imóveis hipotecados, o qual, devidamente atualizado, será a base para as arrematações, adjudicações e remições, dispensada a avaliação.

O credor só poderá se opor ao pedido de desmembramento do ônus, provando que o mesmo importa em diminuição de sua garantia (CC, art. 1488).[30]

12. CÉDULA HIPOTECÁRIA

A cédula hipotecária foi introduzida no nosso ordenamento jurídico através do Decreto-Lei n° 70/66, que em seu art. 10 assim estabelece: "É instituída a cédula hipotecária para hipotecas inscritas no registro geral de imóveis, como instrumento hábil para a representação dos respectivos créditos hipotecários, a qual poderá ser emitida pelo credor hipotecário nos casos de: I – operações compreendidas no Sistema Financeiro da Habitação; II – hipotecas de que sejam credores instituições financeiras em geral, e companhias de seguro; III – hipotecas entre outras partes, desde que a cédula hipotecária seja originariamente emitida em favor das pessoas jurídicas a que se refere o inciso II supra."

Referido decreto ainda acrescenta que a cédula hipotecária poderá se referir à integralidade do crédito hipotecário, ou pode representar uma fração dele. Quanto às cédulas hipotecárias fracionárias, estas poderão ser emitidas em conjunto ou isoladamente a critério do credor, a qualquer momento antes do vencimento da correspondente dívida hipotecária. Quer dizer, admite-se sejam emitidos vários títulos, porém respeitando-se o valor total da dívida garantida.

Em havendo mais de uma hipoteca incidente sobre o mesmo imóvel, nada obsta possa haver emissão de cédula hipotecária sobre segunda hipoteca, desde que tal circunstância seja expressamente declarada com evidência, no seu anverso (Decreto-Lei n° 70/66, art. 11).

Veja-se que a cédula hipotecária é um título de crédito que foi criado com o objetivo de facilitar o crédito que, embora disciplinado no referido Decreto-Lei no 70/66, encontra previsão expressa no nosso Código Civil (CC, art. 1.486).[31]

---

30. CC, Art. 1.488. Se o imóvel, dado em garantia hipotecária, vier a ser loteado, ou se nele se constituir condomínio edilício, poderá o ônus ser dividido, gravando cada lote ou unidade autônoma, se o requererem ao juiz o credor, o devedor ou os donos, obedecida a proporção entre o valor de cada um deles e o crédito.

§ 1° O credor só poderá se opor ao pedido de desmembramento do ônus, provando que o mesmo importa em diminuição de sua garantia.

§ 2° Salvo convenção em contrário, todas as despesas judiciais ou extrajudiciais necessárias ao desmembramento do ônus correm por conta de quem o requerer.

§ 3° O desmembramento do ônus não exonera o devedor originário da responsabilidade a que se refere o art. 1.430, salvo anuência do credor.

31. CC, Art. 1.486. Podem o credor e o devedor, no ato constitutivo da hipoteca, autorizar a emissão da correspondente cédula hipotecária, na forma e para os fins previstos em lei especial.

13. EXTINÇÃO DA HIPOTECA

As formas ordinárias de extinção da hipoteca são aquelas que estão previstas no art. 1.499[32] do Código Civil, quais sejam:

a) **Pelo pagamento:**

Com o pagamento da dívida extingue-se a obrigação principal, o que leva à extinção da hipoteca enquanto acessório. Esta é a forma mais comum e esperada de extinção da hipoteca, quando o devedor integraliza o total do crédito garantido, isto é, cumpre com a sua obrigação na integralidade.

Atenção: esse pagamento pode ser o pagamento direto, como também o pagamento indireto, como compensação, confusão, novação, consignação, remissão etc.

b) **Pelo perecimento da coisa:**

Por óbvio que, se ocorrer o perecimento da coisa, a hipoteca também deixará de existir. Cumpre, porém, anotar que, recaindo a hipoteca sobre imóveis, é muito difícil de ocorrer o perecimento total do bem. O que pode ocorrer é a perda parcial do imóvel como, por exemplo, a destruição da construção em face de um incêndio.

Atenção: havendo pagamento de indenização securitária ou mesmo indenização por perdas e danos, o credor hipotecário se sub-roga nesses direitos (CC, art. 1.425, § 1º).[33]

c) **Pela resolução da propriedade:**

Nos casos em que a propriedade esteja sujeita a condição resolutiva ou a termo. Vale lembrar que propriedade resolúvel é aquela cuja duração esteja subordinada a um determinado termo ou a condição resolutiva prevista no título constitutivo. Assim, ocorrendo o termo ou a condição,

---

32. CC, Art. 1.499. A hipoteca extingue-se:
    I – pela extinção da obrigação principal;
    II – pelo perecimento da coisa;
    III – pela resolução da propriedade;
    IV – pela renúncia do credor;
    V – pela remição;
    VI – pela arrematação ou adjudicação.
33. CC, Art. 1.425. Omissis...
    § 1º Nos casos de perecimento da coisa dada em garantia, esta se sub-rogará na indenização do seguro, ou no ressarcimento do dano, em benefício do credor, a quem assistirá sobre ela preferência até seu completo reembolso.

resolve-se a propriedade e também a garantia existente sobre ela (CC, art. 1.359).[34]

Exemplo: Prispy Lindo compra uma casa no Jardim Robru com cláusula de retrovenda (CC, art. 505)[35] e, em seguida, hipoteca esse imóvel como garantia de uma dívida. Se o vendedor exercer o seu direito de recomprar o imóvel, Prispy Lindo vai perder a casa e isso vai extinguir a hipoteca.

d) **Pela renúncia do credor:**

Sendo direito disponível, o credor pode renunciar ao próprio direito de crédito, como também pode renunciar tão somente à garantia representada pela hipoteca. Em ambos os casos, a renúncia deve ser sempre expressa. Por ser ato unilateral, independe de anuência do devedor.

e) **Pela remição:**

Remição é o pagamento do débito feito em juízo, dentro do processo de execução, antes da assinatura do auto de adjudicação. É uma forma de pagamento e, portanto, de extinção da hipoteca.

f) **Pela arrematação:**

A arrematação corresponde à venda judicial do bem, isto é, à venda do bem em leilão que alguém adquire pelo melhor preço.

Atenção: se o valor arrecadado for menor que o valor da dívida, o devedor continuará em débito com o credor pela diferença, sendo que esse crédito não gozará mais de garantia (credor quirografário).

g) **Pela adjudicação:**

É direito do credor pedir ao juízo da execução que lhe adjudique o bem penhorado. Nesse caso, a coisa lhe será entregue pelo valor da avaliação.

Atenção: tanto no caso da arrematação quanto da adjudicação, quando não tenham sido realizados pelo credor hipotecário, tais atos somente serão plenamente válidos se o credor tiver sido intimado judicialmente (ver CC, art. 1.501). Essa intimação deverá ser realizada com pelo menos

---

34. CC, Art. 1.359. Resolvida a propriedade pelo implemento da condição ou pelo advento do termo, entendem-se também resolvidos os direitos reais concedidos na sua pendência, e o proprietário, em cujo favor se opera a resolução, pode reivindicar a coisa do poder de quem a possua ou detenha.

35. CC, Art. 505. O vendedor de coisa imóvel pode reservar-se o direito de recobrá-la no prazo máximo de decadência de três anos, restituindo o preço recebido e reembolsando as despesas do comprador, inclusive as que, durante o período de resgate, se efetuaram com a sua autorização escrita, ou para a realização de benfeitorias necessárias.

LIÇÕES DE DIREITO CIVIL – VOLUME 4 • Nehemias Domingos de Melo

5 (cinco) dias de antecedência, para que o credor possa exercer o seu direito de preferência (CPC, art. 889, V).[36]

14. OUTRAS FORMAS DE EXTINÇÃO DA HIPOTECA

Além das formas de extinção previstas no art. 1.499 do Código Civil, existem outras causas de extinção, que são aquelas que podem atingir qualquer outro negócio jurídico. Vejamos.

a) Nulidade do contrato:

Nos casos de hipoteca convencional, se houver qualquer vício que possa comprometer a lisura do negócio, isso poderá ensejar a decretação judicial de nulidade e, se assim for, essa também será uma forma de extinção da hipoteca (ver CC, art. 166 e 171).

Atenção: nesse caso, o credor não perderá seu crédito, mas perderá somente a garantia hipotecária.

b) Usucapião:

Se terceira pessoa vem a adquirir o imóvel em face da prescrição aquisitiva, conseguintemente estará sendo extinta a hipoteca incidente sobre o imóvel, tendo em vista que a usucapião é forma originária de aquisição da propriedade imóvel.

c) Consolidação:

Pode ocorrer de se reunir na mesma pessoa a condição de credor e de devedor e assim também estará extinta a hipoteca, pois não existe a possibilidade de hipoteca sobre bem próprio.

d) Perempção:

Prevê o nosso Código Civil a caducidade da hipoteca depois de passados 30 anos, sem que tenha havido a renovação (CC, art. 1.485).[37]

---

36. CPC, Art. 889. Serão cientificados da alienação judicial, com pelo menos 5 (cinco) dias de antecedência: ... (omissis) ...

    V – o credor pignoratício, hipotecário, anticrético, fiduciário ou com penhora anteriormente averbada, quando a penhora recair sobre bens com tais gravames, caso não seja o credor, de qualquer modo, parte na execução; (...).

37. CC, Art. 1.485. Mediante simples averbação, requerida por ambas as partes, poderá prorrogar-se a hipoteca, até 30 (trinta) anos da data do contrato. Desde que perfaça esse prazo, só poderá subsistir o contrato de hipoteca reconstituindo-se por novo título e novo registro; e, nesse caso, lhe será mantida a precedência, que então lhe competir.

Curiosidade: esse instituto é também chamado pela doutrina de **usucapião de liberdade**.

Importante: qualquer que seja a forma de extinção da hipoteca, a mesma só terá validade contra terceiros depois de levada à averbação junto ao Cartório de Registro de Imóveis (CC, art. 1.500).[38]

---

38. CC, Art. 1.500. Extingue-se ainda a hipoteca com a averbação, no registro de imóveis, do cancelamento do registro, à vista da respectiva prova.

LIÇÃO 23
DA ANTICRESE E DA ENFITEUSE

Sumário: I – Anticrese – 1. Conceito de anticrese – 2. Características – 3. Efeitos decorrentes da anticrese – 4. Direitos e obrigações do credor – 5. Obrigações e direitos do devedor – 6. Remição – 7. Extinção – II – Enfiteuse – 8. Conceito de enfiteuse – 9. Extinção.

I – ANTICRESE

1. CONCEITO DE ANTICRESE

É o direito real de garantia sobre coisa alheia que consiste no fato de o credor receber a posse de um determinado bem imóvel, ficando autorizado a perceber-lhe os frutos, como forma de se ver ressarcido da dívida contraída pelo proprietário do bem (CC, art. 1.506).[1]

Neste tipo de garantia o devedor irá fazer a transferência da posse e da fruição do imóvel em favor do credor, que por sua vez colhe seus frutos abatendo o valor destes na dívida que possui contra o devedor.

É um instituto de pouca valia atualmente porque existe outro instrumento de garantia de crédito mais eficiente, que é a hipoteca. Dentre os inconvenientes que existem em relação à anticrese, basta dizer que o credor anticrético não terá preferência no recebimento de seus créditos na eventualidade de venda do imóvel; também não terá preferência se o devedor receber indenização por desapropriação, ou mesmo do seguro de danos no caso de perecimento do prédio.

---

1. CC, Art. 1.506. Pode o devedor ou outrem por ele, com a entrega do imóvel ao credor, ceder-lhe o direito de perceber, em compensação da dívida, os frutos e rendimentos.

   § 1º É permitido estipular que os frutos e rendimentos do imóvel sejam percebidos pelo credor à conta de juros, mas se o seu valor ultrapassar a taxa máxima permitida em lei para as operações financeiras, o remanescente será imputado ao capital.

   § 2º Quando a anticrese recair sobre bem imóvel, este poderá ser hipotecado pelo devedor ao credor anticrético, ou a terceiros, assim como o imóvel hipotecado poderá ser dado em anticrese.

2. CARACTERÍSTICAS

Dentre as características que marcam o instituto, podemos destacar os seguintes:

a) **Direito real de garantia:**

Com o registro do título no Cartório de Registro de Imóveis, institui-se a anticrese com *status* de direito real e, como tal, adere a coisa acompanhando-a com qualquer um que a detenha ou possua e, além de oponível *erga omnes*, confere ao seu titular o poder de sequela.

b) **Penhora do imóvel:**

Nada obsta que o bem dado em anticrese seja penhorado, contudo os frutos da coisa não podem ser penhorados por outros credores.

c) **Não há direito de preferência:**

A anticrese não confere direito de preferência ao anticresista no recebimento de seu crédito na eventual alienação do bem dado em garantia. Da mesma forma, não terá preferência com relação à eventual indenização securitária, quando o prédio seja destruído; nem com relação à indenização pela desapropriação, se o imóvel for desapropriado (CC, art. 1.509, § 2º).[2]

d) **Dever de guarda e conservação:**

O credor anticrético tem o dever de conservar e administrar a coisa com o zelo que se esperaria tivesse com as suas próprias coisas, de sorte que responderá por perdas e danos se a coisa se deteriorar ou se os frutos se perderem por sua culpa (CC, art. 1.508).[3]

e) **Direito de retenção:**

O credor anticrético tem direito a reter a coisa em seu poder, enquanto a dívida não for paga. Esse direito extingue-se decorridos 15 anos da data de sua constituição (CC, art. 1.423).[4]

---

2. CC, Art. 1.509. O credor anticrético pode vindicar os seus direitos contra o adquirente dos bens, os credores quirografários e os hipotecários posteriores ao registro da anticrese.

§ 1º Se executar os bens por falta de pagamento da dívida, ou permitir que outro credor o execute, sem opor o seu direito de retenção ao exequente, não terá preferência sobre o preço.

§ 2º O credor anticrético não terá preferência sobre a indenização do seguro, quando o prédio seja destruído, nem, se forem desapropriados os bens, com relação à desapropriação

3. CC, Art. 1.508. O credor anticrético responde pelas deteriorações que, por culpa sua, o imóvel vier a sofrer, e pelos frutos e rendimentos que, por sua negligência, deixar de perceber.

4. CC, Art. 1.423. O credor anticrético tem direito a reter em seu poder o bem, enquanto a dívida não for paga; extingue-se esse direito decorridos quinze anos da data de sua Constituição.

LIÇÃO 23 • DA ANTICRESE E DA ENFITEUSE

f) Bens imóveis:

A anticrese somente pode recair em coisa imóvel, pois se for sobre coisa móvel estaremos diante do penhor.

g) Tradição:

Para o aperfeiçoamento da anticrese faz-se necessária a tradição, pois só assim o credor poderá, estando na posse do bem, administrar e colher os seus rendimentos.

3. EFEITOS DECORRENTES DA ANTICRESE

Depois de instituída a anticrese, desse ato jurídico vai decorrer vários efeitos, vejamos:

a) Posse e administração:

A posse direta do imóvel passará para as mãos do credor, que ficará responsável pela administração e percepção dos seus rendimentos, até que a dívida seja quitada.

Atenção: o devedor ficará com a posse indireta e voltará a ter a posse plena quando da extinção da anticrese.

b) Prestação de contas:

O credor anticrético, na condição de administrador da coisa alheia, deverá prestar contas de seus atos, apresentando anualmente balanço pormenorizado dos atos praticados durante sua administração. Se o balanço contiver dados inexatos ou se a administração do credor for ruinosa, pode o devedor requerer ao juiz que transforme o contrato em arrendamento, fixando-lhe um valor mensal do aluguel (CC, art. 1.507).[5]

c) Perdas e danos:

O credor também responde pelos danos e fica obrigado a prestar contas de sua administração.

---

5. CC, Art. 1.507. O credor anticrético pode administrar os bens dados em anticrese e fruir seus frutos e utilidades, mas deverá apresentar anualmente balanço, exato e fiel, de sua administração.

§ 1º Se o devedor anticrético não concordar com o que se contém no balanço, por ser inexato, ou ruinosa a administração, poderá impugná-lo, e, se o quiser, requerer a transformação em arrendamento, fixando o juiz o valor mensal do aluguel, o qual poderá ser corrigido anualmente.

§ 2º O credor anticrético pode, salvo pacto em sentido contrário, arrendar os bens dados em anticrese a terceiro, mantendo, até ser pago, direito de retenção do imóvel, embora o aluguel desse arrendamento não seja vinculativo para o devedor.

4. DIREITOS E OBRIGAÇÕES DO CREDOR

Constituída a anticrese, o credor anticrético passará a ter direitos e obrigações; vejamos:

a) **Direitos do credor anticrético:**

Ficar com a posse e administração do imóvel; receber os seus rendimentos, até o montante que pague a dívida; reivindicar seus direitos contra terceiros adquirentes do imóvel; reivindicar o imóvel dos credores quirografários e hipotecários, constituídos posteriormente ao registro da hipoteca (ver CC, art. 1.509 – NR2).

b) **Obrigações do credor anticrético:**

A principal é de guardar e conservar a coisa como se sua fosse; responder pelas perdas e danos se, por sua culpa, ocorrer a deterioração ou perda da coisa; ressarcir ao devedor os frutos deixados de ser colhidos por sua negligência; prestar contas sempre que lhe for exigido pelo devedor.

5. OBRIGAÇÕES E DIREITOS DO DEVEDOR

O devedor, apesar dessa sua posição desconfortável, tem direitos e obrigações decorrentes da anticrese. Vejamos.

a) **Direitos do devedor:**

O principal deles é poder reaver o imóvel tão logo a dívida esteja quitada; terá também direitos à indenização, se ocorrerem danos no prédio por culpa do credor; ser indenizado pelo valor dos frutos que se tenham perdido por culpa do credor; e exigir, a qualquer tempo, prestação de contas.

b) **Deveres do devedor:**

Dentre os deveres do devedor, o principal é entregar o imóvel ao credor; ceder administração a favor do credor, bem como os frutos e rendimentos; não turbar a posse do credor.

6. REMIÇÃO

O adquirente dos bens dados em anticrese poderá remi-los, antes do vencimento da dívida, pagando a sua totalidade à data do pedido de remição, e imitir-se-á, se for o caso, na sua posse (CC, art. 1.510).[6]

---

6. CC, Art. 1.510. O adquirente dos bens dados em anticrese poderá remi-los, antes do vencimento da dívida, pagando a sua totalidade à data do pedido de remição e imitir-se-á, se for o caso, na sua posse.

7. EXTINÇÃO

Com relação à anticrese, o legislador não se importou em mencionar no Código Civil as formas de extinção. Apesar disso, podemos identificar as seguintes causas:

a) **Pagamento do débito:**

Se o credor, na administração do imóvel dado em anticrese, conseguir receber os valores atinentes ao seu crédito, a anticrese será extinta.

b) **Extinção do bem principal:**

Vale lembrar que a anticrese é um direito acessório em relação ao imóvel sobre o qual recai. Assim, vindo a perecer o imóvel sobre o qual recai a anticrese, a mesma estará extinta, em face da máxima que diz: "o acessório segue o principal".

c) **Desapropriação:**

A desapropriação é uma das causas de perda da propriedade. Se o imóvel for desapropriado, o devedor perderá o imóvel e a anticrese estará automaticamente cancelada.

d) **Caducidade:**

O prazo máximo para duração da anticrese é de 15 anos, de sorte que, transcorrido esse período, ela estará automaticamente extinta (ver CC, art. 1.423).

e) **Outras formas de extinção:**

Também ocorrerá a extinção da anticrese se ocorrer a renúncia do credor; confusão, isto é, o credor comprar o imóvel, por exemplo; resilição bilateral etc.

II – ENFITEUSE

8. CONCEITO DE ENFITEUSE

Apenas para registro, importa saber que a enfiteuse é o direito real sobre coisa alheia que decorre tanto de ato *inter vivos* quanto *causa mortis*, pelo qual o proprietário atribui a outrem o domínio útil do imóvel, pagando o enfiteuta ao senhorio direto uma pensão ou foro, anual de valor certo e invariável (ver Código Civil de 1916, art. 678), **também chamada de aforamento ou emprazamento.**

O proprietário do imóvel é chamado de senhorio direto, enquanto que aquele que vai explorar a propriedade é chamado de enfiteuta. Todo o poder sobre a coisa passa a ser exercido pelo enfiteuta, que pode alienar esse direito assim como transmitir por herança. O proprietário apenas conserva o domínio.

> **Em síntese:** Enfiteuse é um direito real, transmissível por ato entre vivo ou por disposição de última vontade, por meio do qual o proprietário atribui perpetuamente a outrem o domínio útil de sua propriedade.

9. EXTINÇÃO

O atual Código Civil, nas disposições finais e transitórias, proibiu expressamente a Constituição de novas enfiteuses e subenfiteuses, permitindo a sobrevivência das já existentes até a sua extinção (CC, art. 2.038).[7]

Quer dizer, o instituto do aforamento, também conhecido como enfiteuse ou emprazamento foi extinto, de sorte a afirmar que não há mais a possibilidade de constituição de novas enfiteuses após a sua vigência, permanecendo as já existentes até a sua extinção, submetendo estas às regras constantes no revogado Código Civil de 1916.

---

7. CC, Art. 2.038. Fica proibida a Constituição de enfiteuses e subenfiteuses, subordinando-se as existentes, até sua extinção, às disposições do Código Civil anterior, Lei nº 3.071 de 1º de janeiro de 1916, e leis posteriores.

§ 1º Nos aforamentos a que se refere este artigo é defeso:

I – cobrar laudêmio ou prestação análoga nas transmissões de bem aforado, sobre o valor das construções ou plantações;

II – constituir subenfiteuse.

§ 2º A enfiteuse dos terrenos de marinha e acrescidos regula-se por lei especial.

BIBLIOGRAFIA CONSULTADA E RECOMENDADA

Para um aprofundamento de estudos sobre os Direitos Reais, recomendamos as seguintes obras e autores:

ARISTÓTELES. *A política*. São Paulo: Martins Fontes, 2002.

AVVAD, Pedro Elias. *Direito imobiliário*. 2ª ed. Rio de Janeiro: Renovar, 2009.

BESSONE, Darcy. Direitos reais. 2ª ed. São Paulo: Saraiva, 1996.

BEVILÁQUA, Clóvis. *Direitos das coisas*. Rio de Janeiro: Forense, 1956. v. 1 e 2.

BOBBIO, Norberto. *A era dos direitos*. 10ª ed. Rio de Janeiro: Campus, 1992.

CHAVES, Antônio. *Lições de direito civil*: direito das coisas. São Paulo: Revista dos Tribunais, 1976. v. 3.

COSTA MACHADO (Org.); CHINELLATO, Silmara Juny (Coord.) et al. *Código Civil interpretado artigo por artigo, parágrafo por parágrafo*. Barueri: Manole, 2008.

CENEVIVA, Walter. Lei de registros públicos comentada, 19ª ed. São Paulo: Saraiva, 2009.

DINIZ, Maria Helena. *Curso de direito civil brasileiro*: direitos das coisas, 24ª ed. São Paulo: Saraiva, 2009. v. 4.

FACHIN, Luiz Edson. *A função social da posse e a propriedade contemporânea*. Porto Alegre: Fabris, 1988.

FULGENCIO, Tito. *Da posse e das ações possessórias*, 9ª ed. Rio de Janeiro: Forense, 2000. v. 1 e 2.

GARBI, Carlos Alberto. *Relação jurídica de direito real e usufruto*. São Paulo: Método, 2008.

GOMES, Orlando. *Direitos reais*, 12ª ed. Rio de Janeiro: Forense, 1997.

GONÇALVES, Carlos Roberto. *Direito civil*: direito das coisas, 4ª ed. São Paulo: Saraiva, 2009. v. 5.

JHERING, Rudolf Von. *Teoria da posse simplificada*. Tradução de Fernando Bragança. Belo Horizonte: Líder, 2002.

JOÃO XXIII, Papa. *Encíclica Mater et Magistra*. Vaticano, 1961. Disponível em:<http:// www.vatican.va/holy_father/john_xxiii/encyclicals/documents/hf_j-xxiii_enc_15051961_mater_po.html>.

LEÃO XIII, Papa. *Encíclica Rerum Novarum*. Vaticano, 1891. Disponível em: <http:// www. vatican.va/holy_father/leo_xiii/encyclicals/documents/hf_l-xiii_enc_15051891_rerum--novarum_po.html>.

MARX, Karl. *Contribuição à crítica da economia política*. São Paulo: Martins Fontes, 2005.

_____*Dados biográficos e Manifesto comunista*. Disponível em: <http://www.culturabra- sil.pro.br/marx.htm>.

MEIRELLES, Hely Lopes. *Direito administrativo brasileiro,* 39ª ed. São Paulo: Malheiros, 2013.

MELO, Nehemias Domingos de Melo. *Lições de Processo Civil*, 3ª. ed. Indaiatuba: Foco, 2022, vols. 1, 2 e 3.

_____. *Novo CPC Anotado e Comentado*, 3ª. ed. Indaiatuba: Foco, 2023.

_____. *Da culpa e do risco como fundamentos da responsabilidade civil*, 2ª. ed. São Paulo: Atlas, 2012 (esgotado).

MONTEIRO, Washington de Barros. *Curso de direito civil*: direito das coisas, 39ª ed. São Paulo: Saraiva, 12009. v. 3.

PEREIRA, Caio Mário da Silva. *Instituições de direito civil*: direitos reais, 18ª ed. Rio de Janeiro: Forense, 2004. v. 4.

PIO IX, Papa. *Encíclica Quadragesimo Anno*. Vaticano, 1931. Disponível em: <http:// www. vatican.va/holy_father/pius_xi/encyclicals/documents/hf_p-xi_enc_19310515_quadragesimo-anno_po.html>.

RIZZARDO, Arnaldo. *Direito das coisas*. Rio de Janeiro: Forense, 2004.

RODRIGUES, Silvio. *Direito civil*: direito das coisas, 27ª ed. São Paulo: Saraiva, 2002. v. 5.

ROUSSEAU, Jean-Jacques. *Do contrato social*. São Paulo: Martin Claret, 2003.

SENISE LISBOA, Roberto. *Manual de direito civil*: direitos reais e direitos intelectuais, 4ª ed. São Paulo: Saraiva, 2009. v. 4.

SILVA, José Afonso da. *Aplicabilidade das normas constitucionais,* 3ª ed. São Paulo: Malheiros, 1998.

TEPEDINO, Gustavo. *Multipropriedade imobiliária*. São Paulo: Saraiva, 1993.

TOMÁS DE AQUINO, Santo. *Suma teológica*. II. II. São Paulo: Loyola, 2005. v. 6.

VENOSA, Sílvio de Salvo. *Direito civil*: direitos reais, 12ª ed. São Paulo: Atlas, 2012. v. 5.

ANOTAÇÕES

ANOTAÇÕES

DEDICATÓRIA

A presente obra é fruto da experiência de vários anos em salas de aulas da graduação em direito na Universidade Paulista (UNIP) e também, por algum tempo, na Faculdade de Direito do Centro Universitário das Faculdades Metropolitanas Unidas (FMU).

Os textos foram coligidos a partir do estudo das obras dos maiores civilistas brasileiros, abaixo relacionados (em ordem alfabética), cujos ensinamentos, ainda que por vias transversas, estão contidos no presente trabalho.

Assim, rendo minhas homenagens e, de forma singela, dedico este trabalho (ainda que alguns sejam *in memoriam*) aos Professores:

Antonio Chaves

Caio Mário da Silva Pereira

Carlos Roberto Gonçalves

Maria Helena Diniz Orlando Gomes

Roberto Senise Lisboa

Silvio Rodrigues

Sílvio de Salvo Venosa

Washington de Barros Monteiro

AGRADECIMENTOS

Agradeço o carinho e apoio dos queridos(as) amigos(as), professores(as) da UNIP, *campus* Alphaville/Cidade Universitária (em ordem alfabética):

Afonso Andreozzi

Camila Barreto

Camila Francis

Celia Rosenthal Zisman Claudio Lysias da Silva

Denise Andrade Eduardo Fornazari

Eduardo Salles Pimenta

Elizabeth Nantes Cavalcante

Emerson Bortolozi

Fernanda Doretto

Helio Thurler Júnior

Luiz Antonio Ribeiro

Marcus Vasconcelos

Mario Luiz Guide

Monica Bortolassi

Priscila Zinczyncsz

Rebeca Alves de Souza Garcia

Ricardo Andreucci

Ricardo Martins

Valter Kenji Ishida

Também para ANA LIGIA,
pelo apoio e incentivo de sempre.

NOTA DO AUTOR

A presente obra é fruto de vários anos de experiência em sala de aulas no Curso de Graduação em Direito na Universidade Paulista (UNIP) e nas Faculdades Metropolitanas Unidas (FMU). Ela resulta da convivência com os alunos, da aferição de suas dificuldades ou facilidades na compreensão dos temas apresentados.

O resultado dessa experiência me orientou na elaboração desta coleção que, a meu ver, tem alguns traços distintivos com relação a todas as obras similares disponíveis no mercado, senão vejamos.

Nas citações de artigos de Lei, especialmente do Código Civil, o leitor encontrará em notas de rodapé o texto integral do artigo mencionado. Pergunta-se: qual é a importância disso? Resposta: o aluno não necessitará ter ao lado o Código Civil e não necessitará ficar folheando-o, para frente e para trás, em busca dos artigos mencionados. Ou seja, da forma como os temas são apresentados, qualquer um poderá facilmente confrontar as notas do autor com o fiel texto de lei.

Além disso, na abordagem dos temas não houve preocupação em reforçar os conceitos apresentados, visando dar maior envergadura ao texto apresentado, o que normalmente aconteceria com a colação de notas de doutrina e citação de autores, além de jurisprudência. Quer dizer, a apresentação é direta, seca, objetiva, sem citação de autores ou de julgados.

Também não há notas de reminiscência com relação aos artigos similares do Código Civil de 1916, pois embora isso tenha relevância histórica, para o estudo na graduação minha experiência ensina que isso mais confunde os alunos do que ajuda na compreensão dos temas apresentados.

Evitei ao máximo a utilização de linguagem muito técnica, assim como citações em latim, procurando traduzir os textos em linguagem simples e acessível, contudo sem perder o rigor técnico necessário.

Em suma, a obra não pretende ser um tratado doutrinário, mas sim uma obra de caráter didático e objetivo, abordando de forma direta e clara todos os conceitos indispensáveis ao conhecimento básico da matéria. É como o próprio nome da coleção diz: são Lições de Direito Civil.

Para aqueles que necessitam se aprofundar no estudo do direito, ao final de cada volume da coleção apresento bibliografia qualificada, útil ao estudo mais aprofundado dos temas em análise. São obras que consultei e consulto sempre, cujos fragmentos, ainda que por vias transversas, se encontram presentes neste trabalho.

Assim, esperamos que a obra possa contribuir para a formação de nossos futuros operadores do direito, e também possa ser útil àqueles que vão prestar concursos e o Exame da Ordem dos Advogados do Brasil.

A coleção completa é composta dos seguintes volumes:

Livro I – Parte Geral: Das pessoas, dos bens e dos negócios jurídicos

Livro II – Obrigações e Responsabilidade Civil

Livro III – Dos Contratos e dos Atos Unilaterais

Livro IV – Direitos das Coisas

Livro V – Família e Sucessões

31 de janeiro de 2014

O Autor

2023 © Editora Foco

Autor: Nehemias Domingos de Melo
Diretor Acadêmico: Leonardo Pereira
Editor: Roberta Densa
Assistente Editorial: Paula Morishita
Revisora Sênior: Georgia Renata Dias
Revisora: Simone Dias
Capa Criação: Leonardo Hermano
Diagramação: Ladislau Lima e Aparecida Lima
Impressão miolo e capa: FORMA CERTA

DIREITOS AUTORAIS: É proibida a reprodução parcial ou total desta publicação, por qualquer forma ou meio, sem a prévia autorização da Editora FOCO, com exceção do teor das questões de concursos públicos que, por serem atos oficiais, não são protegidas como Direitos Autorais, na forma do Artigo 8º, IV, da Lei 9.610/1998. Referida vedação se estende às características gráficas da obra e sua editoração. A punição para a violação dos Direitos Autorais é crime previsto no Artigo 184 do Código Penal e as sanções civis às violações dos Direitos Autorais estão previstas nos Artigos 101 a 110 da Lei 9.610/1998. Os comentários das questões são de responsabilidade dos autores.

NOTAS DA EDITORA:

Atualizações e erratas: A presente obra é vendida como está, atualizada até a data do seu fechamento, informação que consta na página II do livro. Havendo a publicação de legislação de suma relevância, a editora, de forma discricionária, se empenhará em disponibilizar atualização futura.

Erratas: A Editora se compromete a disponibilizar no site www.editorafoco.com.br, na seção Atualizações, eventuais erratas por razões de erros técnicos ou de conteúdo. Solicitamos, outrossim, que o leitor faça a gentileza de colaborar com a perfeição da obra, comunicando eventual erro encontrado por meio de mensagem para contato@editorafoco.com.br. O acesso será disponibilizado durante a vigência da edição da obra.

Impresso no Brasil (11.2022) – Data de Fechamento (11.2022)

2023

Todos os direitos reservados à
Editora Foco Jurídico Ltda.
Avenida Itororó, 348 – Sala 05 – Cidade Nova
CEP 13334-050 – Indaiatuba – SP

E-mail: contato@editorafoco.com.br
www.editorafoco.com.br

4

QUINTA EDIÇÃO

Nehemias Domingos de Melo

LIÇÕES DE **DIREITO CIVIL**

Prefácio
Dr. **Carlos Alberto Garbi**

Direito das **Coisas**